Jasna Zajček
Unter Soldatinnen

Jasna Zajček

Unter Soldatinnen

Ein Frontbericht

Mit 8 Abbildungen im Text

Piper München Zürich

Mehr über unsere Autoren und Bücher:
www.piper.de

Die im Text bei der ersten Erwähnung mit Sternchen (*)
versehenen Namen wurden von der Autorin aus rechtlichen
Gründen geändert.

Mix
Produktgruppe aus vorbildlich bewirtschafteten
Wäldern und anderen kontrollierten Herkünften
www.fsc.org Zert.-Nr. GFA-COC-001223
© 1996 Forest Stewardship Council

ISBN 978-3-492-05369-3
© Piper Verlag GmbH, München 2010
Satz: Fotosatz Amann, Aichstetten
Druck und Bindung: CPI – Clausen & Bosse, Leck
Printed in Germany

Inhalt

Vorwort

Wieso dieses Buch? Weshalb reise ich in Länder, in denen Krieg oder militärische Konflikte herrschen und so insgesamt rund 7200 (Stand Januar 2010) zumeist junge Deutsche ihr Vaterland verteidigen – wie sie es geschworen haben – oder zumindest die internationalen Interessen ihres Vaterlandes zu vertreten versuchen?

Weil mich die Menschen und ihre Lebensbedingungen und Belastungen interessieren. Weil der Verteidigungshaushalt der Bundesrepublik im Jahr 2009 31,72 Milliarden Euro verschlungen hat und unsere Bundeswehr, obwohl Deutschland den Ruf einer hochtechnologisierten Entwickler-Nation hat, teilweise noch mit 30 bis 40 Jahre altem Gerät operieren muss. Weil die Deutschen als Ausbilder international hoch geachtet werden, unsere Armee im Einsatz von den Soldaten anderer Nationen aber oft nicht für voll genommen wird. Weil es Frauen gibt, die dabei sind, sich in der Männergesellschaft der Bundeswehr Karrieren zu schaffen, die es vor weniger als zehn Jahren für unser Geschlecht noch nicht gab. Frauen, die vielleicht einen anderen Blick auf die insgesamt 250 000 Soldaten starke Truppe werfen können, einen, der zu ihrer Reformierung von innen heraus hilfreich sein könnte. Oder aber auch für das Verständnis der Bundeswehr in der öffentlichen Diskussion.

Während der Recherche zu diesem Buch haben mich viele Bundeswehrangehörige gefragt, wieso ich mir »das alles« antäte. So auch bei einem Forellenessen an einem Stausee im Kosovo, kurz vor der Grenze zu Albanien, gerade mal eine halbe Stunde mit dem »Wolf«, dem Bundeswehr-Geländewagen von Mercedes, vom deutschen Camp Prizren entfernt. Es war ein lauer Frühabend im Juni, die Fische waren fangfrisch und mein Gesprächspartner, ein Oberstleutnant, interessant und humorvoll. Es war einer der Momente, deretwegen ich freie Journalistin geworden bin, an einem schönen Ende der bei uns unbekannten Welt, mitten in Europa. Ich genoss den Abschluss meiner Recherchereise, bevor es am nächsten Tag wieder auf anstrengenden und komplizierten Bundeswehr-Transportwegen nach Berlin gehen sollte.

Gerade hatte ich eine Woche Truppenbesuch beim deutschen Kontingent der Kosovo Force (KFOR) hinter mir, war in die Geschichte der Balkan-Kriege eingetaucht und hatte einen intensiven Einblick in den eintönigen Truppenalltag einiger der rund 2500 hier stationierten Bundeswehrsoldaten, davon 180 Frauen, erhalten. Nimmt man nur diesen einen Besuch zum Maßstab, hätte man denken können: »Wie ruhig und friedlich, ein Balkan-Land mehr auf dem Weg nach Europa, hier passiert doch ohnehin nichts, wir können abziehen.«

Ein Rückblick auf die vergangenen zehn Jahre der deutschen Beteiligung am KFOR-Einsatz zeigt eindeutig eine Verbesserung der Lebensumstände der Menschen hier. Und eine Verbesserung der Ausrüstung und Ausbildung der Bundeswehr, die erst durch die Ohnmacht, 2004 bei einem zivilen Aufstand nicht eingreifen zu können, auch für die Bekämpfung von Aufständen trainiert und gerüstet wurde, ohne schweres Kriegsgerät einzusetzen. Wenn man mit den Einheimischen und ihren Feinden – den Serben, welche die Unabhängigkeit des Kosovo nicht akzeptieren wollen – spricht, wird aber schnell klar, dass nur eine Friedenstruppe hier den Frieden sichern und die Zivilgesellschaft nach vorn bringen kann.

In dieser Woche hatte ich Bauernfamilien getroffen, die hoffnungsvoll in die Zukunft blickten. Ich war Farmern begegnet, die sich ökologisch weiterbildeten. Ich hatte die Einwohner des Städtchens Prizren sicher und friedlich am Fluss spazieren gehen gesehen. Ermöglicht wurde das auch durch deutsche Soldaten, die neben ihrer Arbeit genug Zeit für Sport und Freizeit haben und dabei ein lockeres multinationales Miteinander im Camp erleben. Hier gibt es Vorgesetzte, die mit ihren jungen Untergebenen sogar über »Sexualität im Einsatz« sprechen und Hinweise zum Telefonat mit den Liebsten daheim geben.

Mit dem Gefühl, die Bundeswehr wieder ein bisschen mehr verstanden zu haben, und der angenehmen Gewissheit, dass unsere Truppe hier sinnvolle Arbeit für bedürftige Menschen erbringt, genoss ich den Moment mit dem Oberstleutnant auf der Terrasse über dem Stausee. Aber ich musste auch an die Tränen der Frau Hauptfeldwebel denken, die ich ein paar Tage zuvor sah, als sie gerade ein Telefonat mit ihrem Vierjährigen daheim beendet hatte. Mein Begleiter wollte nun wissen, ob mir mit meiner selbst gewählten Aufgabe, der Bundeswehr im Einsatz hinterherzureisen und über die Schultern zu schauen, denn ein geregeltes Familienleben möglich sei. Ich antwortete, dass ich keine Kinder hätte und mit meiner Familie über das Internet in Verbindung stünde. Meine Freunde seien selbst auch viel unterwegs, und ich würde mir bei längeren Auslandsaufenthalten selbstverständlich neue Freundeskreise schaffen. Heimweh und Nestbau stünden aktuell nicht auf meiner Agenda.

Der »lebenserfahrene« (so betitelt die Bundeswehr Menschen über 45) Soldat konnte meine Leichtigkeit diesen Themen gegenüber nicht verstehen. Er selbst habe es leider, wie so viele ältere Kameraden, nicht geschafft, eine Familie zu gründen. Nicht einmal eine Partnerin gebe es daheim, der er von seinem Alltag im Dienst der internationalen Friedenssicherung berichten könne. Ob er sich nicht darüber freuen könne, wenigstens niemanden zu vermissen? Er sehne sich im Gegenteil danach, jemanden »so richtig« zum Vermissen zu haben, meinte er. Vielen jungen Offizieranwärtern habe er auf den Weg geholfen, sie wie ein strenger Vater vorangebracht, aber eigene Kinder seien ihm bislang versagt geblieben.

Mit der Formulierung »das alles« meinte er neben der Schwierigkeit, Familie und Karriere bei der Bundeswehr zu vereinbaren, aber auch all die kleinen Dinge, die das Leben in der deutschen Armee manchmal unangenehm werden lassen. Für mich als eine von der Kooperation der Bundeswehrpressestäbe Abhängige wirkt sie wie ein ausuferndes bürokratisches Gebilde, in dem Planung höchste Priorität hat, wo häufig umdisponiert wird und manchmal sogar überraschend spontane Entscheidungen gefällt werden. Aus einer Zusage kann ganz schnell eine Absage beziehungsweise »Terminverschiebung« auf unbestimmte Zeit werden. Wenn man drei Faxe und die ausgedruckte »Mitflugbestätigung« des Einsatzführungskommandos in der Hand hält, kann es trotzdem vorkommen, dass man nicht auf der Liste der zivilen Mitfliegenden steht. Und dass das Flugzeug ohnehin schon in zehn Minuten ins Einsatzgebiet fliegt, nicht wie vom Kommando angegeben erst in zwei Stunden. Das erfährt man dann auf einem Militärflugplatz mitten in Bayern, ohne Zuganschluss, nach neunstündiger Autofahrt.

Seit September 2008 liefen die Vorbereitungen und die Gesuche nach Erteilung von Genehmigungen für Bereiche und Interviews zu diesem Buch. Die Idee entstand nach einem

Seminar über die deutschen Verpflichtungen in der NATO, zu dem mich die Bundeswehr damals eingeladen hatte. Ein interessierter Oberleutnant hatte im Vorfeld einige meiner Reportagen aus dem Nahen Osten gelesen und war um meine Sicherheit besorgt. Ob ich denn nicht Lust hätte, eine Einzelkämpferausbildung bei der Bundeswehr zu absolvieren? Die Fähigkeiten könnten mir bei meiner Arbeit durchaus einmal das Leben retten. Dann die Marine, das Heer, die Luftwaffe an ihren Einsatzorten besuchen … Eine schöne Reportage würde es in jedem Fall werden – oder ein Buch? Aus dem Einzelkämpfertraining wurde ein Monat der Allgemeinen Grundausbildung für mich, aus den Besuchen an allen Einsatzorten wurden mehrere Besuche bei der Marine im Libanon anstatt beim Heer an Deutschlands wichtigstem und politisch brisantestem Einsatzort Afghanistan. Selbst als ich die Flüge privat gebucht hatte und im Dezember 2009 schon in Dubai auf den Flug nach Kabul wartete, wurde mir noch in letzter Sekunde abgesagt.

Für Truppenbesuche in allen Einsatzländern, allen voran Afghanistan, musste ich im Bundesministerium für Verteidigung (BMVg) vorstellig werden, Ansprechpartner mussten »identifiziert«, der Presseinformationsstab des Einsatzführungskommandos informiert werden. Seit Ende 2008 hat der Pressestab des Einsatzführungskommandos mir mittlerweile sechsmal die Genehmigung für einen Truppenbesuch in Afghanistan erteilt und ebenso oft wieder entzogen. Waren es erst die Wahlen in Afghanistan und Deutschland, dann diverse Staatsbesuche, die Schweinegrippe im Camp (»Es tut mir leid, Frau Zajcek, die Sanitäter haben 25 Leute unter Quarantäne gestellt, das Letzte, was wir wollen, ist eine Pandemie …«), so verhinderten später die Kunduz-Affäre und ihre Wogen meinen Besuch im Camp in Masar-i-Sharif bis zum Dezember 2009. Über den größten Einsatz der Bundeswehr – 4200 Soldaten, darunter 190 Frauen, sind im Rahmen der deutschen ISAF-Beteiligung in Afghanistan stationiert – kann ich daher nur berichten, was mir befreundete Soldaten und Offiziere inoffiziell und anonym erzählten. Und die Worte des Sprechers der Sanitäter wiedergeben, die wegen der Zunahme Posttraumatischer Belastungsstörungen bei ihren Soldaten nach optimalen Wegen suchen, um mit diesem traurigen Phänomen umzugehen.

Dabei folgt das Buch nicht dem chronologischen Ablauf der Ereignisse, sondern stellt die Ausbildung der Soldatinnen an den Anfang, bevor die Reise dann zu den Einsatzorten der Bundeswehr geht.

»Das Heer hat eine defensive Öffentlichkeitsstrategie«, heißt es aus informierten Kreisen, »die Marine kann viel offener sein, hat ebenfalls Nachwuchssorgen und präsentiert sich unbefangener.« Das war ein Grund, weshalb ich mich besonders auf die Marine konzentriert habe, die vor dem Hintergrund der neu entstandenen Jemen-Problematik am Horn von Afrika auch in Zukunft internationale Herausforderungen zu bestehen hat.

Immer wieder musste ich Anträge bei den richtigen Herren stellen, der Antwort nachtelefonieren, erneut das Anliegen erklären, den richtigen Draht zu meinen ständig wechselnden Ansprechpartnern finden. Und immer wieder von Berlin nach Flensburg, Zypern, Beirut, in den Kosovo nach Prizren, in Bosnien und Herzegowinas Hauptstadt Sarajevo, nach Eckernförde, Wilhelmshaven oder ins Bundesministerium der Verteidigung in Berlin reisen. Ich habe bei der Marine mehrere Schiffe im Einsatz besucht, poetische »Piratenjäger-Rückkehrer«-Zeitungsartikel verfasst, Übungen und Zeremonien mitgemacht und beigewohnt. Vor der Küste des Libanon bei Tripolis, in Flensburg, auf den Azoren, in Kiel.

Meine beiden Kameradinnen aus der Marineschule für Offizieranwärter, in der ich für einen Monat an der Allgemeinen Grundausbildung teilnahm, besuchte ich vor ihrer ersten großen Seefahrt im November über den Atlantik – sie freuten sich darauf, zur See zu fahren, zu fern war ihnen noch das auf mich abschreckend wirkende Szenario der monatelangen Seefahrt, auch in stürmischer See, das bei mir unter »das alles« fallen würde.

»Das alles« ist aber auch das Fliegen mit der über 40-jährigen Transall-Maschine, dem Bundeswehr-Transportflugzeug, das es der Luftwaffe aufgrund der vielen Wartungsarbeiten fast unmöglich macht, ihre Flugtermine einzuhalten. Nach einem Blitzeinschlag fliegt ein modernes Verkehrflugzeug einfach weiter – in unseren Militärmaschinen versagen die Instrumente, man ist zur Umkehr oder Notlandung gezwungen und kann dabei nur hoffen, dass in Deutschland genügend freie Bundeswehr-Flugzeugtechniker zur Verfügung stehen, die baldmöglichst mit einer freien Maschine eingeflogen werden können. Bis dahin heißt es warten und notgedrungen Termine umdisponieren.

Oder die vielen Organisationswege, die man bei einer Anfrage an das Heer zu absolvieren hat. Natürlich wollten die Soldaten wissen, wieso ich die Bundeswehr bei ihrer Arbeit in Gebieten, die auf der touristischen Landkarte nicht zu finden sind, sondern oft nur in den Nachrichten, besuchen will. Im Libanon, in Bosnien und Herzegowina, in Dschibuti, in Afghanistan, im Kosovo. Gerade das Kosovo ist ein schönes Beispiel für einen gelungenen multinationalen Einsatz, dessen zugrunde liegender Konflikt aber nach dem Abziehen der internationalen Truppen wieder aufzubrechen droht. Seit zehn Jahren hat die Kosovo Force (KFOR) den Auftrag, ein multiethnisches, friedliches, rechtsstaatliches und demokratisches Umfeld mit aufzubauen und militärisch abzusichern. Noch funktioniert die Sicherung der jungen Demokratie allein durch militärische Präsenz.

Wie man als Journalist auf die Idee kommt, sich für die Menschen zu interessieren, die im knappen Nachrichtenslang »militärische Präsenz« genannt werden? Ich habe mir am Ende einer einmonatigen Undercover-Recherche über ein US-Army-Ausbildungslager im NATO-Camp in Bayern 2005 vorgenommen, als Militärbeobachterin zu schreiben, wann immer ich meine Arbeit in diese Richtung lenken kann.

Nachdem ich den Umgangston und die Umgangsformen in der US Army, die ihre Soldaten aggressiv auf einen Krieg gegen Muslime einstimmte, hautnah miterlebt hatte, war mein Gerechtigkeitssinn alarmiert. Vieles fühlte sich falsch, übertrieben aggressiv, brutal und gesetzwidrig an. Ich wollte interne militärische Ungerechtigkeiten, aber auch den traditionellen und manchmal skurrilen Militäralltag schildern. Durch meine Arbeit im Nahen Osten kenne ich Missstände beim Militär aus vielen Quellen. Diese können jedoch nur dann aufgedeckt werden, wenn jemand in der Armee sich traut, auf diese hinzuweisen und mit mir zu sprechen, oder aber indem ich mich der Armee anschließe, versuche, als Journalistin zu verschwinden und Soldatin zu werden, die alles so weit wie möglich am eigenen Leibe spürt, um die Belastungen und Ängste einer Truppenangehörigen nachvollziehen zu können.

International gibt es wohl einige Journalisten, die glauben, sie könnten Kriege durch die Kraft ihrer Worte beenden. Natürlich wünschte ich, dass unsere Worte diese Macht hätten. Doch ich weiß, was wir besser können als wünschen, was unsere Pflicht ist und wofür viele tapfere Kollegen in der Welt arbeiten, wobei manche von ihnen inhaftiert, gefoltert, exekutiert werden oder im Gefecht sterben: detailgetreu beobachten und versuchen, Missstände aufzudecken.

Im Januar 2000 erwirkte Tanja Kreil vor dem Europäischen Gerichtshof für sich und alle nachfolgenden Generationen deutscher Frauen das Recht, in allen Einheiten der Bundeswehr tätig werden – dienen – zu dürfen. An der Waffe – und an der Front, die zu Beginn des neuen Jahrtausends für Deutschland noch in weiter Ferne lag. Waren es zuvor nur der Sanitätsdienst und das Musikkorps, wo Frauen in Uniform tätig werden konnten, so standen den sportlichen und abenteuerlustigen weiblichen Interessenten nun plötzlich alle spannenden Bereiche in der militärischen Karriere offen.

Genau neun Monate und elf Tage später änderte ein Angriff auf die freiheitlich demokratische Weltordnung auch die Ordnung in der bislang nur unterstützenden, ausbildenden und aufbauenden Bundeswehr. Einer Armee, in der mittlerweile rund 17 000 Frauen, darunter 3400 Offiziere, ihren Dienst für Deutschland leisten.

Als ich dem Ablegen der Marineschiffe und -boote beiwohnte, als ich sie dann in Beirut besuchte, traf ich immer wieder zufriedene Soldaten, aber auch junge Menschen, welche die immer gleichen falschen Vorstellungen von ihrem Beruf gehabt hatten, bis sie dann tatsächlich zur See fuhren, monatelang. Um vielleicht dem einen oder anderen Interessierten einen kleinen Einblick in die Realität der Truppe, besonders in die der Frauen, zu geben, habe ich dieses Buch geschrieben.

Ich hoffe, ich habe es geschafft, einiges Interessante zu diesem Themenkomplex zusammenzutragen, und auch, ein wenig Verständnis für jeden einzelnen Soldaten, sei er nun männlich oder weiblich, zu bewirken. Im Gegensatz zur US Army, wo ich dieses Argument zigmal von Soldaten hörte, traf ich bei meiner langen Arbeit mit der Bundeswehr kein einziges Mal auf jemanden, der aus »Lust am Töten« zur Armee gegangen wäre. Ich habe niemanden getroffen, der sich öffentlich über seine Macht gefreut oder mit ihr angegeben hätte, und fast niemanden, dem man auch im Privaten den Soldaten ansehen würde. Ich freue mich immer noch darüber, dass ich auf den meisten Reisen zur Bundeswehr im Einsatz von meinen Freunden, den Fotografen und Kameramännern Fahd Hariri und Frank Künster, begleitet wurde, und dass mein Vater als Dolmetscher mit nach Sarajevo kam, um die Einstellung der lokalen Bevölkerung zum Bundeswehr-Einsatz zu erfragen.

In der Bundeswehr trafen wir Staatsbürger und -bürgerinnen in Uniform, die auch auf dem untersten Hierarchielevel zumindest noch mündig wirkten. Langsam formte sich mein Bild von einer Armee, die man auch heute noch, trotz ungleichmäßiger Einberufungspolitik, als »Querschnitt der Gesellschaft« sehen kann. Eine Bundeswehr, in der seit zehn Jahren Frauen auch an der Waffe dienen, wo der Frauenanteil hoffentlich bald auf 15 Prozent steigen wird und diese Frauen langsam in die höheren Karrieresphären vorstoßen. Derzeit sind es noch rund 8,6 Prozent – mit steigender Tendenz. Und obwohl die Hälfte aller männlichen Bundeswehrangehörigen 2002 noch Befürchtungen hegte, dass »Frauen die Kampfkraft zersetzen« würden, scheinen die Frauen heute inmitten der Bundeswehr angekommen zu sein. Es gibt Frauen, die sich verpflichten, in der Armee zu dienen, und sei es auch bei 50 Grad Außentemperatur im Cockpit eines Aufklärungshubschraubers gegen Piraten im Indischen Ozean. Mittlerweile gibt es eine 28-jährige Panzergrenadierbataillon-Kompaniechefin, und es gibt Frauen, die riesige Transportflugzeuge, Helikopter und Tornados fliegen.

Um diesen Frauen näherzukommen, bedurfte es neben zahlreicher Anträge und Faxe aber auch eines Experiments. Um gemeinsam mit jungen Frauen den Kampf gegen Hitze und Kälte, gegen Müdigkeit, Durst, Erschöpfung und Hunger, Heimweh, Fremdbestimmung und auch den inneren Schweinehund zu bestehen und so besseren Kontakt zu ihnen zu bekommen, absolvierte ich einen Monat an der Marineschule Mürwik – mit 35 Jahren – als einfacher »Rekrut Zajček«.

»A-Reise, A-Reise, aufstehen!«

Mein Marinetagebuch, Marineschule Mürwik (Flensburg),
Juli/August 2009

Einstecken, Durchhalten, Wegstecken, Durchbeißen – als
Belohnung: Kameradschaft, Selbstzweifel, Sehnsucht, Stolz
auf die eigene Überwindungskraft und 1400 Euro netto.

Die Marineschule Mürwik bei Flensburg gilt als die elitäre
Kaderschmiede der deutschen Marine. Seit 1910 werden hier
alle Offiziere ausgebildet. In den letzten Wochen des Zweiten Weltkriegs war diese rote Backsteinburg die letzte Rück-
zugsstätte ranghoher Nationalsozialisten. Das Gelände mit
Kasernen, Sport- und Exerzierplätzen, dem Bootshafen und
der benachbarten »Schule Strategische Aufklärung« ist
von den beiden Straßen, an denen es liegt, nicht einsehbar.
Die Marineschule wird – absurderweise von einem privaten Wachdienst – rund um die Uhr bewacht und ist nur mit
schriftlicher Genehmigung des Kasernenkommandanten zu
betreten. Unter der Woche darf ich, wie alle anderen auch,
das Gelände nur bis kurz vor 22 Uhr verlassen, ab 22 Uhr
habe ich auf meiner Stube zu sein.

In dem bombastischen »Roten Schloss am Meer« werde
ich während meiner soldatischen Grundausbildung, vier Wochen im Juli und im August, wohnen. Genauso leben, trainiert und gedrillt werden wie die 220 jungen Abiturienten
zwischen 18 und 22 Jahren, die hier vor zwei Wochen ihre
Offizierslaufbahn begonnen haben. Unter ihnen 22 Frauen,
die im Gegensatz zu den meisten männlichen Offizieran- **19**

wärtern noch innerhalb des kommenden halben Jahres entscheiden können, ob sie einen Großteil der nächsten 13 Jahre ihres Lebens damit verbringen möchten, Deutschland treu zu dienen. In jeder Klasse, die hier Zug genannt wird, sind 17 bis 19 Matrosen, darunter meist zwei bis sechs weibliche. Auch Grundwehrdienstleistende leisten hier ihren Dienst ab. Sie haben wie die Frauen noch sechs Monate Zeit, die langjährige Verpflichtung für die Offizierslaufbahn zu überdenken. Allerdings haben sich auch viele bereits für die gesamte Zeit ohne Widerrufsrecht verpflichtet, ohne genau zu wissen, was auf sie zukommt, aber noch mit den Worten über vielversprechende Karrierechancen, die ihnen ihr Wehrdienstberater oder ein Jugendoffizier an ihrem Gymnasium erläuterte, im Ohr.

Ich kann nicht nachvollziehen, wie sich ein so junger Mensch für diese lange Zeit verpflichten kann – wer ist in diesem Alter schon in der Lage, seine persönliche Entwicklung vorherzusehen? Natürlich hoffe ich, dass ich, gemessen an ihrem jugendlichen Alter, reife Persönlichkeiten treffe, die vielleicht schon ein Schuljahr im Ausland erlebt haben, die schon ein wenig einschätzen können, was auf sie zukommt und vor allem welche Rolle Deutschland in der Welt spielt. Ob sich jemand gar zum Soldatentum in unserer noch jungen Einsatzarmee berufen fühlt?

Oder sind die jungen Menschen, die ich nun für einen Monat meine Kameraden nenne, zur Bundeswehr gegangen, weil sie befürchten, bei der Fülle der möglichen Lebensentwürfe außerhalb der Armee nicht ihren Weg zu finden? Treibt der Wunsch nach Sicherheit sie an, hat die Wirtschaftskrise oder die elterliche Arbeitslosigkeit ihre Entscheidung gefestigt? Sind sie einfach glücklich, sich fortan keine weiteren Gedanken zur Selbstfindung, zur Berufswahl und ihrer Position in der Gesellschaft machen zu müssen – wie es viele ihrer Altersgenossen eher lustvoll denn voller Zukunftsängste tun?

Alle jungen Matrosen – der niedrigste Dienstgrad der Marine, den die Freshmen hier bekleiden – sind von der OPZ, der Offizieranwärterprüfzentrale in Köln für Führungstätigkeiten in der Bundeswehr, als geeignet eingestuft worden. Anhand eines drei Tage dauernden, aufwendigen Testverfahrens wurden unter 6000 Bewerbern diese 220 ausgewählt, die sich dadurch qualifizierten, dass sie schon um sechs Uhr morgens intelligente Aufsätze zu verschiedenen gesellschaftlichen und politischen Themen verfassen konnten und in Interviews mit Psychologen ihre Charakterfestigkeit und demokratische Gesinnung glaubwürdig zu präsentieren vermochten.

An einem strahlend schönen Montagnachmittag erreiche ich das Rote Schloss. Fregattenkapitän Tim Gabrys begrüßt mich am großen Tor der Marineschule Mürwik, er ist hier für die »Leitung Führungslehre« und die Pressearbeit zuständig. Gabrys hat mir einen jungen Presseoffizier an die Seite gestellt, der mich vorbei an einer Schwimmhalle und der kleinen Villa der Militärseelsorge über den Exerzierplatz und durch das verwirrend verwinkelte Gebäude in den vierten Stock führt. Nach dreieinhalb Stockwerken, rund 65 Treppenstufen, erblickt man das Bild »Mann über Bord« des deutschen Marinemalers Carl Saltzmann. Ich bekomme einen Schreck und verstehe nicht, warum hier, kurz bevor man die 80 Treppenstufen geschafft hat, dieses demotivierende Gemälde hängt, die Horrorvorstellung eines jeden Seefahrers.

Am Horizont wankt ein Segelboot der deutschen Marine zu Kaisers Zeiten, im Vordergrund ein Mann über Bord, der sich an einen abgebrochenen Mast klammert. Ein kleines hölzernes, voll besetztes Beiboot versucht an ihn heranzukommen, doch das Ruderboot voller Marinesoldaten scheint eher selbst in Gefahr zu kentern, als noch retten zu können.

Noch irritiert mich das Bild des in rauer See Ertrinkenden. Denn dass es auch um die den wilden Wellen trotzenden heranrudernden Kameraden gehen könnte, die ihr Leben für den einen Kameraden über Bord riskieren, also um eine Darstellung der höchsten soldatischen Pflicht und Tugend, kapiere ich erst später, als ich das Bild zum x-ten Male betrachtet habe.

Im vierten Stock des Schlosses angekommen, darf ich zunächst eine Einzelstube beziehen. Dem ersten Eindruck nach ist es eine Mischung aus Internatszimmer und einer anständigen Drei-Sterne-Pension mit freiem Blick auf das Meer der Flensburger Förde und Dänemark direkt gegenüber. Keine alten Doppelstockbetten mit durchgelegenen Matratzen, keine unmodischen kleinen Blechspinde, dafür eine dezente Schrankwand, ergonomisch korrekte Schreibtische und Stühle, ein Duschbad, das ich mir mit den beiden jungen Frauen in der Nachbarstube teilen werde. Praktisch ist, dass das Bad von beiden Seiten betreten werden kann, also meine direkte Verbindung zum Nachbarzimmer ist. Ich bin auf meine Kameradinnen gespannt.

Michi* und Steffi sind die einzigen beiden weiblichen Matrosen in meinem »Zug 35«, der mit mir nun aus 17 Offizieranwärtern besteht, erfahre ich von Presseoffizier Bolbol, einem Halbägypter. Da mein Zug noch bei der Unterrichtseinheit »Formaldienst« ist, gehe ich zunächst mit ihm und einigen seiner Kollegen im Remter, dem Speisesaal, essen. Drei Mittagsmenüs stehen zur Auswahl, verschiedene Nachtische, Salatbuffet, Kaffee. Ich muss an die Worte eines erfahrenen Panzergrenadiers denken, der mir sagte, dass manche zu Beginn ihrer Offiziersausbildung nicht nur das erste Mal in ihrem Leben festes Schuhwerk trügen, sondern auch zum ersten Mal frische, ausgewogene Mahlzeiten, zu festen Zeiten in der Gemeinschaft eingenommen, kennenlernen würden.

Der Presseoffizier und ich setzen uns in den Wintergarten des Remters, in dem ich nur jetzt, als Noch-Journalistin, sitzen darf. Schon heute Abend, dann als »Rekrut Zajcek«, werde ich wie alle anderen Offizieranwärter an den langen Tischen im Saal Platz nehmen müssen, zu essen beginnen, wenn es mir ein Seekadett befiehlt, und auch die Gabel fallen lassen, wenn es angeordnet wird.

Die ersten Züge fallen zum Mittagessen ein, junge Menschen, verschwitzt in ihren Flecktarnanzügen, stürzen sich auf ihre Teller, als kämen sie gerade zu Fuß vom Russlandfeldzug zurück. Bis auf ein paar junge Mädchen haben sich die meisten aufgeladen, so viel die Tabletts nur tragen können, beginnen bereits zu Beginn, sich Obst wegzustecken oder Brote zu schmieren. Warum, beobachte ich kurz darauf: Manche haben gerade mal zehn Minuten Zeit, um Suppe, ein Hauptgericht und den Nachtisch zu verzehren. Die Seekadetten, die nach nur einem Jahr der Offiziersausbildung bereits Neulinge kommandieren, sind unerbittlich und haben selbst ein straffes Programm, wann sie welche Unterrichtseinheit mit den ihnen zugeteilten Zügen zu absolvieren haben.

Während ich mir von dem Presseoffizier die Vorzüge des Lernens an dieser exklusiven Schule – eigene Segel- und Motorboote aller Klassen, eigenes Schwimmbad mit Sauna, drei Sporthallen – erklären lasse, rauschen über 200 Jungsoldaten an uns vorbei, essen viel zu schnell und eilen auf das Kommando »Alles auf!« wieder von dannen. Die mich befehligende »Frau Seekadett« – es gibt die weibliche Form laut Bundeswehrsprachregelung nicht für die Dienstgrade, das Geschlecht erkennt man an der Ansprache »Frau« oder an einem »w«, in Klammern hinter den Dienstgrad geschrieben – lerne ich bald nach meinem letzten angenehm langsamen Essen kennen. Zunächst aber geleitet mich der Presseoffizier in die Offiziermesse, direkt neben der Kantine gelegen, aber längst nicht für alle zugänglich. Ein Hort der maritimen Tradition mit einer schönen hölzernen Bar, bestückt mit allerlei Spirituosen- und Kaffeespezialitäten, schweren Ledersesseln und -sofas und schönen Gemälden historischer Segelboote. Hier treffen sich alle Offiziere der Schule täglich um 13 Uhr zum »Rendezvous«, bei dem Neuigkeiten und Nachrichten vorgetragen werden. Der Presseoffizier stellt mich als die »embedded« Journalistin vor, die nun für einen Monat die AGA – die Allgemeine Grundausbildung – zu absolvieren gedenke. Einige Offiziere schmunzeln, wünschen mir viel Spaß, schließlich wissen sie, dass ich mir einen der körperlich am meisten fordernden Ausbildungsabschnitte des soldatischen Trainings als Mitmachprogramm ausgesucht habe.

Der Presseoffizier bringt mich über einen steil abfallenden Waldweg vorbei an dem kleinen, mit hübschen Marinesegelbooten gut ausgestatteten Hafen über Treppen zu einer Kasernenhäuschensiedlung. Auf einer Grünfläche zwischen den Häuschen treffe ich nicht nur auf »meine« Frau Seekadett, sondern auch endlich auf meinen Zug. Die 14 Männer und zwei Frauen sind in zwei Gruppen aufgeteilt, eine liegt mit dem Gewehr G36 im Anschlag auf dem Boden, die andere ist gerade dabei, die Pistole P8 zusammenzubauen, auseinanderzunehmen, zusammenzubauen und Befehle zu befolgen wie zum Beispiel »Pistole P8 entladen und gesichert übergeben«, worauf der Ausführende antworten muss: »Frau Seekadett, Matrose XY melde, übergebe Pistole P8 entladen und gesichert, mit Magazin, zwei Patronen.« Die ganze P8-Gruppe kniet auf dem Boden, bastelt mit mehr oder weniger flinken Fingern die Pistole auseinander, zusammen, immer wieder, wirkt dabei konzentriert bis angespannt, Einzelne wirken unsicher und ängstlich. Fast alle machen irgendwann Fehler bei der Wiederholung der Befehle und werden dann von einem 21-jährigen Herrn Seekadett angeschrien.

Bevor ich nun endlich meinen neuen Kameraden vorgestellt werde, schaue ich mir die Unterrichtseinheit »Handwaffen- und Schießausbildung Praxis« ein wenig belustigt, aber auch beeindruckt an. Diese jungen Menschen haben erst vor zwei Wochen mit ihrer militärischen Laufbahn begonnen und wirken mit den Waffen und den Stahlhelmen in ihren »Tagesdienstanzügen Flecktarn« schon ganz wie echte Soldaten. Reagieren flink auf Kommandos, machen Liegestütze, wenn sie sie nicht korrekt wiederholen können oder Fehler an der Waffe machen. Ich bin gespannt und neugierig, wie ich auf Kommandos reagieren werde.

Jetzt nimmt sich erst einmal die junge Frau Seekadett Fink* meiner an. In meiner Zivilistenkleidung hocke ich mich zu ihr auf die »Elefantenhaut«, die Allzweck-Plastikmatte. Die 15 Jahre jüngere blonde Frau mit Pferdeschwanz und ich basteln eine Pistole langsam auseinander. Ich nehme das Handwerkszeug eines jeden Soldaten in die Hand und überlege, in welche Situation ich kommen müsste, um eine Pistole zu benutzen. Ich denke kurz daran, wie mir ein Kollege von CNN erzählte, dass er bei seinem letzten Besuch in Bagdad von einem schwer bewaffneten Bodyguard eine Automatik-Pistole in die Hand gedrückt bekam – damit er sich, falls alles schiefginge, »wenigstens verteidigen« könne. Aber ich habe nun keine Zeit, mir über meine Einstellung Waffen gegenüber Gedanken zu machen. Frau Seekadett erwartet, dass ich mir schnell alles merke, was sie zeigt.

Sie erklärt mir die Einzelteile der P8. Dann lerne ich die

Funktionsüberprüfung. Nach dem Zusammensetzen der Pistole das Magazin wieder herausnehmen, den Lauf beim Nach-hinten-Ziehen im engen »Kammgriff« halten, den Lauf auf Leichtgängigkeit überprüfen und den Verschlussfanghebel arretieren, prüfen, dass sich der Abzug bei gesicherter Waffe nicht betätigen lässt. Das Ganze spielen wir einige Male durch, bevor Frau Seekadett mich in die P8-Gruppe weist und ich nun von dem dynamischen und stimmgewaltigen Herrn Seekadett kommandiert werde. Die Gruppe nimmt mein Dazukommen gar nicht wahr, alle scheinen sich auf die noch ungewohnten Handgriffe und Kommandos zu konzentrieren. Nur die beiden Frauen im Zug, Michi und Steffi, lächeln mich kurz an. Nicht ohne Grund sind alle unglaublich konzentriert: Von Anbeginn der Ausbildung an werden jeder Erfolg und jeder Misserfolg, jede überdurchschnittliche Leistung und jedes Versagen der jungen Matrosen in den kleinen Büchlein der Kadetten notiert und weitergegeben.

Ein wenig Schonfrist scheine ich noch zu haben, bevor ich auf eigenen Wunsch hin keine Ausnahmebehandlung mehr bekomme. Wenn ich etwas falsch mache – was mir bei der kleinteiligen Waffen-Bastelarbeit ständig passiert –, muss ich noch nicht gleich mit Stahlhelm auf dem Kopf in den Liegestütz springen.

Nach eineinhalb Stunden an der Pistole erklärt mir meine Lehrerin das Gewehr, um das uns zumindest alle mir bekannten arabischen Armeen und Milizen so sehr beneiden. Mit seinen leichten vier Kilo, seiner Zielgenauigkeit und dem vergleichsweise geringen Rückstoß ist es ein Objekt der Begierde für jeden, der an der fünf Kilo schweren Kalaschnikow schießen lernen musste.

Das Sturmgewehr G36, die Standardinfanteriewaffe der Bundeswehr, ist, wie auch die P8, von Heckler & Koch geschmiedet. Das glatte, schwere Hartplastik liegt gut in der Hand, ergonomisch im Arm. Ich versuche, mir beim Auseinandernehmen die einzelnen Bauteile zu merken, was mir aber nicht auf Anhieb gelingt. Ich bin froh, dass ich mir zumindest die vorschriftsgemäße Reihenfolge der Zerlegung in die Einzelteile merken kann, wie die Einzelteile, die ich da zusammensetze, funktionieren, wird mir im Lauf der Übung auf der kleinen Grünfläche nicht klar.

Nach insgesamt viereinhalb ermüdenden Stunden, in denen stehend, kniend und liegend gebaut und gezielt werden musste, freue ich mich auf die nächste Unterrichtseinheit: Sport. Ein wenig irritierend, dass er direkt nach dem Abendessen beginnen soll. Ich lerne, dass Zivilisten, wenn sie denn in einer militärischen Formation mitmarschieren, ganz hinten laufen müssen, und schließe mich dem Zug in meiner Zivilistenkleidung an. So schön Gleichschritt wie die anderen zu halten fällt mir schwer. Ich sehe, wie Michi auch immer wieder aus dem Tritt gerät und durch kleine Doppelhüpfer versucht, wieder in den Gleichschritt zu kommen, und tue es ihr nach. Auch einige andere Kameraden kommen nicht immer richtig mit. Mit ein paar Wechselhüpfern »verlegen« wir so zum Abendessen.

Den Remter betrete ich dieses Mal trotz meiner noch fehlenden Uniform schon als Mitglied des Zugs. Meine Kameraden haben bereits gehört, dass sich ihnen eine Journalistin anschließen wird. Der Zug stellt sich gemeinsam an, um das Kantinenessen zu empfangen, geht gemeinsam an einen Tisch, stellt sich um den Tisch herum auf und hält in der Mitte zwei Plätze für die Seekadetten frei. Erst, wenn alle rings um den Tisch herumstehen, wünschen Herr oder Frau Seekadett mit lauter Stimme »Guten Appetit, Zug 35«, woraufhin der Zug mit lauter Stimme »Guten Appetit, Herr/ Frau Seekadett« zu entgegnen hat. Dann stürzen sich alle auf ihre Teller. Noch bin ich nicht übermäßig hungrig und weigere mich, mit dem Essenstempo der jungen Leute mitzuhalten. Ein schnelles Essen vor dem Sport – meine Trainerinnen aus dem Fitnessstudio würden sich die Haare raufen. Physiologisch ungut, aber hier, in der Soldatenausbildung, bei der es darum geht, die Teens und Twens der Generation Playstation auf Zack und auf Spur zu bringen: normal.

Nach zehn Minuten des Schlingens ruft Herr Seekadett »langsam fertig werden«, was die jungen Leute dazu antreibt, Höchstmengen auf einmal in ihre Münder zu stopfen. Die Unterrichtseinheiten der »Löffeletikette«, bei denen Offizieranwärter das gesittete Essen eines mehrgängigen Menüs mit entsprechendem Besteck lernen, liegen noch in weiter Ferne.

»Alles auf!« – letzte schnelle Bissen, hastige Schlucke und aufgestanden! Tablett am Fließband der Kantine ablegen, Müll trennen, antreten. Manch einer schaut sich um, ob ihm die Kameraden in der Schlange genug Rückendeckung geben, und trinkt noch einen Schluck, beißt noch mal ins Brot. Ich sage einem jungen Mann, dass er doch noch was einpacken solle, statt so zu schlingen, er antwortet, dass es dafür nun zu spät sei. Meine beiden Kameradinnen weisen mich flüsternd auf die Regeln hin: »In der Formation wird nicht gesprochen!«

Der Zug baut sich vor dem Remter auf, die Großen vorn, die Kleinen hinten, alle stehen gerade und haben die Augen geradeaus. Irgendwer flüstert mir zu, dass ich beim »Rührt euch« die Hände auf dem Rücken haben muss, die rechte die linke umfassend. Das »Stillgestanden« und »Rechtsum« kriege ich noch nicht so recht hin.

Der Zug »verlegt« zügig aufs »Deck«, in die vierte Etage, in der sich unsere Stuben befinden. Hier wieder antreten, um das Kommando zu empfangen: In drei Minuten in Sportzeug antreten! Ich renne mit den Mädchen auf unsere Stuben, die beiden reißen sich die Flecktarnuniform vom Leib, schlüpfen aus den schweren Stiefeln und in den himmelblauen Bundeswehr-Sportanzug, während ich mein privates Sportzeug anziehe. Es tönt: »Schott!« Steffi ruft mir durch die geöffnete Badezimmertür zu: »Stell dich vor die Tür, schnell!«, und ich haste vor das Schott, meine Stubentür.

Dass hier an der Marineschule Türen »Schotten«, Etagen »Decks« und Schnüre »Tampen« heißen, ist nur logisch, aber ein wenig gewöhnungsbedürftig. Nach dem Kommando »Schott« folgt »Alles Antreten«, woraufhin sich der Zug wieder der Größe nach aufstellt und im Laufschritt das Gebäude verlässt, um in lockerem Jogging-Tempo auf den großen Sportplatz zu verlegen. Einige der jungen Männer sind bereits nach dem kurzen Lauf, gerade mal fünf Minuten dauert es zum Sportplatz, außer Puste. Nach wenigen gemächlich rings um den Platz gelaufenen Runden wird das Programm des Abendsports »Bauch – Beine – Po« verkündet. Die jungen Männer stöhnen. Ich freue mich, denn als regelmäßige Besucherin eines Frauensportstudios habe ich einen Trainingsvorsprung, gerade diese Körperzonen betreffend.

Steffi, die vor nicht mal einem Monat ihr Abitur an einem Sportinternat ablegte, ächzt rechts neben mir, schafft aber alle Übungen. Michi, die gerade mal 1,60 Meter große, blond gelockte Offizieranwärterin, zieht hingegen alle Tricks durch, die man sich als unmotivierte Pflichtsportlerin ausdenken kann – wie so manch anderer im Zug. Hier ist ein Schuh offen, dort wird ein Kommando nicht verstanden, Übungen zu langsam ausgeführt, bei den Sit-ups wird versucht zu schummeln. Die uns trainierenden »Sport-Seekadetten« kommen mit den korrigierenden Kommandos gar nicht hinterher.

Um 20 Uhr wird gemeinsam zum Roten Schloss zurückgejoggt, wir müssen wieder auf dem Hof antreten und noch zehn Strafliegestütze machen, weil wir beim Sport nicht genügend motiviert waren. Dann endlich der ersehnte Befehl: Dienstausscheiden! Alle rennen nach oben, nur einer bleibt noch auf dem Hof stehen, um eine Feierabendzigarette zu rauchen.

Ich komme mit Pierre* ins Gespräch. Er war mir schon zuvor aufgefallen, weil er ernsthafter als die anderen jungen Männer wirkte. Er erzählt mir, dass er »immer schon« Soldat bei der Marine werden wollte. Seit er als Kind an der Nordseeküste eine Marinepräsentation erlebt hat, ist er fasziniert von Militärtechnik, U-Booten und Fregatten. Nun will er Helikopterpilot werden, die zweite von drei schwierigen Pilotenanwärterprüfungen muss er in den nächsten Wochen absolvieren. Er erzählt, dass die Offizierslaufbahn sein einziger Anreiz war, das Abitur zu schaffen. »Sonst hätte mir 'ne Handwerkerausbildung gereicht, und irgendwann der Meister halt.« Aber sein Traumberuf Pilot erfordert Abitur, und auch wenn es zum Fliegen bei Pierre nicht reichen sollte – die Piloten leiden unter Nachwuchsmangel, nicht weil es nicht genügend Bewerber, sondern nicht genügend körperlich und charakterlich geeignete Interessenten gibt –, wird er die 13 Jahre, für die er sich verpflichtet hat, durchziehen. In der Hoffnung, danach als Berufssoldat übernommen zu werden, denn einen anderen Beruf kann er sich nicht vorstellen.

Pierre verabschiedet sich auf seine Stube, und ich genieße noch ein wenig die ruhige Stimmung, die nun in die Kaserne einkehrt. Kein Gebrüll mehr, kein Gerenne, keine Hetze.

Als ich oben ankomme, ist die gesamte militärische Atmosphäre und Strenge einem Gefühl von Jugendherberge gewichen. Die beiden Teens, 18 und 19 Jahre alt, hocken inmitten von Unmengen militärischer Camping-Ausrüstung, noch verschwitzt im Sportzeug, auf dem Fußboden. Auf meine verwunderte Frage, was sie denn mit dem ganzen Equipment planten, ernte ich nur einen unverständigen Blick. »Na, wir müssen doch unseren Kampfrucksack packen! Du nicht?« Steffi und Michi erklären mir, dass der Kampfrucksack jeden Abend gepackt werden muss und ich das bestimmt auch zu tun hätte, sobald ich eingekleidet worden sei. Für den Fall der Fälle hat der Kampfrucksack bereitzustehen, wobei der Ernstfall hier in der Schule ein Marsch mit voller Ausrüstung mitten in der Nacht oder sehr früh morgens bedeutet. Ich hocke mich zu den Mädchen auf den Boden und lasse mir erklären, was der deutsche Soldat (auch der weibliche) in diesem Ernstfall alles bei sich tragen muss.

Die NATO-Rolle ist ein wichtiges Utensil. Sie besteht aus einem grünen Handtuch (das aufgrund diverser Produktionsfehler leider keine Feuchtigkeit aufnimmt, wie mir die beiden erklären), in das ein T-Shirt, ein Flecktarn-Tagesdienstanzug, Badebekleidung, die Kosmetiktasche mit Zahnbürste, -pasta und Rasierzeug (nur für die Männer) sowie zwei Paar Wollstrümpfe und ein paar weiße Baumwollsocken für die Sportschuhe gepackt werden müssen. Das Ganze dann mit Gummibändern so eng es geht verzurren – fertig ist die NATO-Rolle. Dann gehören Klappspaten, eine halbe Zeltplane mit Erdnägeln (Heringen), die Elefantenhaut, die Regenhose, Schuh- und Kleiderputzbürste, Sportschuhe, Schuhcreme und Nähzeug dazu, oben auf den Rucksack wird der uralte, nach Mottenpulver stinkende, schwere Schlafsack geschnallt – in einem komplizierten Schnüre-Ösen-System mit drei unpraktischen Riemen, die sich zum Verlieren geradezu anbieten. Doch natürlich ist es mit dem Rucksack, an den beim Marschieren noch vorne der Stahlhelm (»harte Kopfbedeckung«) geschnallt werden muss, nicht getan. Denn die Koppeltragehilfe ist noch nicht gepackt, sie ist das Geschirr, das jeder Soldat unter dem Rucksack anzulegen hat.

In den drei auf den Hüften getragenen Taschen werden die Wasserflasche mit einem Liter frischen Trinkwasser, die ABC-Maske und der ABC- und Regen-Poncho, das Campinggeschirr und -besteck und die Regenjacke verstaut. Alles zusammen wiegt an die 25 Kilo – leicht zu tragen für einen 1,85 Meter großen, 80 Kilo schweren und trainierten Mann, aber wenn ich mir die kleine, leichte und nicht besonders muskulös wirkende Michi so anschaue, bekomme ich Zweifel, ob sie diesen Rucksack und die Koppel tatsächlich über mehrere Kilometer schnellen Schrittes tragen können wird.

Den ersten Marsch haben die Mädchen bereits hinter sich, Steffi hat es mit, Michi ohne Gepäck ins Ziel geschafft. Denn wenn ein Mitglied des Zugs zu schwach oder zu langsam wird, wird sein Gepäck von kräftigeren Kameraden übernommen und mitgetragen. Ob Michi es so schafft, sich Freunde zu machen? Ob die Jungs eher Gentleman sein wollen oder sich über das schwache Geschlecht lustig machen, werde ich bereits übermorgen bei meinem ersten Marsch erleben.

Natürlich will ich wissen, wie die kleine Michi mit den Engelslocken auf die Idee kam, sich als Offizieranwärterin bei der Bundeswehr zu verpflichten. Für sie war der Entschluss leicht. Auf dem Gymnasium hatte sie Elektrotechnik als Leistungskurs. Es machte ihr so viel Spaß, dass sie dieses Fach studieren wollte. Freunde bei der Bundeswehr erzählten ihr von der Möglichkeit des bezahlten Studiums und der sicheren Karriere. Also ließ Michi sich beim Wehrdienstberater erklären, dass die Marine mit all ihren Hightech-Geräten genau das sei, was sie wollte – »hervorragende bezahlte Ausbildung, Aufstiegschancen, ein auf Jahre gesicherter Job« –, woraufhin sie sich als Marine-Offizieranwärterin bewarb, in die Offiziersprüfzentrale in Köln geladen wurde, die Prüfungen bestand und nun, nur eine Woche nach ihrer letzten Abiturprüfung, das erste Mal in ihrem Leben mit Schlafentzug, körperlichen Schmerzen, Heimweh und vielen Kommandos klarkommen muss. Ein richtiges Mädchen, das mir auf den ersten Eindruck hin psychisch und physisch nicht für die Armee geschaffen scheint. Aber wer weiß, wenn sie es schaffen sollte, noch größeren Ehrgeiz zu entwickeln und sich sportlich auf Vordermann zu bringen, könnte sie mit ihrer gewandten Rhetorik sicherlich auch eine gute Offizierin werden.

Steffi ist aus ganz anderem Holz geschnitzt. Die 1,83 Meter große, kräftige Brünette wuchs in Sportinternaten in Brandenburg auf. Sie erzählt ganz lapidar, dass sie es gewohnt sei, kommandiert zu werden, Tages-, Wochen-, Monats- und Jahresprogramme vorgesetzt zu bekommen und diese ohne Mitspracherecht, aber unter großen Anstrengungen zu erfüllen. Für die Seefahrt ist sie familiär vorbelastet: Ihr Vater und auch ihr Großvater fuhren zur See, der Vater zu DDR-Zeiten. Kurz nach der Wende, als Mitbringsel aus China und Indien unschätzbare Kostbarkeiten darstellten und er bei den wenigen Treffen der gesamten Familie Abenteuer von den Weltmeeren und aus fernen Ländern erzählte, wuchs Steffis Wunsch, zur See zu fahren.

Folgerichtig bewarb sie sich noch im letzten Schuljahr bei der Marine, wurde angenommen und freut sich nun, dass sie keinen Leerlauf im Lebenslauf oder gar die Verwirrung, welche die Vielfalt des freien Ausbildungsmarkts mit sich bringt, erleben muss. Steffi traue ich auf Anhieb zu, alles zu erreichen, was sie sich in den Kopf setzt.

Über der Erklärung der Ausrüstung ist es schon nach 22 Uhr geworden, und da morgen das harte Programm wieder ab kurz nach fünf Uhr in der Früh beginnt, zieht Michi demonstrativ ihr Nachthemd an und legt sich ins Bett. Ich verabschiede mich für den Tag von den Mädels und gehe auf meine Stube.

Um Punkt fünf Uhr werde ich vom schrillen Pfiff auf der Bootsmannsmaatenpfeife, ähnlich dem Ton einer Hundepfeife, geweckt. Auf dem Gang ertönt der Ruf: »A-Reise, A-Reise, aufstehen!« Neugierig und voller Vorfreude gehe ich ins Bad, beginne mit einer schnellen Katzenwäsche und will mir die Zähne putzen. Steffi stürzt schon in Sportzeug gekleidet herein und schaut mich entgeistert an: »Was machst du denn hier? Schnell, ab ins Sportzeug, wir müssen sofort antreten!« Ich springe in meine Jogginghose, und noch bevor ich mir die Schuhe zumachen kann, tönt es schon wieder »Schott« und »Alles antreten!« vom Gang.

Mit offenen Schuhen renne ich aus meiner Stube, um mich mit den anderen in Formation zu stellen, und bekomme beim Schnüren der Schuhe einen ersten, noch gemäßigten Anschnauzer vom Sport-Seekadetten, dass ich das doch gefälligst auf Stube zu machen hätte. »Aber wie denn, wenn ich raus muss und noch nicht fertig bin?«, entfährt es mir, worauf ich nur ein »Dann müssen Sie halt schneller werden!« entgegnet bekomme. Wir rennen die 80 Stufen hinab auf den Südhof, unseren Exerzierplatz. Weil unser Zug zu lange gebraucht hat, um unten anzutreten, müssen wir zunächst Liegestütze im Nieselregen machen. Dann verlegen wir im Laufschritt in die Sporthalle mit dem Kraftraum. Heute sollen wir die Einweisung in das Training an Geräten erhalten. Eher lustlos absolviert der Zug sein Sportprogramm.

Um sechs Uhr verlegen wir wieder auf unsere Stuben, nun ist Zeit, »die Körperhygiene auszuführen«, also zu duschen, den »Bock zu bauen«, wie das Bettenmachen hier heißt, und »Rein Schiff« zu machen, also die Stube zu putzen. Steffi zeigt mir, wie das Bett morgens herzurichten ist: Das Laken soll durch Straffen und Ziehen in einen Zustand versetzt werden, der wie frisch gebügelt aussieht. Das Kopfkissen wird in die halbierte Bettdecke gewickelt, so drapiert, dass es am Kopfende eine Erhöhung ergibt, dann wird das Konstrukt mit einer kompliziert zu faltenden, schweren Wolldecke akkurat abgedeckt, natürlich so, dass an Kopf- und Fußende das eingewebte »Bund« zu lesen ist. Nach mehreren gescheiterten, immer unordentlich aussehenden Versuchen meinerseits übernimmt Steffi das Bauen meines Bocks, auch wenn sie es selbst noch nicht perfekt kann. Sie gibt sich aber große Mühe, beginnt mehrfach neu, sodass der Bock nach einigen Minuten für unsere Augen und Fähigkeiten fast perfekt auf meinem Bett thront. Als Gegenleistung biete ich ihr an, ihre Stiefel zu putzen. Während die beiden die in der Nacht zuvor mühsam gepackten Kampfrucksäcke auspacken und sorgfältig allen Kriegs-Campingbedarf in die Spinde sortieren, kümmere ich mich um den Glanz ihrer Kampfstiefel.

Nachdem zwei Seekadetten die Sauberkeit unserer Stuben kontrolliert und noch zehn Minuten Nachputzzeit zum »Beseitigen der Ausstellungen«, wie Mängel hier genannt werden, gegeben haben, verlegen wir zum Frühstück. Andere waren schneller, unser Zug muss sich in die Warteschlange von bestimmt 150 Matrosen einreihen. Obwohl bei der Tablettausgabe ein Plakat mit Menüempfehlungen und Kalorienangaben zu maßvoller und gesunder Ernährung ermahnt, werden Obst und Vollkornbrötchen eher selten genommen. Die jungen Offizieranwärter greifen in der

Früh gern zu Kuchen, weißen Brötchen, Wurst, süßem Sahne-Früchtequark und trinken dazu Kakao. Außer mir nimmt niemand im Zug Müsli und Kaffee, aber da der Tag lang zu werden verspricht, belege ich mir, wie die anderen auch, schnell einige Butterbrote. Allein beim Gedanken an die kommenden vier Stunden Handwaffenausbildung bekomme ich Hunger und werde spontan sehr müde.

Nach dem Kommando »Alles auf! Antreten zur Musterung auf dem Südhof!« eilen wir zusammen mit drei weiteren Zügen auf den Hof. Der Seekadett bereitet uns auf den Auftritt des Hauptbootsmannes vor, für den natürlich die Anzugordnung perfekt hergestellt sein muss, sprich: wir alle mit »ordentlichem Schuhputz«, »vernünftig aussehender weicher Kopfbedeckung« (also einer nicht verknitterten Mütze) und korrektem Kragen dazustehen haben. Die Butterbrote sind in den Seitentaschen der Uniformhosen verschwunden, die so ausgebeult sein dürfen, wie es der Stoff nur hergibt.

»Zur Anzugsmusterung: Erstes Glied fünf Schritte, zweites Glied drei Schritte vortreten!«, darauf folgt: »Ausrichten!«, sodass wir uns in den drei Reihen, in denen wir nun stehen, bemühen, die Fußspitzen an fiktiven geraden Linien auszurichten. Danach müssen wir selbstständig ins »Stillgestanden – Augen rechts« gehen, den Kopf so lange streng nach rechts gerichtet haben, bis der jeweils größte einer Reihe nickt und wir im Ziehharmonika-Prinzip ins »Rührt euch« wechseln. Der Seekadett ist streng und übersieht keinen Fehler: Ein Matrose hat einen weißen Zahnpasta-Flecken auf seinem Flecktarn, er muss nach oben eilen und sich umziehen. Mehrere haben die Schuhe nicht ganz korrekt geputzt und müssen nun der Reihe nach ins vierte Stockwerk rennen, putzen, runtersprinten, sich vom »Ausstellungen beseitigen« zurückmelden und mit einer Kehrtwende wieder in die Formation einreihen.

Als alles bei allen perfekt sitzt und glänzt, beginnt die Musterung für unseren Zugführer. Als unser Hauptbootsmann den Hof betritt, müssen wir ins Stillgestanden und die Augen geradeaus richten. Er begrüßt uns, wir brüllen das »Guten Morgen, Herr Hauptbootsmann« so laut es geht zurück. Er erklärt uns die Bedeutung unserer Zugflagge. Das Biwak, das erste Training auf dem Truppenübungsplatz, werde in zwei Wochen stattfinden, wir müssten uns nun darum kümmern, unsere Zugflagge zu produzieren. Denn die sei das Wichtigste bei diesem zweitägigen militärischen Campingausflug. An ihr hingen Ruhm und Ehre unseres Zugs, denn nur mit einer eigenen Flagge dürften wir an dem traditionellen Biwak-Spiel, den anderen Zügen ihre Flagge zu stehlen, teilnehmen. Passt ein Zug beim abendlichen Lagerfeuer oder in einer Übungspause, in der viele schnell in Minutenschlaf fallen, nicht auf seine Fahne auf, und schaffen es Mitglieder des anderen Zugs, sie zu klauen, so gilt dies als große Schmach für den betroffenen, aber natürlich als großer Ruhm für den listigen Diebes-Zug. Sie notfalls auch mit einer Rangelei zurückzuholen gilt dann als Ehrensache, als der einzige Weg, den bestohlenen Zug vor Schmähgesängen der anderen Züge beim Marschieren oder auf dem Sportplatz zu schützen.

Michi ist die Flaggen-Beauftragte, sie soll auf Wunsch der demokratischen Zug-Entscheidung die, wie ich finde, albern und kindisch wirkende Computerspielfigur Super Mario auf ein Stück Stoff drucken lassen, umrahmt von den Mottos »Jump and Run« (aus dem Super-Mario-Computerspiel) und »Semper Fidelis« (»Immer treu«, das Motto der US-Marines). Ihr Freund daheim habe schon die Vorlage erstellt, erklärt sie, er würde sich in seinem westfälischen Dorf nun darum kümmern, dass Zug 35 hier im obersten Norden eine schöne, wenn auch etwas infantile Flagge bekommt. Die

Jungs verdrücken sich ihr Grinsen. Michi wirkt einfach zu klein, zu mädchenhaft mit ihrer Brille und den Löckchen, sodass ich bezweifle, dass jemand in diesem maskulinen Verein sie innerhalb der kommenden zehn Jahre ernst nehmen wird.

Dann schimpft der Hauptbootsmann, weil heute beim Frühsport – wie schon gestern beim Abendsport – viele wieder nicht motiviert genug mitgemacht haben. »Streben ist nicht das, was die Besserwisser in der Schule gemacht haben. Streben nach Höchstleistungen ist hier Ihre Aufgabe! Und das gilt auch für den Sportunterricht, und wer im Kraftraum Ausstände hat, der darf sich nicht davor drücken, sondern der schnappt sich einen Kameraden und geht mit dem am Wochenende einfach mal zwei Stunden trainieren, um da die Defizite zu beseitigen!« Betretene Stille. »Haben Sie mich verstanden?« »Jawohl, Herr Hauptbootsmann!«, brüllen 16 spätpubertäre Kehlen nun so laut, dass ich Angst um mein Gehör bekomme. Noch stehe ich hinten, in meiner Zivilistenkleidung, als das Wort an mich gerichtet wird: »Und für Frau Zajček hier die Information, dass Sie sich morgen um acht Uhr auf dem Nordhof einzufinden haben, von da geht es mit dem Transporter in die Kleiderkammer, und Sie bekommen Ihre Uniform.«

Mit dem Kommando »Schießanzug anlegen, Zeitansatz drei Minuten!« verabschiedet sich der Zugführer, nun müssen wir so schnell es geht nach oben rennen, unsere Koppeln mit Trinkflasche, ABC-Schutzausrüstung und Regenschutz holen, die Elefantenhaut in unsere ansonsten leeren Rucksäcke packen und sofort wieder nach unten hetzen. Einer hat seine Mütze beim Schuheputzen oben vergessen, er wird, obwohl ohnehin schon komplett gestresst und verschwitzt, wieder die vier Treppen hochgeschickt. Wir anderen müssen in der anstrengendsten, in der regungslosen Position auf ihn warten. »Nun beeilen Sie sich mal, Ihre Kameraden warten im Stillgestanden auf Sie!«, brüllt ein Seekadett dem Gehetzten hinterher.

Wir verlegen im Gleichschritt, im »Tritt«, auf die kleine Grünfläche, auf der ich gestern die Einführung in den Umgang mit Pistole P8 und Gewehr G36 hatte. Wo wir gestern aufgehört haben, geht es heute weiter: Waffen zerlegen, Waffen zusammensetzen, sichern, auf die Funktion überprüfen und im Stehen, Hocken und Liegen zielen üben. Es fängt an zu regnen, wir machen weiter. Unsere Ausbilder nehmen den Regen als willkommenen Anlass, den Zug nicht nur den ABC-Abwehr-Poncho aus dickem Plastik anziehen, sondern auch die Gasmaske, im Bundeswehr-Deutsch »ABC-Schutzmaske«, aufsetzen zu lassen. Ausrüstungsgegenstände, die ich noch nicht habe.

Nach vier nicht enden wollenden Stunden mit nur kurzen Pausen, in denen alle ihr Butterbrot oder Schokoriegel essen, erlöst uns das Mittagessen. Nur mit Genehmigung des Seekadetten darf ich aus der Warteschlange vor dem Remter austreten und mir die Hände waschen. Die anderen Kameraden fragen gar nicht erst.

Obwohl die Essenszeit knapp bemessen ist, nehmen sich einige der in schmutzigem, feuchtem Flecktarn um mich herum sitzenden Matrosen nun die Zeit, mich nach meinem ersten Eindruck zu befragen. Manche sind sich noch nicht sicher, ob sie das Programm überhaupt erst einmal für drei Monate, danach 13 Jahre oder eventuell lebenslang in dann zwar abgemilderter, aber ähnlicher Form durchziehen wollen oder können. Nach kurzer Zeit hören wir unseren Seekadetten auch schon wieder »Langsam fertig werden«, dann »Alles auf!« brüllen. Die Gespräche verstummen schlagartig.

Ich fühle mich verdammt nach Mittagsschlaf, als ich auf

meine Stube komme. Ich würde mich so gern zehn Minuten hinlegen. Mein Bock war ohnehin nicht ordentlich genug gebaut, die Seekadetten, die zwischenzeitlich unsere Stuben überprüften, haben ihn an den fehlerhaften Stellen durch partielles Zerstören der Faltungen durcheinandergebracht. Ich habe noch keine Uniform, kann mich also auch nicht umziehen, aber der Eifer der Mädchen im Nebenzimmer ermahnt mich, meine Mittagsmüdigkeit zu überwinden und die »Ausstellungen« an der aufwendigen Tagesdekoration meines Bettes zu beseitigen. Der nächste Kontrollgang kommt bestimmt noch heute.

Wir haben zehn Minuten Zeit, uns den »Bordgefechtsanzug« anzuziehen, den »Bega«. Turnschuhe, dunkelblaue, bequeme Baggy-Hose, weißes T-Shirt, hellblaues Hemd und dunkelblaue Bordgefechtsjacke, wie auch die Hose schwer entflammbar. In unseren Taschen müssen wir das Bordmesser, unsere weiche Bega-Kopfbedeckung (eine Schirmmütze), die Bootsmannmaatenpfeife, feuerfeste Handschuhe und Feuerschutzhaube verstauen. Schott, antreten, runterrennen, wieder antreten, zusammen in Formation zum Bootshafen verlegen, Tritt, also Gleichschritt, halten.

Die jungen Matrosen sind freudig aufgeregt, zum ersten Mal haben wir die Unterrichtseinheit »Seemännische Praxis« oder auch »Kutterpullen«. Es geht aufs Meer, hier, wo die bräunliche, mit Quallen verseuchte Ostsee Flensburger Förde heißt. Im Hafen und an Bord der »Kutter«, die wir gleich »pullen« – rudern – werden, dürfen wir trotz starken Sonnenscheins jetzt um 13 Uhr keine Kopfbedeckung tragen. Der für die Materialausgabe zuständige Oberbootsmann begrüßt uns am Bootshaus, dann trägt Zug 35 auf Kommando ameisengleich Kälteschutzwesten, lange schwere Holzruder, Bootshaken, Eimer und Schwämme in die Kutter. Nach einer 40 kurzen Einweisung über Backbord und Steuerbord und die

Kommandos auf dem circa acht Meter langen schweren Holz-ruderboot legen wir, auf zwei Boote verteilt, auch schon ab. Die jungen Matrosen sind das erste Mal auf See – und natür-lich gefällt es nicht allen, unter großem körperlichem Ein-satz bei rund einem Meter hohen Wellengang zu rudern. Ich kichere mit Steffi über unseren »Galeerensklavenjob«. Sie zischt immer wieder durch die Zähne: »Dabei will ich doch Fregattenkapitän werden!« – ein Dienstgrad, den bislang noch keine Frau bei der deutschen Marine erreicht hat.

Für unsere Seekadetten ist es das erste Mal, dass sie auf Kuttern einen Zug befehligen dürfen. Dadurch wirken sie plötzlich sympathisch unsicher. Immer wieder schauen sie in das kleine Heft, das die Geheimnisse der korrekten Kom-mandos auf diesem seegehenden Gefährt birgt. Wir hatten die kleinen Heftchen gestern Abend ausgeteilt bekommen, und natürlich hatte niemand aus dem Zug nach dem 15-Stunden-Tag auch nur die Idee, die Fachbegriffe aus-wendig zu lernen. Immerhin lernen wir an diesem Tag auf »Und eins«, »Für Mutti«, »Dschi-Buti« und auf »Schöffer-hofer Weizen« zu rudern, wobei Herr oder Frau Seekadett jeweils den ersten Teil des Kommandos, wir als rudernde Besatzung das zweite Wort wiederholen.

Drei Stunden später legen wir wieder an. Nach dem kom-plizierten maritimen Einparken des Kutters komme ich für Herrn Seekadett Raks* nicht schnell genug aus dem Boot. Er schreit mich, ganz vorn sitzend, an: »Nun machen Sie mal langsam schnell!«, was mich zu einem leisen, vor mich hin gemurmelten »Langsam schnell? Wie soll das denn gehen?« verleitet. Raks hat es gehört und blökt mich an, dass es das in seinem Sprachgebrauch geben würde. Zum ersten Mal muss ich mir auf die Zunge beißen. Soll ich das mit ihm dis-kutieren? Besser nicht. Ich schaffe die kleine Überwindung und bringe dem 21-jährigen Ranghöheren gegenüber tatsächlich ein »Jawohl, Entschuldigung, Herr Seekadett« über die Lippen.

Als wir die schweren hölzernen Ruder (»Riemen«), Haken und das andere »Gerödel« wieder ins Bootshaus verbringen, nutzen manche die kleine Chance zur Erholung und lehnen sich an Wände. Obwohl Haupt- und Oberbootsmann dieses verbotene Fehlverhalten während ihrer zehnminütigen Besprechung mit den Seekadetten sehen, sagen sie nichts, gönnen uns einfach eine kleine, bescheidene Pause. Während wir noch viertelliterweise Wasser in uns kippen, kommt jedoch Seekadett Raks schon herüber, maßregelt uns mit lauter Stimme: »Die Wände stehen auch ohne Sie! Sind Sie müde? Dann machen Sie lieber ein paar Liegestütz!«, woraufhin natürlich alle sofort wieder allein und gerade stehen.

Um 16 Uhr 40 beginnt der ungeliebte Formaldienst. Nun heißt es auch für mich, das A&O des Soldatentums – nach dem Umgang mit der Waffe – zu lernen: das Marschieren. Wir laufen viele Runden über den Parkplatz. Immer gerät irgendwer aus dem Gleichschritt, Tritt genannt. »Es kann doch nicht so schwer sein zu gehen, meine Damen und Herren!« ist ein beliebter Spruch, um uns an unserem Ehrgeiz zu packen und zu mehr Aufmerksamkeit zu zwingen. Weil viele immer wieder Probleme haben, den Gleichschritt zu halten, exerzieren wir deutlich länger als die angesetzten 40 Minuten. Keiner hat mehr Lust darauf, die Stiefel bis zum Stiefelschaft des zweiten Fußes anzuheben, Michi ist am Ende ihrer Kraft, Steffi nur noch am Fluchen. Nur der Oberbootsmann, der uns immer wieder auf den morgigen Übungsmarsch hinweist, scheint noch voll konzentriert dabei zu sein.

Endlich dann schafft es der Zug, eine große Runde einheitlich über den Parkplatz zu marschieren. Nach rechts und links zu schwenken, abzubiegen, ohne das Marschsystem durcheinanderzubringen.

Als wir um 18 Uhr 30 unseren heiß ersehnten Befehl »Dienstausscheiden« erhalten und alle aufs Deck zum Duschen und danach auf ein oder mehrere Feierabendbiere ins Mannschaftsheim (»Mannheim«) stürmen, rauche ich mit Pierre die gemeinsame Feierabendzigarette. Er hat den ganzen Tag über nicht einen abwertenden Spruch über die Schießausbildung, das Kutterpullen oder den Formaldienst – wie so viele andere – gemacht. »Hey, ich wollte doch schon immer Soldat werden, und das gehört dazu. Wer nur kommandieren und recht haben will und dann nicht mal 'ne Stunde marschieren kann (er spielt auf die gegenüber Vorgesetzten diskussionswütige und körperlich schwache Michi an), ist hier halt falsch.« Dann erklärt er mir, seinem Dienstherrn gegenüber vollkommen korrekt, dass er findet, dass Frauen in der Armee natürlich ihre Berechtigung hätten. Aber eben nicht jede und alle.

Auf unserer Doppelstube telefoniert Steffi noch schwitzend in Flecktarn mit ihren Eltern, Michi hat sofort geduscht und sitzt in privatem Sportzeug mit Badelatschen an den Füßen am Schreibtisch und lernt die Dienstgrade für Heer, Marine und Luftwaffe und deren Abzeichen. Als ich sie so sitzen sehe, verstehe ich endlich, warum so viele Bundeswehrangehörige in ihrer Freizeit einfach nur lockere Sportklamotten, vor allem aber die grässlichen Badelatschen tragen. Wenn die Füße von früh bis spät in Kampfstiefeln stecken, am Leib die mit Ausrüstung voll gepackte Uniform, ist der Wunsch nach totaler Lässigkeit in der Freizeit nachvollziehbar.

Steffi will noch ins Mannheim, Pommes essen, und fragt, ob ich mitkomme. Im Mannheim, das schlicht wie der Aufenthaltsraum einer Jugendherberge eingerichtet ist, ist fast jeder Platz besetzt. Hoher Geräuschpegel, viele Halbliter-Biergläser auf den Tischen. Es wird viel gelacht. Aus allen

Zügen sitzen junge Menschen in betont legerer Kleidung um die Tische. Die Mädchen haben sich mit offenen Haaren und Wimperntusche ein wenig zurechtgemacht. Steffi und ich werden von einigen Jungs aus unserem Zug an den Tisch gerufen.

Zwei von ihnen fangen an, über die Pflicht zum Gehorsam zu schimpfen. Das Körperliche, den Drill, fänden beide nicht allzu schlimm, aber das Gehorchen und zackige Funktionieren, vor allem aber, dass man nicht widersprechen dürfe, auch wenn der befehligende Seekadett im gefühlten Unrecht sei, sei unerträglich.

Es ist 21 Uhr geworden, meine innere Uhr fühlt bereits spät nachts. Steffi hat ihre Pommes bekommen, auch ihr fallen die Augen immer wieder zu. Wir schlurfen gemeinsam in den vierten Stock, schaffen es gerade noch, die Zähne zu putzen und schwer ins Bett zu fallen. Michi liegt schon im Bett und ist noch dabei, die Befehle des Kutterpullens zu lernen. Steffi hatte ihren Kampfrucksack vorhin schon gepackt, mir hat der aufmerksame Hauptbootsmann einen Rucksack mit nur einem leichten Schlafsack ins Zimmer gestellt, damit ich morgen beim Marsch nicht ganz ohne dastehe. Meine Einkleidung findet ja erst um acht Uhr statt, da wird der Vier-Kilometer-Marsch schon lange hinter uns liegen.

»A-Reise, A-Reise, aufstehen!«, tönt es schon wieder vom Gang. Unbemerkt ist es schon wieder fünf Uhr in der Früh geworden, ich springe in meine Kleidung, schnüre die Stiefel zu und renne dann erst ins Bad. Steffi, schon in perfektem Tagesdienstanzug Flecktarn, fragt »Du hast keine Wasserflasche, oder?«, während sie mir schon eine frisch gefüllte Feldflasche herüberreicht. »Nimm die, ich hab zwei, die ist ein bisschen eklig, so grün innen am Aluminium, aber wird schon nicht giftig sein, besser als gar kein Wasser haben.«

Schnell stopfe ich die Flasche in meinen Rucksack, und schon ist wieder Antreten, Runterrennen und die Musterung.

Mit uns sind noch Zug 32 und 33 auf dem Exerzierplatz, also rund 65 Soldaten in fast vollständiger Montur. Der Größte des Zugs, der vorne läuft, und der Kleinste ganz hinten bekommen reflektierende Westen angelegt und eine orangefarbene Blinkleuchte auf den Helm geschnallt. Glücklich sind sie in dieser Aufmachung nicht, aber Sicherheit beim Marschieren im Straßenverkehr geht vor!

Als endlich alle alles am Mann und an der Frau haben, erklärt uns der Hauptbootsmann ernst, dass wir es ja peinlicherweise immer noch nicht geschafft hätten, eine Zugflagge zu erstellen, er uns daher die des Vorjahres-Zugs 35 mitgebracht habe, damit wir nun nicht ganz ohne marschieren müssten.

Wir laufen vorbei an der Villa der Militärseelsorge durch das Tor und stampfen entlang an hübschen Reihenhäuschen, die mir wie aus einer anderen Welt zu sein scheinen. Wie friedlich das zivile Leben um fünf Uhr morgens im Flensburger Vorort Mürwik scheint!

Einer der Seekadetten befiehlt, dass wir das Zuglied zu singen haben. Mit vollem Stimmeinsatz grölen und marschieren wir durch die idyllische Nachbarschaft in Flensburg-Mürwik, und ich frage mich, wie viele unschuldige Bürger wir an diesem Mittwoch vor Sonnenaufgang mit unserem Bekenntnis »Zug 35, das sind wir – das Marschieren lieben wir« geweckt haben.

Unser Tempo ist gut, wir joggen fast – Hügel hoch, Hügel runter, durch einen Park, an der benachbarten Strandpromenade vorbei –, als Michi nach vielleicht zwei Kilometern anfängt zu jammern. Sofort kommen helfende Hände von allen Seiten, und ihr Rucksack wird ihr abgenommen – von Kameraden, die verpflichtet sind, dem schwächsten Glied in der Kette zu helfen. Der Hauptbootsmann hatte den Befehl dazu gegeben, denn er will einen schnellen, erfolgreichen Marsch absolvieren und nicht das Tempo des Zugs an das schwächste Glied anpassen.

Michi heult ein wenig und wiederholt immer wieder »meine Blasen«, als auch Steffi zu fluchen beginnt. Das sei normal, sagt sie mir mit einem kleinen Lächeln der Selbstüberwindung, bei allen Ausdauersportarten fluche sie immer, dann heule sie, dann sei es auch meist schon geschafft. Nicht so hier: Unter Steffis Protest wird auch ihr auf Geheiß des Hauptbootsmannes der Rucksack abgenommen, Kamerad Mumper* trägt die gut 20 Extra-Kilo nun vor seiner Brust.

Um sechs Uhr morgens kommen wir wieder in der Marineschule an, durchgeschwitzt, entkräftet, mit Rückenschmerzen und durchgescheuerten Schultern, Blasen an den Füßen. Michi ist immer noch den Tränen nah, schimpft und überlegt, die Bundeswehr zu verlassen. Wenn sie schon keine vier Kilometer marschieren kann, wie soll es erst bei dem 15-, 20- und dann dem jährlich von jedem Soldaten zu absolvierenden 25-Kilometer-Marsch werden, fragt sie uns ständig. Steffis Motivationsversuch, dass auch sie marschieren hasse, die Kondition aber noch kommen werde, will ihre Kameradin gar nicht hören.

Nach dem Frühstück hat der Zug Rechtsunterricht, für mich geht es in die Kleiderkammer, die ich zwei Stunden später mit zwei 20 Kilogramm schweren Taschen verlassen werde. Obwohl ich den freundlichen Damen des privaten Unternehmens, das die Dienstkleidung der Bundeswehr aufbereitet und verwaltet, mehrfach erkläre, dass ich keinen dicken Bordanorak und auch keine fünf Tagesdienst- und Bordgefechtsanzüge brauche, statten sie mich komplett aus. Meine Füße werden mit einem Computer vermessen, damit meine Bordstiefel in Größe »255« aus schwerem

Schweinsleder, meine zwei Paar Sportschuhe und meine Kampfstiefel auch richtig passen. Sieben Paar Wollsocken, die ich zwingend in den Kampfstiefeln zu tragen habe!

Als ich die beiden Taschen in meine Stube schleppe, sehe ich dort auch schon den Rest des Equipments. In dem »Pre-Pack«, wie mir Steffi später erklärt, ist mein gesamtes »Gerödel« – alles, was nicht Uniform ist und in den Kampfrucksack gehört. Kurz überlege ich, ob ich mich gleich in die Uniform kleiden soll, gehe dann aber doch schnell in Zivil zur Schwimmhalle, in der mein Zug nun die Abnahme des Deutschen Sportabzeichens in der Disziplin Schwimmen hat.

Ich komme in die Halle in der Annahme, dass es für mich als erfahrene Schwimmerin kein Problem sein sollte, die Prüfung abzulegen. Aber mein Kopf hat die Rechnung ohne meinen Körper gemacht. Nach einer schnellen Wende unter Wasser habe ich das Gefühl, zu ertrinken. Keine Kraft mehr in irgendeinem Glied, verdammt, soll ich absaufen im Swimmingpool der Bundeswehr, wegen einem nur kleinen Marsch mit einem leichten Schlafsack im Gepäck? Ich reiße mich so gut es geht zusammen und schaffe die für den Erhalt des Sportabzeichens akzeptable Zeit. Andere aus meinem Zug arbeiten im Wasser hart daran, ihre Bahnen zu schaffen, bestehen aber trotzdem nicht.

Danach schnell duschen, abtrocknen, anziehen! Draußen antreten! Abmarsch »auf Stube«. Wir müssen uns in die »Erste Geige«, die Lätzchenuniform mit dicker, schwerer Wollhose und schmalen Lederschuhen werfen, ich habe bei der Einkleidung keine bekommen und darf die Aula, einen herrschaftlichen Saal, nur in Zivil betreten. Denn ich gehöre nicht der Marine an und darf diese Kleidung nicht tragen. Aus Ehrfurcht vor der Tradition, weshalb ich in dem Saal leider auch keine Fotos machen darf. Hier sind die Namen der in Seeschlachten gefallenen Deutschen an den holzvertäfelten Wänden verewigt. Lebhafte Darstellungen großer Gefechte der vergangenen Seekriege in Öl zieren die Wände über den Holztafeln. Auf mich wirken sie genauso abschreckend wie die Idee, erschöpft und schnell Strecke schwimmen zu müssen. Unsere Seekadetten müssen auch ihre Ausgehuniform tragen, so geben wir unverhofft ein sehr schmuckes Bild um 13 Uhr – gefühlten 21 Uhr – ab.

Der Vortrag, den die nette rundliche Dame vom Bundeswehr-Sozialdienst nun allen festlich gekleideten Zugmitgliedern der Schule hält, erklärt das soziale Angebot dieses gemeinnützigen Vereins. Seit 1960 engagiert sich der Sozialdienst für die Menschen in der Bundeswehr und ihre Familien. Die Dame will Mitglieder gewinnen und erzählt begeistert von dem Reise-, Freizeit- und Erholungsangebot ihres Vereins. Wer geschädigt vom Auslandseinsatz zurückkomme, wer behinderte Kinder großziehen müsse, der werde hier Unterstützung finden. Meine Kameraden sind noch nicht einmal 20, und statt über die Versorgung ihrer hypothetischen, eventuell behinderten Kinder, für die sie noch nicht einmal einen Partner haben, nachzudenken, schlummern die meisten ein. Eine Zivilistin wird sie jedenfalls nicht anschnauzen, noch kennt sie die Namen, um sich beschweren zu können – und unsere aufpassenden Seekadetten haben den Saal zu Beginn des Vortrags verlassen, mit den Worten: »Wenn Sie mich fragen, lassen Sie sich nichts verkaufen!«

Nach dem Vortrag antreten, »auf Stube verlegen«. Die »PArbs«, die »Persönliche Arbeitsstunde«, sollen wir nun mit dem Reinigen unserer Marschausrüstung und dem Lernen der Einzelteile der P8 und des G36 verbringen. Wir sitzen bei offener Tür am Schreibtisch und lernen oder schlummern noch ein bisschen. Natürlich müssen wir sofort wieder hellwach sein, wenn die Seekadetten reinschauen. Klappt. Auf Nachfrage bekommt Steffi die Erlaubnis, mir beim korrekten Einräumen der Spinde zu helfen. Alles ordentlich sortieren und zusammenlegen, Blusen und Jacken so aufhängen, dass die Deutschlandfahnen auf den Uniformen auf gleicher Höhe hängen.

Als alles sorgfältig verstaut ist, ziehe ich das erste Mal meine Uniform an, olivfarbenes T-Shirt, die Feldbluse, die schwarzen dicken Wollsocken und die Hose mit den Gummi-Hosenbändern, die um die Unterschenkel gelegt werden und in welche die Hosenbeine in Höhe des Stiefelschafts einzuschlagen sind. Als ich das erste Mal die schweren Kampfstiefel anziehe und Steffi mir erklärt, was ich alles in den Hosentaschen mitzuführen habe – mein Bordmesser, die ABC-Taschenkarte, die Taschenkarte zum Humanitären Völkerrecht, Schreibzeug, die weiche Kopfbedeckung (Schirmmütze) –, fühle ich mich eigenartig. Verkleidet. Hätte ich Lust, meine gesamte berufliche Laufbahn über den »Tagesdienstanzug Flecktarn« zu tragen? Zumindest ist er bequem und robust, und ich gehöre auch optisch endlich dazu.

Dann wieder Kommando »Schott«, alles mit Schreibzeug antreten, Sanitätsunterricht! Die Jungs begutachten mich und amüsieren sich über mein neues Outfit, einer flüstert, dass die Uniform ja gar nicht so schlecht bei Frauen aussehen muss, wie er dachte. Bei der Einkleidung habe ich, im Gegensatz zu Steffi, die eher den schlabbrig-legeren Look bevorzugt, mir einfach Kleidung in meiner Größe aushändigen lassen. Meine Kameradinnen haben sich alles eine Nummer größer bestellt, um so unfeminin wie möglich zu wirken, nicht aufzufallen, keine Figur zu zeigen. Schließlich geht es für die beiden um ihre Karrieren. Sie wollen sich keine Sprüche über knackig sitzende Hosen, besonders über die kurzen Sporthöschen in schimmerndem blauem Polyester, anhören müssen.

Es ist erst kurz vor 15 Uhr, aber der Tag fühlt sich schon jetzt nach 24 Stunden an. Ich kann beim Sanitätsunterricht nicht mehr so aufmerksam sein, wie ich es sein müsste, um in drei Wochen eine wichtige Klausur zu bestehen. Doch diese Rechnung habe ich ohne Frau Oberbootsmann Gröner* gmacht, die unseren abgekämpften Zug nun in Empfang nimmt. Mit vollem Elan beginnt die Sanitäterin, uns alles Wissenswerte zum soldatischen Verhalten bei atomaren, biologischen und chemischen Angriffen mitzuteilen.

Frau Oberbootsmann ist Anfang 30, stämmig, trägt einen blonden Pferdeschwanz und wirkt auf mich sehr sympathisch und energiegeladen. Ungeachtet der zahlreichen Gähner zieht sie ihren Unterricht durch, für mich ist er interessant, sie bekommt mich wieder vollkommen wach. Uns wird das Meldeschema bei Luftangriffen erläutert, die ersten Maßnahmen, die wir bei Feuer zu ergreifen haben, und wie wir die ABC-Schutzvorkehrungen treffen. Am Ende des Unterrichts zeigt sie uns Bilder von Verletzungen, die sie selbst behandelt hat. Harmlosere Dinge wie Verätzungen und Vergiftungen, passend zum Unterrichtsthema.

Ein Kamerad will wissen, ob sie denn schon mal im Einsatz war und Fotos aus Afghanistan mitgebracht hat. Sehr ernst antwortet sie: »Ja, ich war in mehreren Einsätzen, auch in Afghanistan, ich habe auch Fotos dort gemacht, aber ich werde sie Ihnen jetzt garantiert nicht zeigen.« Die Jungs johlen und steigern sich sofort in eine unangemessene Bierzelt-Sensationsstimmung hinein. Ich habe großen Respekt vor jedem, der die belastende Afghanistan-Erfahrung hinter sich hat, natürlich auch vor unserer Lehrerin. Und nun kommen diese Teens und wollen aus Sensationslust Leichenteile von Heeresangehörigen sehen, denn wie sie vermeintlich lustig einwerfen, »sind wir Marine, uns passiert so was ja nicht«.

Frau Gröner versucht ob ihrer Autorität, an die Vernunft der jungen Männer zu appellieren: »Sie wollen diese Fotos nicht sehen. Das sage ich Ihnen jetzt, und das ist so.« Sie beschließt den Unterricht mit einigen weiteren Fotos, leichte Verätzungen am Auge, die den Jungs zwar nicht das geben, was sie sehen wollten, aber zumindest doch einen Einblick in die Welt der Medizin, den sie sich lieber erspart hätten. Beim Rausgehen machen sie sich weiter lustig, vor allem darüber, dass unsere Lehrerin »nur« den Rang eines Oberbootsmannes bekleidet, einen Rang, den sie schon nach einigen Jahren überholt haben werden. Mir ist das zu viel der unwissenden Arroganz, und ich zische die drei, die sich als die Überflieger der neuen Offiziersgeneration fühlen, wütend an. »Habt Respekt vor Frau Oberbootsmann, sie könnte theoretisch eure Lebensretterin sein und will euch zu Lebensrettern ausbilden!« »Hey, die Alte kann mir gar nichts sagen, und wozu brauch ich Sani-Unterricht? Wenn ich was hab, dann geh ich zu denen, dafür sind die da, die hocken doch sonst eh nur rum und machen nix«, bekomme ich entgegnet.

Ein Seekadett steht schon vor dem Klassenraum und treibt uns zum erneuten Umziehen in die »Erste Geige«, es geht wieder in die Aula, einen Vortrag über Versicherungen, die einen Rahmenvertrag mit der Bundeswehr geschlossen haben, anhören.

Michis Themen beim Umziehen sind weiterhin ihre Blutblasen an den Füßen, der Muskelkater, der nie mehr wegzugehen scheint, und ihr Wunsch, aus der Armee auszuscheiden. Zudem vermisst sie ihren Freund, schließlich habe sie sich am letzten Wochenende mit ihm verlobt, und wozu das Ganze eigentlich, ihren Traum, Elektrotechnik zu studieren, könne sie sich auch an einer zivilen Universität erfüllen. »Scheiß auf den ganzen Militärdrill und von mir aus auch auf die Kohle, ich kann das hier nicht durchhalten, und später werde ich durch die Armee etwas, was ich gar nicht sein will!«, meckert sie. Ich habe nicht das Gefühl, dass sie überhaupt noch den heutigen Tag durchzustehen bereit ist.

Als der mäßig spannende Vortrag beendet ist, bekommen wir endlich Dienstausscheiden. Obwohl ich lieber ein Bier trinken würde, ist es nun Steffis und meine kameradschaftliche Pflicht, Michi bei ihren Überlegungen, ihre Laufbahn bereits nach zwei Wochen zu beenden, beizustehen. Wir drei gehen »auf Stube« die Pros und Cons durch, wobei für Steffi, die begeisterte Fregattenfahrer-Tochter, die Pros überwiegen. Zur See zu fahren, am besten eine Fregatte zu steuern und zu kommandieren ist Steffis Traum. Michis Traum ist es, in einem weißen Kittel in einem Forschungslabor zu stehen und neue Elektrogeräte zu erfinden. Ich frage sie: »Michi, stell dir vor, es gäbe keine Märsche mehr, könntest du dir dann vorstellen, hier zu bleiben?« Marineangehörige dürfen nämlich, im Gegensatz zu Mitgliedern des Heeres und der Luftwaffe, den jährlichen Marsch durch das Schwimmen von nur 200 Metern in Uniform (»Kleiderschwimmen«), das zwar extrem anstrengend ist, aber nur Minuten dauert, ersetzen. Natürlich ist auch dafür Training notwendig, aber übt man das als das Marschieren hassender Soldat dann nicht gern?

Michi schnieft unter Tränen ein verzerrtes Nein hervor. Sie scheint bereits mit ihrer Armeekarriere abgeschlossen zu haben. »Und außerdem will ich überhaupt niemand sein, der andere herumkommandiert, anschreit, antreibt und bestraft. Wenn das ›Führen‹ sein soll, dann will ich das nicht können. Ich will nicht die sein, die guckt, dass alle alles richtig machen, ich will selbst mit den Händen und meinem eigenen Kopf arbeiten.«

Steffi schaut etwas entgeistert zu uns herüber und fragt mit mir wie aus einem Munde: »Und was machst du dann hier?« Wir drei müssen lachen, wobei Michi, noch ganz der unentschlossene Teenie, sich nicht recht entscheiden kann, ob sie lachen oder weinen soll. »Ich frag mal meine Eltern und meinen Freund, äh, Verlobten, und dann treffe ich eine endgültige Entscheidung.«

Steffi zieht sich schnell bequeme Sportklamotten an und schleppt sich mit mir auf ein Bier ins Mannheim.

Als wir wieder »auf Stube« ankommen, ist Michi bereits beim Spindausräumen. »Ich schreibe heute noch mein Dienstaustrittsgesuch!«, erklärt sie uns, die nun nach Telefonaten mit den Eltern und ihrem Verlobten, der sie natürlich sehr vermisst, deutlich aufgeräumter und gefasster wirkt. »Ihr könnt ja marschieren und euch kommandieren lassen, aber für mich ist damit jetzt Schluss!«

Sie wolle versuchen, noch einen zivilen Studienplatz für das Wintersemester zu bekommen, und daher so schnell wie möglich von hier weg. Steffi verdreht kurz die Augen, schüttelt den Kopf. Ihrer Ansicht nach mangelt es der Kameradin nur an Selbstdisziplin und Durchhaltevermögen, die für eine erfolgreiche Militärkarriere unabdingbar sind. Michi entgeht Steffis Blick nicht, und so fragt sie verärgert, was das denn für ein Leben werden solle, wenn sie schon am Montag nur auf das kommende Wochenende hoffen könne und am Wochenende angsterfüllt schon wieder an den kommenden Montag denken müsse. »Mensch, das kann man alles lernen!«, erwidert Steffi. Doch Michi scheint genau zu wissen, dass sie diese Art der Selbstdisziplinierung gar nicht lernen will.

Ich gratuliere ihr zu der Entscheidung. Was soll sie sich

quälen, wenn ihr das Programm hier nicht liegt und sie doch ganz anderes mit ihrem Leben plant, als die Marine zu bieten hat? Wenn sie bereits jetzt, nach nur einer halben Woche, schon unter unerträglichem Heimweh leidet? Würde sie mit ihrem mädchenhaften Auftreten, ihrer hohen Stimme und ihrer kleinen Körpergröße bei mangelnder Kraft und Sportlichkeit jemals akzeptiert werden, hier, wo Frauen so hart wie Männer sein müssen, um für voll genommen zu werden?

Steffi und ich übernehmen das Ausräumen und Packen von Michis »Gerödel« in die Seesäcke, damit Michi sich an den Schreibtisch setzen kann, um in gewählten Worten auf einer DIN-A4-Seite zu formulieren, warum die Einführung in den Dienst für Deutschland in der hier gebotenen Form nicht mit ihrem Lebensentwurf in Einklang zu bringen ist.

Kurz darauf reicht Michi ihre Kündigung bei unserem zugführenden Hauptbootsmann ein. Zwar fragt er noch nach, ob sie sich die Entscheidung gut überlegt habe, versucht aber nicht, sie zu überreden. Natürlich hat er aufgrund seiner über zehnjährigen Bundeswehrerfahrung schon längst gemerkt, dass Michi nicht der Typ für die Armee ist, auch wenn er der Meinung ist, dass fast jeder, der hart genug an seiner Einstellung und seinem Körper arbeitet, es schaffen könne.

Um kurz nach 22 Uhr gehen wir ins Bett, ich bin zwar körperlich wie erschlagen, kann aber keinen Schlaf finden. Liegt es immer noch an meinem deutlich anderen, heimischen Schlafrhythmus?

Gefühlte fünf Minuten später brüllt es wieder »A-Reise, A-Reise, aufstehen!« über den Gang. Jetzt, wo ich meine Uniform habe, wird mir keine Verspätung mehr verziehen, ich springe auf, mir wird schwindelig, meine Beine wollen mich nicht tragen, und trotzdem – Wille siegt über Körper – schaffe ich es, ins Bad zu taumeln, mir kaltes Wasser ins Gesicht zu spritzen und ins Sportzeug zu springen.

Beim Antreten erkenne ich meine Kameraden kaum wieder, einige tragen Brillen, hatten keine Zeit, die Kontaktlinsen in die dank mehrerer Feierabendbierchen noch verquollenen Augen einzusetzen, einer hat noch im ganzen Gesicht Zahnpastaflecken, als Hausmittel gegen Pickel, verteilt. Michi ist nicht so schnell, wie sie sein sollte und in den Tagen zuvor auch war. Ihre bereits eingereichte, aber noch nicht akzeptierte Kündigung lässt ihre Motivation schwinden, doch offiziell hat sie noch zu funktionieren. Der Seekadett brüllt herum: »Frau Matrose, brauchen Sie eine Extraeinladung? Machen Sie mal hinne, wir sind hier nicht im Altenheim, oder brauchen Sie Hilfe und Betreuung beim Ankleiden? Was dauert das denn so lange!?« Michi hüpft mit offenen Turnschuhen in Reih und Glied und trägt so zum Gelächter bei. Das ist nicht gewünscht und wird sofort bestraft.

»Was ist hier so lustig? Wenn Sie so gute Laune haben, dann haben Sie bestimmt auch die Kraft für ein paar erfrischende Liegestütze! Und ab!« Viereinhalb Minuten nach fünf Uhr morgens, zehn Liegestütze. Einige versuchen, mit dem »Frauenliegestütz« durchzukommen, eine einfachere Variante, bei der man mit angewinkelten Beinen kniet.

»Noch lassen wir Sie so durchkommen, aber es ist Ihnen wohl klar, dass dieser Missstand durch Training ausgebessert werden muss! Nächste Woche will ich hier von allen richtige Liegestütze sehen, sonst hat das Konsequenzen!«, brüllt der Seekadett, und als Strafe dafür, das einige nicht richtig bei den ersten zehn mitgemacht haben, gibt es gleich noch zehn obendrauf verordnet. Dann geht es zum Frühsport, wir joggen zum Sportplatz, auf dem wir leichte Morgengymnastik machen. Schön. Den anderen gefällt es nicht so gut, vor allem da sie schon wieder befürchten, gleich in der Unterrichtseinheit »Wache« einzuschlafen.

Zurückjoggen, antreten, auf Stube, duschen, Frühstück, »Rein Schiff«, »Rein Schiff Kontrolle«, dann Unterricht »Wache«. Kaum höre ich von all den Paragrafen des Soldatengesetzes, die bei der Wache zu beachten sind, schlummere ich sofort ein, zum Glück weckt mich keiner, da alle wissen, dass ich nie Paragrafen zum Thema Wache brauchen werde.

Nach fast eineinhalb Stunden des Schlummerns wieder die gleiche Leier: Gebrüll, antreten, und ab ins Sportzeug. Wir müssen nun das Deutsche Sportabzeichen in der Disziplin Laufen und Rennen bestehen, bekommen Sprinttraining – Beine hochziehen, gerader Rücken! –, und ich schaffe es mit einigen anderen, in den vorgegebenen Zeiten zu bleiben. Doch rund die Hälfte der 18- bis 20-Jährigen schafft es nicht auf Anhieb, muss nachtrainieren. Als ich mit der Sprintgruppe schon am Aschenbahnrand am Ausruhen und Herumflachsen bin, kommt plötzlich wieder Gebrüll. »Nun motivieren Sie mal Ihre Kameraden, die die Langstrecke laufen müssen!« Wir Sprinter haben sofort aufzuspringen und mit den langsam laufenden und mit sich kämpfenden Kameraden mitzujoggen.

Michi hockt demotiviert in einer Ecke, sie war vorhin bei den Sanitätern und hat einen »MSB«-Schein, sie ist nun aufgrund ihrer blutgefüllten Blasen an den Füßen »marsch- und sportbefreit« und wartet sehnsüchtig auf die Annahme ihres Dienstaustrittgesuchs. Ende Unterrichtseinheit Sport, im Laufschritt verlegen wir zum erneuten Duschen, umziehen in den Bordgefechtsanzug und ab in den Bootshafen, zum Unterricht »Seemännische Praxis«, kurz: »Kutterpullen«.

Dieses Mal geht das Fertigmachen der Boote schon

schneller, nur leider sind auch die Wellen der Ostsee dieses Mal höher. Nun kommt es auf Kameradschaft an: Kaum einer hat noch richtig Kraft in Armen, Bauch, Rücken und den Beinen. Zwar ist Kutterpullen, also galeerensklavenartiges Rudern, ein tolles Ganzkörpertraining, nur hat heute niemand mehr Lust darauf.

Doch alle müssen sich gleich stark in die Ruder legen, sonst kommt das Bötchen nicht voran. Wir schippern über die Förde und werden wieder ausgelassen albern. Einem Kameraden entfährt, was alle an den langen, schweren Rudern auf unruhiger Ostsee denken: »Hey, ich finde Kutterpullen voll bekloppt!« Alle, auch unsere Frau Seekadett, fangen an zu lachen. »Na ja, meine Lieblingssportart ist das auch nicht gewesen, ich bin eher Drachenbootfahrerin«, gibt Frau Seekadett Fink mit einem Lächeln zu. Trotzdem treibt sie uns an, wir rudern fast drei Stunden lang »für Mutti « und »nach Dschibuti«.

Wenigstens können wir an uns selbst Lernerfolge feststellen: Deutlich schneller als das erste Mal parken wir unser Boot ein, verstauen die Gerätschaften zurück im Bootshaus, treten an, marschieren ab, verlegen auf Stube. Da Donnerstag ist und unsere Stuben zum Wochenende hin extrem sauber sein müssen, haben wir fast zwei Stunden Zeit, sie zu putzen. Steffi, die neben mir die Treppe hochächzt, murmelt ironisch: »Mann, hab ich da jetzt einen Bock drauf, 'ne Stunde zu putzen …«, und erntet für diese demotivierende Äußerung einen gemeinen Spruch des Herrn Seekadetten: »Na, sehen Sie es doch positiv, da lernen Sie etwas für Ihr Leben nach der Bundeswehr!« Ich sage nichts, wechsle mit Steffi nur vielsagende Blicke.

Unsere Seekadetten lassen laute Musik aus dem Radio über unseren natürlich auch zu wischenden, bestimmt 50 Meter langen Gang schallen, die Stimmung ist übermütig, überall hört man Lachen. Ich frage Steffi, wie wir denn unsere gerade mal zehn Quadratmeter große Stube und das kleine Bad fast zwei Stunden lang putzen sollen. Sie zeigt mir wie: Die Spinde müssen perfekt sortiert und ordentlich sein, selbst beim Dichtungsgummi des Trittschemels, der in jeder Stube steht, muss jede Dichtungsrille staubfrei sein. Ich genieße das fast meditative Saubermachen und das Gerenne der Jungs vor meiner offenen Tür. Die männlichen Teens der Generation Playstation lernen akkurates Schränkebestücken, Bettenmachen, Putzen mit Besen und Schwamm – das gefällt mir.

Auch wir sind dabei: Fegen, Putzen, Wienern. Als nach bestandener »Groß Rein Schiff«-Kontrolle beziehungsweise nach der Zweitinspektion (bei uns Frauen gab es keine Mängel, wenigstens etwas) um 20 Uhr Dienstausscheiden ist, sind die meisten wieder fit für ein Bier im Mannheim.

Während Steffi ihren Kampfrucksack auf der blitzsauberen Stube packt, ist Michi schon wieder am – berechtigten – Jammern. Warum sie zu ihrer Kündigung keinen positiven Bescheid erhalte, verstehe sie nicht, sie wolle doch noch versuchen, einen zivilen Studienplatz zu bekommen, jetzt im Juli zähle jeder Tag für die Anmeldung zum Wintersemester an den öffentlichen Unis.

Plötzlich klopft der Oberbootsmann an unserer Tür. In ernstem Tonfall befiehlt er mir, zum Hauptbootsmann mitzukommen. Ich folge ihm in das gemütlich eingerichtete Zimmer mit Laptop und tollen Helikopterfotos an den Wänden, eine Dekoration, die uns Matrosen nicht gestattet ist. Auch müssen die Vorgesetzten keinen komplizierten Bock bauen, sie haben einfach die Wolldecken über ihre Betten geworfen.

Der Hauptbootsmann sitzt auf einem Stuhl, der Oberbootsmann setzt sich auf den letzten freien Platz und bittet mich, mich ebenfalls zu setzen, deutet in Ermangelung von weiteren Stühlen auf sein Bett. Doch ich bevorzuge den Trittschemel, möchte nicht, schon gar nicht beruflich, auf fremder Herren Betten sitzen. Die Sonne scheint durch die Fenster, und ich kann die beiden nur schemenhaft erkennen, ich hocke ein wenig niedriger als sie, die mich beide wohl anschauen. Ich scheine etwas falsch gemacht zu haben. Ich erwarte strenge Korrektur. Würde ich mir als Bundeswehrangehörige etwas einreden lassen, mich nach ihren Vorstellungen, die ja die Bundeswehr-Alltagsrealität darstellen, formen lassen?

»Frau Zajček, was war denn da mit dem Seekadetten Raks?«, fragt mich der Hauptbootsmann streng. Ich sehe sein Gesicht nicht, was mich stark irritiert. Bin ich hier beim CIA-Verhör? Verdammt, was habe ich falsch gemacht? Die Herren demonstrieren Macht, und ich bekomme Angst. Wovor? Dass ich rausfliege? – Was nicht das Schlimmste wäre, schade zwar, aber mein restliches Leben hängt ja, im Gegensatz zu dem meiner Kameraden und Kameradinnen, nicht von meinen Leistungen in der Ausbildung hier ab. Vor der verbalen Zurechtweisung durch jüngere Männer, die mir »im echten Leben« nichts zu sagen hätten? Egal. Ich bin hier nicht einmal Matrose, ich werde als Rekrut geführt und habe Befehle zu befolgen. So sind die Regeln in dem von mir selbst ausgesuchten Spiel der »Militärberichterstattung von innen«. Nun bin ich nach nur vier Tagen schon mittendrin und bekomme aufgrund einer Vorladung Angst, obwohl mir nichts passieren kann. Absurd.

»Sie haben dem Herrn Seekadetten beim letzten Mal Kutterpullen Widerworte gegeben. Und das noch so, dass viele aus dem Zug es hören konnten.« Ich schlucke. Offensive Ehrlichkeit fällt mir als einzige Gesprächsstrategie spontan ein. »Ich weiß, was Sie meinen«, antworte ich langsam, »als ich ihm sagte, ›wie soll denn das gehen, langsam schnell machen‹, das war zu frech«, erkläre ich schuldbewusst. »Wenn Sie hier mitmachen wollen, dann haben Sie sich an die Regeln zu halten, und das heißt, Befehle zu befolgen, nicht zu hinterfragen und vor allem die Autorität der Vorgesetzten nicht infrage zu stellen, schon gar nicht vor den Kameraden!«

»Jawohl!«, antworte ich, schaue zu Boden. »Wir können uns vorstellen, dass es für Sie nicht ganz einfach ist, aber das ist es für keinen«, sagt mir der Hauptbootsmann, der aus dem Marinefliegergeschwader Nordholz kommt. Seit 2002 dient er jährlich für vier Monate im »Enduring Freedom«-Einsatz in Dschibuti, am Horn von Afrika, als Späher im Kampf gegen den internationalen Terrorismus. Er betreibt dort Seefernaufklärung. Sprich: im Hubschrauber 30 bis 50 Meter über dem Indischen Ozean fliegen, auf der Suche nach nicht gemeldeten, verdächtigen Schiffen und Piratenbooten. Er wenigstens, so scheint es mir, hat kein Interesse daran, mich persönlich zu kritisieren.

»Jawohl, Herr Hauptbootsmann, das war nicht meine Intention und soll auch nicht wieder vorkommen. Ich möchte mich entschuldigen, aber wissen Sie, als jemand, der mit Sprache arbeitet – es kam einfach so aus mir heraus!«

»Dann achten Sie in Zukunft besser auf Ihr Mundwerk, dann werden wir keine Probleme haben.« Ich schlucke, übergehe diese Frechheit und bin ein bisschen wütend. So wütend, dass ich petzen will. Ich berichte nun von dem Spruch, den Steffi vorhin einheimste, als es ums »Groß Rein Schiff«-Machen ging: »Da lernen Sie was für Ihr Leben nach der Bundeswehr.«

Die beiden Männer geben sich irritiert und versprechen, den verbalen Übeltäter darauf anzusprechen. So ein Spruch sei einem Seekadetten, der bereits einen Zug von jungen Anwärtern führt, nicht zu verzeihen und dürfe nicht geduldet werden.

Ich komme endlich auf meine Stube. Steffi sitzt am Schreibtisch und erledigt ihre »EZM«, ihre »Erzieherische Maßnahme«, eine Strafarbeit, die sie auferlegt bekommen hat. Da sie beim Marschieren zu viel fluchte und jammerte, muss sie nun einen einseitigen Aufsatz über Disziplin als soldatische Tugend verfassen. Michi hat erfahren, dass sie morgen um acht Uhr aus dem Dienst entlassen wird, und bereitet eine Abschiedsrede vor.

Der nächste Tag ist Freitag, der Dienst dauert nur bis 13 Uhr und vergeht schnell. Ein wenig Gymnastik, dann hält Michi ihre Abschiedsrede mit Betonung darauf, dass das hier nicht ihrer Idee von »Führen« entspräche, danach ein wenig Sanitätsunterricht, in dem Steffi so oft einschläft, dass sie mehrfach ermahnt wird. Zum Schluss ein schnell und gut absolvierter Formaldienst. Ansage: Ich soll meine Sachen auf Steffis Stube räumen, in das freie Zimmer kämen neue Kameradinnen. Dann, nach dem großen Wochenabschluss-Antreten vor dem Rektor: das lang ersehnte Wochenende.

Michi ist schon in der Bahn nach Hause, Steffi und ich bleiben das Wochenende über in der Kaserne. Wir »verkleiden uns als Mädchen«, ziehen also zivile Kleidung an, und fahren mit dem Bus die 20 Minuten nach Flensburg.

Steffi hat noch nicht einmal drei Wochen nach dem Abitur ihr erstes selbst verdientes Geld, 1400 Euro, auf dem Konto. Wir essen Sushi, trinken Sake dazu und gehen dann shoppen. Abends sitzen wir bei Cocktails in einer alten Seemannspinte am Hafen, als ich mit einem schnauzbärtigen Mann ins Gespräch komme und ihn Steffi vorstelle. Dirk ist ein ehemaliger Fregattenfahrer der deutschen Marine und freut sich, in Steffi eine neugierige Zuhörerin und eine, wie ihm scheint, des Soldatenberufs würdige junge Frau gefunden zu haben. Er erzählt von Stürmen und langen einsamen

Nächten auf See, davon, wie sie einen Petzer in nasse Handtücher gewickelt und nachts ausgepeitscht haben. »Aber diese Zeiten sind lang vorbei, mach dir mal keine Sorgen, das gibt es schon lang nicht mehr.«

Ob er noch mal zur See fahren würde? »Ach ja, es war eine schöne Zeit«, verklärt der Mann mit den dicken Oberarmen und der Popeye-Tätowierung unter einem Segelschiff seine Jugend, »aber immer fern der Heimat, die Mädels, die dir immer wegrennen, und jetzt, nach zwölf Jahren als Zeitsoldat, bin ich arbeitslos.«

Um kurz vor Mitternacht übermannt uns bleierne Müdigkeit, und wir begeben uns per Taxi zurück in die Marineschule. In den dunklen Gängen des Gebäudes drücken sich einige gleichrangige Matrosen- und auch Seekadett-Matrosen-Paare albernd und knutschend herum. Am Samstag wird ausgeschlafen, wir stehen erst zum Mittagessen um zwölf Uhr auf und gehen dann wieder in die Stadt. Wir brauchen eng sitzende Sport-BHs und ich einen Badeanzug. Mein Bikini wird nur ungern am Pool gesehen.

Den Rest des Tages verbringen wir im Liegen und sprechen über Männer, die Jungs in unserem Zug und unsere Lebensvorstellungen im Allgemeinen. Natürlich schwebt für Steffi die Idee der Familiengründung in weiter Ferne. Sie könne sich noch lange nicht vorstellen, Kinder zu bekommen, habe aber gehört, dass einige Mädchen nur in die Armee gingen, um schnell einen guten und vor allem gut abgesicherten Ehemann zu bekommen, meint sie. Ich habe fast ganz vergessen, dass ich auch ein Zuhause habe, und telefoniere mit meinen Lieben daheim.

Am Sonntag werden wir um zehn Uhr morgens von einem Scherzbold geweckt, der auf seiner Bootsmannmaatenpfeife pfeift und »A-Reise« brüllt. Langsames herumtrödeln, lesen, Steffi lernt, dann ein bisschen ins Internet. Im Computerraum lerne ich die beiden französischen Austauschoffizieranwärter und einen Kameraden aus Aserbaidschan ein wenig kennen. Der Aserbaidschaner ist 21 und schon seit fünf Jahren bei der Armee. Er ist es gewohnt, täglich Hunderte Liegestütze zu machen und wöchentlich unzählige Kalaschnikow-Übungspatronen zu verschießen. Seine rechte Schulter, mit der er den Rückstoß abfangen muss, ist hart wie Stahl.

Am frühen Nachmittag beginnt es dann in der Nachbarstube zu poltern. Plötzlich steht eine schwarzhaarige junge Frau mit Rock'n'Roll-Ponyfrisur, Lidstrich und Piercings in modischer Skateboarder-Kleidung vor mir. »Hi, ich bin die Seraphina, aus Zug 33 nebenan, und wer seid ihr?«, fragt sie neugierig aus dem Bad heraus in unsere Stube hinein. Auf ihrem übergroßen Sweatshirt prangen Rock'n'Roll-Motive. In beiden Wangen hat sie kleine Löchlein. In diesen trug sie bis vor Kurzem Metallpiercing.

Wir laden sie ein, sich zu uns zu setzen, und sie erzählt, wie sie zur Bundeswehr gekommen ist. Ursprünglich komme sie aus Ostberlin. Nach der Wende habe ihr Vater bald »nach Südamerika gemacht«, die Mutter mit zwei Kindern allein gelassen. Als Seraphina vor drei Jahren das Abitur in der Tasche hatte, packte sie ihre Siebensachen und folgte dem Vater nach Peru, wo er sie als billige Arbeitskraft für seinen Hausbau nutzte. Nach einem halben Jahr hatte sie keine Lust mehr, seinen alkoholgeschwängerten Launen ausgesetzt zu sein, packte wieder ihre Tasche und zog über den Kontinent. Sie erlebte alle Abenteuer, die man als Alleinreisende erleben kann, mit gefährlichen Situationen, ohne aber wirklich Schlimmes durchstehen zu müssen.

Jetzt, nach fast drei Jahren, sehne sie sich »nach etwas Bodenständigem, Bestätigendem und Beständigem, nach Ordnung und Disziplin« und muss bei diesen Worten über sich selbst lachen. Das harte Leben da draußen hat sie jünger erwischt, als ihr lieb war, aber durch eine gute Pädagogiknote im Abitur, so meint sie, bekam sie die Stelle als Offizieranwärterin. Mit dem Geld will sie nun vor allem die Mutter unterstützen und der 14-jährigen Schwester eine gute Ausbildung ermöglichen.

Gebeutelt durch das Leben, aufgefangen von der Armee? Kann das gutgehen? Oder ist eine gewisse Erfahrung, das Wissen darum, wie gut es uns in Deutschland geht, vielleicht sogar eine Grundvoraussetzung, die man mitbringen sollte, um menschliche Reife schon im Vorfeld des Schwures auf die freiheitlich-demokratische Grundordnung und ihre Verteidigung erlangt zu haben? Kann man »deutsche Werte« sonst überhaupt in der Welt verteidigen, wenn man ihren Mangel noch nicht schmerzhaft am eigenen Leib spüren musste?

Um ihrem Leben wieder »einen roten Faden« zu geben, will sie auf Deutschland schwören. Seraphina und Steffi sollen den Eid schon in drei Wochen ablegen, dann, wenn sich die Züge in drei »Turns« aufteilen, also Segelschulschiffbesatzungen, die der Reihe nach die »Gorch Fock« besegeln werden. Während die eine der drei Gruppen segelt, sind die anderen auf dem Truppenübungsplatz Plön in Norddeutschland, wo sie ihr soldatisches Basiswissen vertiefen und im Feld überleben lernen. So wie Steffi und ich bei unserem Biwak, dem 48-stündigen militärischen Campingausflug in der kommenden Woche.

Auf der »Gorch Fock« zu segeln ist ein Privileg, das nur den deutschen Offizieranwärtern gewährt wird. Steffi will im seemännisch anspruchsvollsten, im letzten Turn mitfahren. Im Winter über den halben Atlantik, den Ärmelkanal, bis nach Kiel. Der Turn startet am 18. November auf den Azoren und endet in Kiel. Ihre größte Vorfreude gilt schon jetzt dem Einlaufen: Am 15. Dezember will sie ihren Vater stolz machen und ihn »mit Tränen in den Augen« am Pier stehen sehen. Während der Segeleinweisung, die nur zehn Tage im November in Anspruch nehmen wird, werde ich Steffi und Seraphina auf der Insel São Miguel, rund 3000 Kilometer vor der portugiesischen Küste gelegen, wiedertreffen.

Doch zunächst stellt sich die quirlige Seraphina noch weiter vor: Sie liebe Punk- und Skatepunk-Musik, fahre fast jedes Wochenende auf Festivals. Sie liebt den ständigen sportlichen Wettkampf, die Herausforderung, genauso stark und schnell wie die Männer sein zu müssen, dabei ständig über sich selbst hinauszuwachsen. Wir sind uns einig, dass wir beide den Drill nur als Training, nicht als Schikane begreifen.

Seraphinas Stubenkameradin, die alle nur »die Müller«* nennen, schaut bei uns herein. Sie lächelt nicht, schaut auf den Boden. Dicke, dunkelblonde Haare ohne erkennbaren Schnitt im engen, unvorteilhaften Dutt. Ein volles Gesicht mit schmalen, aber sehr wachen Augen. Scheu, unsicher, defensiv. Sie wirkt so abweisend, dass sie zunächst unfreundlich scheint. Eine Woche sollte es noch dauern, bis es mir gelingen würde, ein wenig in »Müllers«, also Sabines* Herz vorzudringen. Müller verschwindet nach einem kurzen Hallo. Seraphina, Steffi und ich plaudern weiter über unsere Vorstellungen von der Marine, darüber, wie sich die Frauen ihre Karrieren vorstellen. Steffi bleibt dabei: »Irgendwann später« will sie Fregattenkapitän werden, die Liebe zu diesem Schiffstyp scheint sie zwar nicht mit der Muttermilch aufgesogen, dafür aber vom Seefahrer-Vater vererbt bekommen zu haben.

Seraphina hat noch keine konkreten Ideen zur Karriereplanung, erst mal hofft sie, weiterhin als »geeignet« angesehen zu werden, und überlegt laut und ein bisschen schwärmerisch, welche Verwendung sie später anzustreben gedenkt. Für sie sollte es »eine Führungsposition mit Action« sein, gern auch mit High-Tech-Geräten oder Waffen. Eine tolle Chance, unser Geschlecht zu repräsentieren. Schnellboot? MSK? Ins Boarding-Team vielleicht, sich dann per Helikopter auf Piratenboote absetzen lassen und diese durchsuchen, um so die Transporte des Welternährungsprogramms auf dem Weg nach Somalia zu sichern? Auf dem Indischen Ozean, das muss doch spannend sein!

Seraphina will von mir zunächst alles über Schnellbootfahren wissen, und ich berichte ihr ausgiebig, wie langweilig und unbequem das Schippern über die Weltmeere auf dieser kleinen seegehenden Einheit sein kann, durfte ich doch schon mehrfach auf dem Schnellboot »Dachs« mitfahren. »Und wie ist die Arbeit bei den Spezialisierten Einsatzkräften der Marine?«, will sie nun wissen. Wahrheitsgemäß berichte ich, dass diese Kameraden, soweit ich sie kennengelernt oder zumindest interviewt hätte, immer eher den schlichteren, aber auch bemerkenswert disziplinierten und geradlinigen Charakteren zuzurechnen seien. Bodybuilder-Machos. Ob die zierliche Seraphina mit den ausgeprägten weiblichen Rundungen dort ihr Glück finden würde?

Ich ermutige sie, sich weiter für die »SEK-M«, die Spezialisierten Einsatzkräfte Marine, welche die Boarding-Teams stellen und unbekannte Schiffe aufbringen und durchsuchen, zu interessieren. Wenn Seraphina ständige körperliche Herausforderung, Perfektionierung von Schnellkraft, Reaktionsvermögen und Kondition suche, sei sie hier richtig. Allerdings war Carola, das einzige weibliche Boarding-Team-Mitglied, das ich bei einer Übung an der Ostsee im Frühjahr 2009 traf, von überragender Sportlichkeit, von Hause aus Leichtathletin und nicht Punkrockerin, und so empfehle ich Seraphina, sich körperlich sehr gut vorzubereiten und systematisch zu trainieren, wenn sie denn diese Verwendung ernsthaft anstreben wolle. »Na, Sport macht mir ja Spaß, aber an meiner Ausdauer muss ich noch arbeiten«, kommentiert sie, und dass man bis dahin ja noch genügend Zeit habe, sich was Schönes auszusuchen. »Aber cool, Boarding-Team, hört sich schick an, kann ick ja mal 'n bisschen drauf rumdenken.« »Gegen Piraten kämpfen und den Leuten in Somalia ihre Hilfsgütertransporte sichern, ist 'ne jute Sache«, befindet Steffi, aber eigentlich ginge es doch nur um die sichere Handelsschifffahrt und dass »so ein paar reiche olle Tussis« da sicher auf ihren Fünf-Sterne-Dampfern weiter von Kairo bis nach Dubai zum Shoppen schippern wollten.

Wir hocken im Schneidersitz auf Steffis Elefantenhaut, freuen uns, nun drei oder, falls Müller sich irgendwann mit uns anfreunden würde, sogar vier Frauen auf unserem Gang zu sein. Und dass keine »Tussis« dabei sind, Mädchen, die zu viel auf ihr Aussehen geben, immer nur kichern und mit niedlichem Dackelblick voranzukommen gedenken. Seraphina hat solche in ihrem Zug. Sie ist schwer genervt von diesen Mädchen, die alles täten, um sich vor Sport und Marschieren zu drücken. Wie die dann auf der »Gorch Fock«, wo körperliche und geistige Fitness, gepaart mit dem starken Willen, sich in einer Männergesellschaft zu behaupten, benötigt würden, zurechtkommen wollten? Steffi und Seraphina freuen sich auf die sechswöchige Segelfahrt mit diesem mächtigen Dreimaster, fürchten sich aber auch vor der als ruppig verrufenen Stammbesatzung, richtigen Seemännern. »Die sollen es gerade uns Weibern richtig zeigen wollen, hab ick jehört, aber mit mir nicht!«, ruft Seraphina aus, offensichtlich fest gewillt, sich von den vermeintlich bärbeißigen Herren im Bordgefechtsanzug nicht verunsichern zu lassen.

Dann erzählt sie uns von einer brutalen macho-maritimen Tradition, die angeblich an Bord unseres Segelschulschiffs praktiziert werde: dem »Eulenschießen«, das die Offizieranwärter und die Stammbesatzung der »Gorch Fock« spielen würden. Beim »Eulenschießen« zahlen alle Teilnehmer in einen gemeinsamen Topf. Dieser wird als Kopfgeld ausgesetzt auf das nach ihrer Meinung unattraktivste Mädchen an Bord. Wer es schafft, sie im engen Schlafsaal unter Deck, in dem bis zu 80 Hängematten in drei Schichten hängen, zu verführen und »klarzumachen«, dem gebühre als Belohnung der gesammelte Einsatz der Wettbewerbsteilnehmer.

Männergesellschaft Marine.

Wir sprechen auch über den Unfall, der sich in der Nacht zum 4. September 2008 an Bord des Segelschulschiffes ereignete. Die 18-jährige Jenny Böken, Offizieranwärterin, stürzte während ihrer Wache bei Norderney in die Nordsee, ihre Leiche wurde elf Tage später 120 Kilometer vor Helgoland gefunden. Über Steffis Surfstick gehen wir ins Internet, googeln den Todesfall, über den wir an der Marineschule alle schon Gerüchte gehört haben. »Die Ursache für den Todesfall konnte nicht abschließend geklärt werden«, sagte der zuständige Kieler Oberstaatsanwalt Uwe Wick am Ende der monatelangen Untersuchungen. Selbstmord oder eine Straftat seien ausgeschlossen. Wie hatte man das so genau prüfen können?

Am Ende unseres Gangs ist ihr gerahmtes Foto mit einem Erinnerungsgedicht in einer Glasvitrine aufgestellt. Dazu ein Bild, das sie noch als Schülerin, mit 17, selbst malte. Es zeigt sie als Ärztin und UN-Blauhelm-Soldatin, die Kinder verarztet. Sie wollte helfen in Einsätzen, wo niemand anderer mehr helfen wollte oder konnte. Und für Jenny war klar, **68** dass sie als DLRG-Rettungsschwimmerin und trainierte

Streckentaucherin unbedingt nur bei der Marine dienen wollte. Jenny Böken erlangte tragische Berühmtheit durch ihren Tod als erster Soldat (weiblich) der Bundeswehr.

Keiner der Herren in den höheren Rängen spricht gern über den »tragischen Unfall«. Immer wenn ich versuchte, das Thema bei den Presseoffizieren anzusprechen, bekam ich schnell die gleiche Antwort: dass es »ein tragischer Unfall« gewesen sei. Die Mutter der Verunglückten aber spricht über den Unfall. In Gedenken an ihre tote Tochter hat sie mithilfe der Bundeswehr eine Stiftung gegründet, die nun Angehörigen von Bundeswehrsoldaten in ähnlichen Situationen hilft.

Abgesehen davon, dass es auf dem Schiff manchmal hart und ruppig zugehen könnte, haben Steffi und Seraphina Angst vor den hohen Lernanforderungen, die dort an die Offizieranwärter gestellt werden. Unzählige Fachbegriffe und Namen für zig Segel sind auswendig zu lernen, an Bord ist ein Seesack zu nähen, und Nautik und Astronomie sind zu büffeln. Kartoffelschälen mit dem unpraktischen Bordmesser, Deck schrubben und kalfatern und natürlich Segel einholen und setzen, bei vollem körperlichem Einsatz bis zu 45 Meter hoch in der Takelage, nicht zu vergessen.

Seemännische Träumereien, Überlegungen junger weiblicher Matrosen. Es ist schon spät geworden, jede hat noch etwas zu tun. Ab morgen müssen wir wieder Soldaten sein, und das bedarf der Vorbereitung! Seraphina beginnt, ihre Wäsche mit der Hand zu waschen, Steffi und ich packen unsere neu erstandenen Mädchenklamotten in den privaten Teil des Spinds und beginnen, die Kampfrucksäcke startklar zu machen.

Vom Gang schallen die Geräusche der Heimkehrer, Begrüßungen und Lachen zu uns. Die bei uns hereinschneienden Kameraden freuen sich schon, am kommenden Wochenende in der »Ersten Geige« als richtige Matrosen auf

Landgang heimfahren zu dürfen. Bis dahin haben sie alle Dienstgrade erwiesenermaßen zu erkennen und müssen militärisch korrekt grüßen können.

»A-Reise, A-Reise, aufstehen!« Der Montag beginnt um fünf, Frühsport ab zehn nach fünf. Einfache Gymnastik. Ab acht Uhr »ABC-Einweisung«, also nach Frühstück und Zimmerputzen die persönliche ABC-Schutzmaske angepasst bekommen. Von einem hart und zackig wirkenden Hauptbootsmann und einer Assistentin, die nicht lächeln will. Mittagessen, dann von 13 bis 17 Uhr 25 die langweilige und stressige Handwaffen- und Schießausbildung. Als der Regen zu stark wird, gehen wir in den Heizungskeller eines Kasernenhäuschens und müssen dort, fast wie im Bunker, unsere Gewehre mit verbundenen Augen zusammensetzen. Abendessen, danach Abendsport: Es geht in den Kraftraum. Um 20 Uhr sind alle so erschlagen – die meisten Jungs haben am Wochenende nur getrunken und gefeiert, nicht genug geschlafen –, dass heute nichts mehr im Mannheim steigt. Außerdem steht für morgen früh um fünf der zweite Marsch an: Besser alle früh ins Bett, schön geschlummert neben dem Kampfrucksack. Die Wäsche bereitgelegt auf dem »Alarmstuhl«, sodass sie auch bei Alarm und im Dunkeln mit größter Geschwindigkeit angezogen werden kann.

Geweckt wird um drei Uhr morgens. Die Seekadetten schleichen in unsere Stuben, spritzen uns Wasser ins Gesicht, flüstern:»In drei Minuten Abmarschbereitschaft herstellen, kein Licht und keine Geräusche dabei machen!« Steffi und ich funktionieren wie Roboter. Im Dunkeln in die bereitgelegte Kleidung, Hosenbänder, Schnürstiefel, Koppel auf, Helm aufgenommen, Kampfrucksack angelegt, los! Mein erster Marsch mit 26 Kilogramm Gepäck. Als ich den Rucksack aufnehme, denke ich nur:»Verdammt, was tu ich mir hier an?«, gleichzeitig aber auch: »Das schaff ich schon, wär doch gelacht, die Steffi und die anderen kriegen es ja auch hin.« Auf geht's. Losgesprintet, die Treppen runter mit den frisch gewichsten Stiefeln und den Jungs gezeigt, was Vorzeigesoldaten sind. So weit die Theorie. Wir haben immer noch keine Zugfahne, Steffi muss bei Michi nachforschen, was das denn jetzt werden würde. Wir marschieren mit der des letztjährigen Zugs 35 los. Da ich mich auf die Frage, wer zeichnen kann, ehrlicherweise gemeldet habe, ist es nun meine Aufgabe, das infantile Ding zu erstellen.

Gesang in der Reihenhaussiedlung, »das Marschieren lieben wir«, ab Kilometer drei wieder Steffis Gefluche. Ich marschiere mit ihr, sie will unter keinen Umständen den Rucksack abgenommen bekommen. Ihr ist die Vorstellung, dass ein Kamerad aufgrund ihres Versagens rund 21 Extra-Kilo mitschleppen muss, unerträglich. Sie will heulen und ist nur noch am Fluchen. Verdammt, wenn der Hauptbootsmann das sieht und hört, gibt es wieder eine erzieherische Maßnahme!

Meine Yoga-Atmungstricks erleichtern uns, den körperlichen Schmerz zu ertragen und einfach immer weiter zu marschieren. Tief ein-, mit Stöhngeräuschen aus dem Kehlkopf ausatmen. Ich bekomme einen Kick, merke, wie das Adrenalin pumpt.

Ich verdiene mir den Kick aber auch redlich: Mein Koppel scheuert, der schwere Schlafsack haut mir immerzu in den Nacken, der Rucksack und die Stiefel sitzen suboptimal, alles scheuert irgendwo. Schweiß an den Füßen mischt sich mit dem die Fersen hinunterlaufenden Blut aus den aufgescheuerten, dicken weißen Blasen. »Nun beißen Sie mal ein bisschen!«, bekommen Kameraden zu hören, die es nicht schaffen, in der Formation Tritt zu halten, und den Anschluss zu verlieren drohen. Und: »›Meine Blasen‹ gilt hier an der Marineschule nicht als Ausrede. Die gehören dazu, die haben wir alle mal gehabt und bekommen sie auch wieder!« O.k., weiter, weiter, weiter; wir haben es gleich geschafft! Es ist nur Geradeauslaufen, und bald ist es Vergangenheit und wir dürfen duschen, bekommen lecker Frühstück. Marsch absolviert, toll. Waschen, Frühstück, Putzen. Acht bis 11 Uhr 45 ermüdende, quälende Handwaffen- und Schießausbildung. Immer wieder Waffe zusammen-, auseinander-, zusammensetzen und zwischendurch zum Baum rennen, Liegestütze machen, dabei immer Befehle korrekt wiederholen, da sonst noch mehr Liegestütze. Mittagessen, Wache. Alle kämpfen ständig gegen den Sekundenschlaf. Das Bild im anschließenden Sanitätsunterricht: pendelnde Köpfe, schlummernde Matrosen. Steffi wird in der Pause von der Lehrerin zum Gespräch gebeten, das gehe so nicht weiter. Essen, Dienstausscheiden um 18 Uhr. Alle fallen wie erschlagen auf ihre Böcke, werden vom Hauptbootsmann aber sofort wieder aus den Stuben geholt: Wir müssen noch den Test über die Waffen schreiben, fünf Minuten Zeit, um die Einzelteile der P8 und des G36 richtig zu benennen. Denn morgen geht es, zur Vorbereitung auf die richtige Schießbahn, in den »AGSHP«-Simulator (Abkürzung für Ausbildungsgerät Schießsimulator Handwaffen/ Panzerabwehrhandwaffen). Wir werden das erste Mal fast richtig schießen dürfen, müssen. Gute Nacht, um 18 Uhr 10.

»A-Reise ...« Fünf Uhr morgens, kein Frühsport, die ächzenden Gelenke dürfen es heute etwas langsamer angehen lassen. Rechtsunterricht, die »persönliche Arbeitsstunde«, in der jeder auf Stube lernen muss. Nach dem Mittagessen geht es von 13 bis 17 Uhr 25 in den AGSHP-Simulator, einen dunklen Raum, in dem wir uns hinter Sandsäcken verbarrikadieren und mit P8 und G36 auf Ziele, die an eine Spiegelwand projiziert werden, schießen. Auf Computermonitoren können Haupt- und Oberbootsmann genau erkennen, wer der Waffe wie viel Schulterdruck entgegenbringt. Das ist wichtig, denn ohne angemessenen Druck gegen das Schulterstück der Waffe würde der Rückstoß zumindest blaue Flecken verursachen. Plötzlich die Worte des Hauptbootsmannes: »Wir haben einen neuen AGSHP-Rambo. Jemand hat gerade 49 von 50 Punkten geschossen und darf hiermit den Titel ›AGSHP-Rambo‹ tragen. Wer war gerade auf Bahn vier?« Verdammt, ich! »Rekrut Zajček, Sie waren das, nicht schlecht!« Ich freue mich über dieses unverhoffte Talent zum Maschinengewehrschießen. Im nächsten Lauf schafft Steffi ebenfalls 49 von 50 Punkten. Die Jungs tuscheln: »Kein Wunder, wenn man sich so viel Zeit zum Zielen nimmt wie die« und andere neidische Sticheleien. Dass ausgerechnet die beiden Frauen in so etwas Ur-männlichem wie Maschinengewehrschießen besser sind!

Auf dem Monitor sehe ich, dass ich dem Schulterstück die ganze Zeit über, seit Aufnehmen des G36, »anständigen« Schulterdruck entgegensetze. Auch wie ich mich in die Sandsäcke stemme, sehe »vernünftig« aus. Danke, Herr Hauptbootsmann! So macht Handwaffenkunde Spaß. Steffi und ich sind von uns begeistert, als wir zum Abendessen und Abendsport verlegen.

Wir treten, aufgeteilt in verschiedene Mannschaften, zum Street-Ball-Turnier an. Ich knicke um, lande bei den Frauen aus den anderen Zügen auf der Bank, und wir unterhalten uns zunächst über unsere Verletzungen – die meisten können wegen aufgescheuerter Blasen an den Füßen nicht mehr laufen. Dann schauen wir uns die Frauen im Spiel an, wie sie sich bei dieser einfachen Kleingruppen-Variante des Basketballs machen. Es scheint eine Charakterfrage zu sein: Die meisten weiblichen Soldaten zeigen Ballangst und defensives Spielverhalten. Nur wenige gehen offensiv in den sportlichen Kampf mit den Herren.

Verlegen, Dienstausscheiden, Duschen. Ich kann die ständigen 38 Grad nicht mehr ertragen und nestele an dem Thermostat herum, bis ich in 46 Grad heißem Wasser duschen darf. Seraphina kommt herein und freut sich über das unverhoffte Dampfbad. Sie zieht sich aus, kommt zu mir herein, und wir schrubben uns gegenseitig den Schmutz von drei Soldatentagen vom Leib. Steffi kommt vorbei und schaut neugierig zu. Ich erzähle ihr von den Badetraditionen im Orient, wo es normal ist, dass Freundinnen sich dort im öffentlichen Hamam gegenseitig waschen, schrubben und massieren. Als Steffi in die Dusche kommt, haben Seraphina und ich aber keine Chance, ihren harten Nacken weich zu bekommen: Sie schreit schon bei der kleinsten Berührung, sodass an eine lockernde Massage nicht zu denken ist. Kampfrucksack packen, 22 Uhr: ab ins Bett.

»A-Reise …« – beim Aufspringen schmerzen alle Glieder, Muskeln, Gelenke. Keine Zeit für persönliche Befindlichkeiten. Um 5 Uhr 10 beginnt der Frühsport. Einfach weitermachen. Heute bekommen wir eine harte Einheit »Military Fitness«. Schubkarrenlauf, sich vorwärts und seitwärts über das morgendlich-feuchte Gras auf dem Sportplatz wälzen, Liegestütze, im Kriechen Verletzte abschleppen üben, dann in den Sand des Volleyball-Felds hechten und dort in »niedrigster Gangart«, mit Sand im Gesicht, das Feld umkrauchen.

Alle sind schmutzig, außer Puste, manche aber auch schon high auf Adrenalin und quatschen aufgeregt über die frechen und gemeinen Sprüche der Sport-Seekadetten, die uns heute früh trainieren. Verlegen, duschen, in die »Erste Geige«, was vor den Mahlzeiten unbeliebt ist. Die blüten-

weiße Lätzchenuniform erfordert besonnenere Tischmanie-
ren, als die jungen Leute nach einer Stunde Military Fitness
zu leisten gewillt sind. Zwischen acht und 11 Uhr 45 heißt
es, den Kampf gegen den Schlaf in der Aula zu gewinnen, das
Thema, das heute ausführlich vorgestellt wird, lautet schon
wieder Versicherungen. Mittagessen, Sanitätsunterricht. Obwohl es spannend ist und um allerlei interessante Dinge wie
Versorgung von Schusswunden und Neues aus der Ersten
Hilfe geht, schläft Steffi, wie auch manch anderer, ständig
ein. Sie schafft es partout nicht mehr, die Augen offen zu
halten, in der Pause wird Frau Oberbootsmann ein ernstes
Wort mit Steffi sprechen und sie warnen, nicht mehr einzuschlafen: Sonst könnte das zu einem »Ungenügend« im Fach
Sanitätsausbildung führen, und ohne den Ersthelfer-Schein
könne Steffi auch keine Fortschritte in ihrer Offizieranwär-
terkarriere machen.

Abmarsch, umziehen, Kutterpullen. Wir dürfen die paar
Kilometer bis nach Flensburg rudern und im verwegenen
Ostseesommer ein Eis essen. Danach widmen wir uns dem
zweistündigen Putzen unserer Unterkünfte. Steffi wird später, mit den Notizen eines Kameraden auf den Knien, ein-
schlafen. Ein aufmerksamer Kamerad, der alles immer
fleißig mitschreibt und nie einschläft, hatte Steffi seine sauber angefertigten Abschriften digital, per USB-Stick, übergeben.

Der Freitag läuft mit dem Rechtsunterricht gemächlich an,
dann der verhasste ABC-Unterricht. In voller Montur müssen wir auf dem Parkplatz marschieren und beim Ruf »ABC-
Alarm« innerhalb von sieben Sekunden abknien, das rechte
Knie im Helm, ABC-Schutzmaske aufsetzen, ausblasen und
geduckt Stellung halten. Ständig, immer wieder, hintereinander, sodass manche, die noch nie Asthma hatten, asthma-

artige Zustände und Atemnot bekommen. Aber es geht den meisten so, das ist genau das, woran wir uns gewöhnen sollen.

Zum Wochenende hin noch schnell ein wenig Sport, Beach-Volleyball auf freiem Feld, alle bekommen Sand in die offenen Blasen an den Füßen, aber das ist egal. Wir spielen voller Vorfreude auf das Wochenende, das nach einer letzten Musterung um 13 Uhr beginnt.

Die Ersten stürzen um 13 Uhr 15 die Treppen hinunter, manche haben 400 bis 600 Kilometer Heimreise vor sich. Ich mache mir mit Seraphina ein schönes Wochenende: Pediküre, Maniküre, Friseur, Shopping, abends sind wir so müde, dass wir gern in der Kaserne bleiben. Den Samstag verbringen wir, nachdem wir den Vormittag komplett verschlafen haben, in der nahe gelegenen Therme in Sauna und Whirlpool, abends fährt Seraphina auf ein Punkrock-Konzert in Hamburg, und ich gehe mit den Offizieranwärtern aus Frankreich, Aserbaidschan und Kasachstan in die Disco.

Taxi, Kaserne, Ausschlafen. Steffi kommt Sonntag am späten Nachmittag. Auch Müller kommt zurück, endlich haben wir Zeit, ein wenig mit ihr zu plaudern. Sie ist bereits 22, studierte schon einige Semester lang Archäologie und stellte fest, dass »diese alten Vasen« gar nicht das seien, was sie interessierte. Denn ihre Vorliebe galt schon immer den alten strategischen Kriegsplanungen, von der Antike über das Mittelalter bis hin zur Neuzeit. Ein seltenes und einsames Hobby, historische Schlachtpläne zu studieren, weshalb Sabine dann auch sehr glücklich war, beim Suchen nach Alternativen zum Archäologiestudium im Internet über die Studienmöglichkeiten an der hier benachbarten »Schule strategische Aufklärung« zu stolpern. Das militärische Training allgemein mache ihr nicht besonders viel Spaß, aber die Vorfreude auf einen Beruf, in dem sie dann ihre Leidenschaft zum strategischen Planen ausleben könne, lasse sie die körperlichen Anforderungen durchstehen.

Wir packen unsere Kampfrucksäcke, trinken unten ein Bier mit den Jungs, die sich langsam im Mannschaftsheim einfinden, und erfahren alles über die ersten Pärchenbildungen. Am Samstagabend in der Disco sah man überall ein bis zwei junge Frauen mit sechs, acht jungen Männern, den Sonntag über bemerkte ich einige Pärchen, die sich in Ecken und Nischen der Gänge herumdrückten. Treiben Frauen in der Marine nun den Verfall der Sitten voran oder verleihen sie dem historischen Konstrukt Militär schlicht die Normalität, die eine moderne, gemischtgeschlechtliche Truppe von »Staatsbürgern in Uniform« an den Tag legen sollte?

Seraphina kommt erst gegen Mitternacht zurück, sie ist ausgepowert vom Tanzen und Trinken in Hamburg – aber auch ziemlich glücklich, da sie so das Gefühl hat, an ihr Leben vor dem Militär anknüpfen zu können. Aber ob ihr ausgelassenes Party-Wochenende dem geplanten Biwak zuträglich sein wird? Denn am Montag stehen zwei Tage im Gelände an, wir nennen das Biwak scherzhaft »Bundeswehr im Wald außer Kontrolle«. Es geht auf den Truppenübungsplatz, mit militärischem Camping, scharfem Schießen und einem ordentlichen Marsch. Da ihre Stubenkameradin Müller schon schläft, muss die gut gelaunte Seraphina ihren Kampfrucksack im beleuchteten Bad packen, denn in fünf Stunden geht es mit Koppel, Rucksack und Stahlhelm ab ins Feld.

Das Aufstehen geht mittlerweile automatisch. Antreten, Rucksackinhaltskontrolle auf dem Hof und ab in den Bus, ins Feld, zur Unterrichtseinheit »Wache«. Ein altgedienter

Hauptmann zeigt uns, wie wir ein Fahrzeug anhalten, die Insassen ansprechen und das Auto mit Unterbodenspiegel untersuchen sollen. Als ich nachfrage, ob die Bundeswehr denn nicht diese modernen Sprengstoffdetektoren in Pistolenform besitze, wie zum Beispiel jedes israelische oder libanesische Kaufhaus-Security-Team, winkt der Hauptmann müde ab. »Nicht mal in Afghanistan haben wir die«, kommentiert er, »zu teuer« seien die Geräte. Die anderen Offizieranwärter haben gerade kein Interesse für die mangelhafte Ausrüstung, schon gar nicht für die in Afghanistan. Sie ruhen sich bereits jetzt sicher auf ihrem »Der Marine passiert nichts«-Spruch des Wehrdienstberaters aus. Wie kann man als so junger Soldat schon so arrogant sein? Ob uns zwischendurch nicht ein wenig zu viel von der Marine als »Elite« erzählt wurde?

Nachdem wir uns die Gesichter mit Tarnfarbe vollgeschmiert haben, machen wir ein paar Wachübungen: Was tun, wenn betrunkene Soldaten in die Kaserne wollen? Wie stellt man sich autoritär auftretenden Unbefugten in den Weg? Worauf ist beim Truppenausweis oder bei Sonderzufahrtsberechtigungen zu achten? Nach zwei Stunden Wache in der sommerlichen Juli-Hitze dürfen wir uns auf den Boden hocken und unsere Lunchpakete essen. Dann geht es auf: Marschieren! In der Mittagshitze beginnt der erste Marsch mit 26 Kilogramm Gepäck über zehn Kilometer. Ab Kilometer sechs beginnen alle zu stöhnen, Wasserpackungen werden durch den Zug gereicht. »Sprung über die Straße«, das schnelle Verlegen von einer Straßenseite zur anderen, macht uns komplett fertig, denn wir müssen alle so schnell wie noch möglich sprinten, um uns dann auf der anderen Seite sofort wieder korrekt zu formieren. Nach zehn »Sprüngen« über die Landstraße, beäugt von belustigt schauenden Anwohnern, haben wir es endlich geschafft, der

Haupt- und der Oberbootsmann sind zufrieden, nur noch ein paar Mal den ABC-Alarm ausrufen und immer weiter marschiert, irgendwann werden wir schon irgendwo ankommen. Allen schmerzt alles, alle keuchen, jammern, grunzen, Steffi heult vor Wut, dass es so anstrengend ist, macht aber tapfer weiter. Auf den letzten 500 Metern darf, soll, muss ich nun das Kommando über den Zug übernehmen, jeder soll hier schon mal das Kommandieren schnuppern. Ich nehme die Wanderkarte des Hauptbootsmanns und sehe, dass sich der Zug vom kürzesten Weg zu unserem Lagerplatz durch eigenmächtiges Umschwenken nach rechts entfernt. Ich brülle, so laut ich kann, den Namen des vorn Marschierenden: »Wer hat Ihnen befohlen, rechtsum zu machen? Kommen Sie gefälligst sofort wieder auf den Weg hier zurück!« Alle 16 Mann drehen um, meckern, dass ich wohl nicht Karte lesen könne. Der Hauptbootsmann bleibt bei mir, bekräftigt mich in meinem Kommando. Wiederholt hatte ich schon befürchtet zusammenzubrechen, aber all diese Schwäche ist jetzt, mit der Verantwortung und der Kommandogewalt, verflogen. Ich merke, wie ein starker Adrenalinschauer meinen Rücken hoch und runter huscht. Steffi hatte beim Kommandieren nicht laut genug gebrüllt, der Hauptbootsmann reizte sie, bis sie endlich aus sich herausging. Das ist bei mir nicht nötig, als wäre durch das Adrenalin ob der Verantwortung plötzlich aller Schmerz von mir gefallen, kommandiere ich, als hätte ich mein ganzes Leben lang nichts anderes gemacht.

Als unser Zug im Lager ankommt, warten Gulaschkanone und ein anständiges Feld-Buffet schon auf uns. Dann heißt es, die Zelte aufzubauen. Es beginnt zu regnen, kaum stehen die Zelte, müssen wir unsere Regenkleidung anlegen und das zuvor zusammengeklaubte Feuerholz in die trockenen Zelte bringen.

Später marschieren wir im Dunkeln auf eine Waldlichtung, auf der uns anhand von Platzpatronen, verschiedenen Autos und Lichtquellen die Lektion »Sehen und Hören im Dunkeln« erteilt wird. Danach ist eine schreckliche, feuchtnasse Wache im Regen, ganz ohne Feuer, bis fünf Uhr morgens durchzuhalten. Am nächsten Tag geht es auf den Schießplatz. Den über 200 jungen Soldaten, die zum ersten Mal mit scharfer Munition schießen dürfen, ist die Lust am Ballern trotz der harten Nacht nicht vergangen, alle sind sehr aufgeregt und flachsen herum, sodass sie mehrfach ermahnt werden müssen. Ich habe Besuch von meinem Fotografen aus Berlin bekommen, muss für die Kamera immer wieder P8 und G36 auseinandernehmen und zusammensetzen und versuche mich dann im Schießen mit der scharfen P8. Mir ist heiß, ich bin müde und kann mich nicht mehr konzentrieren, und die alte Tarnschminke von gestern rinnt mir in die Augen und brennt. Da mein Fotograf auch im Feld übernachtet hat und kein Frühstück bekam, drängt er auf schnellen Aufbruch. Ich erziele mit der P8 so schlechte Ergebnisse, dass ich zum G36-Schießen sowieso nicht zugelassen werde. Wir verabschieden uns, der Fotograf bringt mich zurück nach Flensburg-Mürwik, und wir gehen endlich frühstücken. Ich habe ein schlechtes Gewissen, weil ich mir praktisch unbefugt freigenommen habe. Mein Fotograf holt mich durch Anekdoten aus Berlin wieder in meine eigentliche, die journalistische Lebenswelt zurück.

Am späten Nachmittag kommt mein Zug in der Kaserne an, der Tag in der prallen Sonne nach schlafloser Nacht hat alle still und mürrisch gemacht. Schnell noch Abendessen, dann fallen sie erschöpft auf ihre Böcke. Das Schießen hat allen Spaß gemacht, aber »so das große Ding«, da sind sich viele einig, sei es »dann doch nicht«.

Die kommenden drei Tage werden wieder anstrengend, denn nun heißt es, die große Formation für die feierliche Vereidigung am Samstag vor 2000 Gästen zu proben. Die Züge marschieren erst getrennt, dann gemeinsam, ein Wachbataillon aus Berlin und ein Militärmusikkorps aus Polen reisen an, um den feierlichen militärischen Rahmen zu sichern. Dann legt ein Schnellboot an unserem Steg an, alle Züge dürfen dieses Boot nun in kleinen Grüppchen besichtigen. Die Kameraden aus meiner Kleingruppe sind von dem kurzen Besuch auf dem Boot, auf dem die Besatzung praktisch keine Privatsphäre hat, erschreckt und wollen den über 25 Jahre alten Schnellbooten fortan so fern wie möglich bleiben. Ihnen schwebt eher eine Hightech-Fregatte der Klasse 125 vor, die Deutschland ab 2014 oder 2016 in Dienst zu stellen gedenkt. Meine Kameraden fragen die Besatzungsmitglieder, ob sie denn freiwillig Schnellbootfahrer geworden seien. Alle bejahen, sie kämen aus Rostock, da würden die Schnellboote liegen, und Heimatnähe sei ein entscheidender Punkt bei der Wahl ihrer Verwendungen gewesen. Wie das denn mit Frauen an Bord laufen würde? »Na ganz normal, aber das sind ja auch 'ne besondere Sorte Frauen, die zur See fahren, nicht für jedermanns Geschmack«, erklärt ein Heizer. Für die jungen Matrosen, männlich wie weiblich, ist es absolut unverständlich, wie man sich freiwillig auf »so 'ne alte Büchse« setzen lassen kann, auf der es ganz unfein, aber sehr soldatisch nach Männerschweiß, Diesel und Öl stinkt.

Steffi, Seraphina und Sabine machen sich am Abend vor der Vereidigung, zu der die meisten Eltern anreisen, so schön, wie es in unserem improvisierten Beauty-Salon-Badezimmer eben geht. Obwohl sie unter dicken Wollhosen versteckt sein werden, rasieren sie sich die Beine wie vor einem Rendezvous, Seraphina weiß, dass ich Nahaufnahmen von ihr machen will, und besteht darauf, dass ich ihr den nicht vorhandenen Oberlippenflaum mit warmem Wachs entferne. Augenbrauen zupfen, Haare waschen, schöne Unterwäsche bereitlegen. Meine Mädels – voller Aufregung vor ihrem großen Tag, an dem sie stundenlang in der prallen Sonne stehen werden und vor ihren Eltern das erste Mal als Soldaten glänzen wollen. Ob sie sich denn schon als Soldaten fühlten, ob sie sich schon etwas darunter vorstellen könnten, »Deutschland treu zu dienen«? Sie bejahen, natürlich würden sie sofort auf einer seegehenden Einheit einschiffen, wenn sie denn am Horn von Afrika im Kampf gegen die Piraten gebraucht würden. Sie wissen aber auch, dass sie noch so am Anfang ihrer Karrieren stehen, dass es absurd ist anzunehmen, dass Deutschland jetzt schon von ihnen profitieren könnte. »Nach dem Studium werde ich das bestimmt gut können, aber jetzt bin ich ja noch nicht einmal Ersthelferin«, gibt Steffi ein wenig schuldbewusst zu, obwohl sie den Sanitätstest mit fast 100 Prozent überdurchschnittlich gut bestanden hat.

Am nächsten Morgen strömen rund 2000 Angehörige und geladene Gäste auf den Sportplatz und verteilen sich auf den aufgebauten Tribünen. Aufgrund der hochsommerlichen Temperaturen wird damit gerechnet, dass der eine oder andere junge Soldat »umzufallen« droht. Daher das Kommando: »Wer merkt, dass er umkippt, gibt seinen Hintermännern kurz Bescheid und fällt dann nach hinten um!« Antreten, Aufbauen, Stillstehen. Nach einigen Reden altgedienter Militärs legen Steffi, Seraphina und rund 220 Kameraden unter großem militärischem Zeremoniell die Eidesformel für Berufssoldaten ab:

»Ich schwöre, der Bundesrepublik Deutschland treu zu dienen und das Recht und die Freiheit des deutschen Volkes tapfer

zu verteidigen, so wahr mir Gott helfe.«

Manch ein Elternpaar hat Tränen in den Augen, und auch ich bin gerührt. Als würde ich mich für meine »kleinen Schwestern« freuen, die einen wichtigen Entschluss für ihr Leben gefasst haben.

Nur sieben Soldaten kippen bei rund 35 Grad in der prallen Sonne vorschriftsgemäß nach hinten um und werden sofort von den Sanitätern betreut.

Ich bin gespannt, was Steffi und Seraphina im November, wenn ich sie auf den Azoren wiedertreffen werde, über die nun vor ihnen liegenden drei Monate der infanteristischen Ausbildung zu berichten haben.

»Ein erhabenes, großartiges Gefühl«

Segelschulschiff »Gorch Fock«, Azoren, November 2009

Anfang August 2009 mache ich mich auf nach Rostock, um von dort am Presse- und Familientag auf der »Gorch Fock«, unserem altehrwürdigen Segelschulschiff, auf einer Tagesreise nach Kiel zu segeln. Ich treffe den ersten Divisionsoffizier (IDO) Nick Hey, den ich schon von Mürwik kenne. Er lädt mich ein, bei der Ausbildung der jungen Kameraden auf Gran Canaria, den Kapverdischen Inseln oder den Azoren »vorbeizuschauen«. Ein wenig plaudere ich auch mit der einzigen Frau, die zur Stammbesatzung gehört, Oberleutnant Janine Will*. Auf den Azoren will ich länger mit ihr sprechen, wie es sich so lebt unter bis zu 269 Menschen, bis auf zehn bis 20 alle Männer.

Ende Oktober frage ich bei Kapitän Winkler nach, ob ich Steffi und Seraphina bei der Segelausbildung auf der Azoreninsel São Miguel besuchen dürfe. Einen Tag später antwortet er nach Rücksprache mit Kapitän Schatz, dem Kommandanten der »Gorch Fock«: »Zähneknirschend, aber ja.« Ich lande am kommenden Montag auf der Insel, die mitten im Atlantik, rund 1000 Kilometer vor der portugiesischen Küste liegt, miete mir ein Zimmer in einer Familienpension und laufe zum Hafen. Die »Gorch Fock« liegt unübersehbar und majestätisch in einem extra abgesicherten Bereich der Mole. Die Wache schiebenden Gefreiten – auch Steffi und Seraphina wurden von Matrosen bereits zu Gefreiten beför-

85

dert – kennen mich noch von der Marineschule und lassen mich durch. Steffi, die ich seit drei Monaten nicht mehr gesehen habe, steht in Formation und wartet auf Kommandos und Einweisungen. Sie schaut ungläubig und strahlt, als sie mich »ihr« Schiff betreten sieht. Ein wenig absurd wirkt es schon, bei frühlingshaften Temperaturen auf dieser landschaftlich wunderschönen Insel, auf der man wandern, in heißen Quellen und im Meer baden und tauchen kann, dem deutschen Bundeswehrprotokoll der Ausbildung zu begegnen. Aber anderes habe ich nicht erwartet, natürlich nicht.

Ich wende mich nach rechts, will den Ranghöchsten fragen, ob ich mich bei Hey oder Kapitän Schatz kurz melden darf, da höre ich ein fröhliches »Hallo, Jasna!«, gefolgt von einem dumpfen Plopp. Seraphinas Kopf ist gegen einen Haltegriff der Treppe geknallt, unter dem sie kurz, zur Auszeit zwischen den Unterrichtseinheiten, saß. Wir begrüßen uns herzlich. Sie strahlt ebenso wie Steffi, in den verwaschenen olivgrünen Arbeitsanzügen, genannt »Panzerkombi«, sehen die beiden wie Jeanne d'Arcs der modernen Seefahrerei aus. Wir plaudern kurz und verabreden uns für den Abend. Denn tagsüber geht das strenge Programm zur Vorbereitung auf den »seemännisch anspruchsvollsten« Törn, wie Kapitän Schatz mir sagte, vor.

Ein für mich unverständliches Kommando wird durch die altmodische Flüstertüte gebrüllt. Steffi und rund 80 ihrer Kameraden kommen an Bord gerannt, die meisten beginnen sofort, in die Takelage zu klettern. Seraphinas Einheit, die sich mittlerweile korrekt formiert hat, ebenso. Seraphina, 23 Jahre alt, 1,56 Meter groß und vielleicht etwas über 50 Kilo schwer, klettert an dem Hauptmast dieses Schiffes, das in der traditionellen Bau- und Segelweise von Handelsschiffen des 19. Jahrhunderts gehalten ist, an die 45 Meter hoch. Sie fährt das sogenannte Bram- oder Royalsegel, sozusagen die vierte »Etage« des Hauptmasts. Wenn ich von unten zu ihr hochschaue, ist sie gerade noch zehn Zentimeter groß, ich erkenne ihr Gesicht vor dem strahlend blauen Atlantikhimmel nur noch durch den Zoom meiner Kamera. Ich bekomme spontan Angst um sie. Doch Seraphina weiß, was sie tut.

Ich bin sprachlos, was die beiden in den nur drei Tagen, in denen sie hier sind, gelernt haben. An großmaschigen Strickleitern klettern die jungen Offizieranwärter (OAs), als hätten sie ihr Lebtag nichts anderes gemacht, furchtlos die wackelnden Seile hinauf. Erst wenn sie oben auf ihrem Mast angekommen sind, hängen sie sich mit großen, stabilen Karabinerhaken ein, damit sie bei den Windstärken, denen sie in einer Woche entgegensegeln werden, nicht den Halt verlieren und wegfliegen. Die jungen Offizieranwärter müssen nun anderthalb Stunden des Hoch- und Runterkletterns, des Segelsetzens durch Tauziehen absolvieren, während ich mit dem Kommandanten, Kapitän zur See Norbert Schatz, spreche. Er ist ein humorvoller Seebär, der sein Schiff über alles liebt und, wie die Besatzung sagt, »jede Schraube auswendig kennt«. Er erläutert die Bedeutung der ersten Seefahrt auf der »Gorch Fock« für die rund 80 jungen Kadetten. »Erst in 25 Jahren wird ihnen der Wert der Ausbildung hier klar«, erklärt er. »Nirgends sonst lernen Kameraden sich so gut kennen – und auch lieben oder hassen – wie auf diesem Schiff. Hier werden nicht nur Freundschaften und Seilschaften fürs Leben geschlossen, hier bekommen auch viele ein stärkeres Selbstbewusstsein und gehen mit einem breiteren Kreuz von Bord.« Einfühlsam beschreibt er die Prozesse, die in den jungen Soldaten der Marine innerhalb nur weniger Wochen vonstatten gehen. Sie würden sich selbstkritisch erfahren, auch mal Ellenbogen einsetzen müssen. Denn »hier, an Bord der »Gorch Fock«, vollzieht sich die Verwandlung vom gehätschelten Abiturienten zum selbstsicheren Teammitglied«. Glorreich sei an der Ausbildung, die seit 1951 auf diesem Schiff beziehungsweise seinen baugleichen Vorläufern abläuft, »rein gar nix«. »Die Ehemaligen sehnen sich im Nachhinein in diese Zeit ihrer Jugend zurück, und so werden Erinnerungen schöner«, erklärt Schatz. Hier werde strammes Handwerk gelehrt, hier gebe es keine Helden. »Jeder macht hier nur seinen Job. Und der kann ganz schön hart sein.« Dass die Privatsphäre auf ein Minimum, nämlich eine Hängematte und einen Spind, beschränkt wird, macht den meisten zu schaffen. Manchmal, sagt der Kommandant plötzlich sehr ernst, verblüffe ihn die »Blauäugigkeit«, mit der die Gefreiten an Bord gehen würden, seine Aufgabe sei es dann erst mal, »die Fehler des Wehrdienstberaters auszubügeln«. Glücklich könnten auf diesem Schiff »Handwerker« werden, die »richtig zupacken« können und »Freude am seemännischen Handwerk« haben. Ihm ist aufgefallen, dass sich die Offizieranwärter in ihrem Auftreten innerhalb der letzten Jahre gewandelt haben. Waren es früher noch die Söhne des Bildungsbürgertums, die konkrete Vorstellungen über ihre Karriere hatten, so seien heute junge Menschen dabei, die sich »dummbratzig« auf etwas eingelassen hätten, über das sie sich im Vorfeld nicht genügend informiert haben.

Nach einem kurzen Plausch mit Nick Hey über die Tradition des »Eulenschießens« – offiziell gibt es das nicht – spricht mich ein Bootsmann an. Mir ist nicht entgangen, dass er mich zuvor gemustert hat und mit seinem Blick ein wenig zu lange auf meinem Hinterteil verharrte. Er hat beobachtet, wie ich die Übungen meiner Kameradinnen hoch in den Rahen mit Zoom-Objektiv fotografiert habe. Gerade klettern sie wieder flink die wackelige Strickleiter hinab.

»Manche haben hier schon 'ne ganz schöne Kiste, dafür,

dass sie gerade mal 20 sind!«, meint der geschätzte Mittdreißiger mit Blick auf die Hinterteile der jungen Soldatinnen und erläutert mir dann in kessen Worten den Umgang mit Frauen auf diesem Schiff. Ich frage ihn, ob das Gekrakel, das ich auf einer Toilette an der Marineschule gelesen habe, »Gorch Fock = Bumsschiff George Fuck«, denn stimmen würde. »Na, es haben sich hier schon Paare gefunden und wieder getrennt«, antwortet er diplomatisch, »aber darum, eine Freundin zu finden, geht es den meisten nicht unbedingt«, sagt er und grinst. Einige Paare haben sich, so berichtet mir Steffi später, schon gebildet, einige junge Frauen, jetzt Gefreite und nach der Fahrt Obergefreite, seien schon mit Seekadetten an der Marineschule Beziehungen eingegangen. Viele der Mädchen hätten schon die eine oder andere Affäre, Knutschabenteuer oder auch mehr. »Es gibt vieles, was geredet wird, und noch mehr, was man nicht weiß«, erklärt Steffi dazu verschwörerisch.

Ich weiß nicht, wie ich in dem Alter gehandelt hätte. Bei dem Überangebot an jungen Männern, die wie ich die Marine und die Seefahrt zum Beruf erkoren hätten! Steffi berichtet, dass die Gerüchteküche jetzt schon hochkochen würde, zwei nicht dem allgemeinen Schönheitsideal entsprechende Mädchen seien als neue »Eulen« auserkoren worden, einige Geschichten über »Wer mit wem und wo« kursierten schon. »Ich brauche keinen Freund hier in der Ausbildung«, hat Steffi sich geschworen; Seraphina hat einen an Land, dem sie treu ist. Trotzdem wird Seraphina später nachgesagt, an verschiedenen Orten des Schiffes mit insgesamt vier Männern Sex gehabt zu haben. Sie lacht darüber: »Immerhin sollen die meisten gesagt haben, dass ich gut sei!« Ohne die nötige Portion Humor ist man im Männerverein Marine – auf gerade mal 81 Metern Länge über einen Zeitraum von drei bis vier Wochen – ohnehin verloren. Kapitän Schatz fasst es in diese Worte: »Gerüchte sind ein Stimmungsbarometer an Bord. Natürlich werden mir die Gerüchte zugetragen, und die Offiziere und ich nehmen sie meist belustigt zur Kenntnis.« Gäbe es keine Pärchenspekulationen, keine »Stille Post«, so wäre etwas falsch auf dem Kahn, scherzt er. Besonders interessant seien immer die Quellenangaben, sofern sie denn noch auszumachen seien.

Steffi und Seraphina haben jetzt, um 18 Uhr, erst einmal Dienstausscheiden. Nachdem sie die letzte Stunde damit verbracht haben, die »Nägel« zu lernen, also die Befestigungen, an denen die verschiedenen Taue der zahlreichen Segel verzurrt werden, gehen wir portugiesisch essen. Die beiden berichten lebhaft von den vergangenen drei Monaten, von den Märschen, die sie irgendwann innerhalb der kürzeren, für Männer vorgeschriebenen Zeit absolvieren konnten, vom interessanten Kurzsegeltörn – »Segellangfahrt« –, bei dem sie vier Tage lang über die Ostsee nach Dänemark und zurück segelten. Beide wurden nicht seekrank und hoffen natürlich, es auch jetzt nicht zu werden. »Wem nicht schlecht wird, der freut sich, weil er schneller zum Essen kommt, wenn alle nur krank rumhängen, sagen die hier«, berichtet Seraphina eine der Weisheiten der Stammbesatzung, 84 Männer und eine Frau, die ihren Lebensmittelpunkt seit Jahren und meist noch für Jahre auf dieser altmodischen seegehenden Einheit haben. Der Schlafraum für Frau Oberleutnant ist ein wenig größer bemessen als der der Mädchen, sie hat eine eigene Kabine. Die Offizieranwärterinnen teilen sich einen Schlafraum, der vielleicht gerade mal drei mal acht Meter groß ist. Hier hängen sie abends oder zu Schichtende ihre Hängematten auf, die jeden Morgen ordentlich zusammengelegt werden und auf der »Hängemattenlast« nach der »Hängemattenmusterung« verstaut werden müssen. Wenn eine Soldatin sich dreht und wendet, wackelt die ganze Reihe mit, und manchmal fliegt auch die eine oder andere raus beziehungsweise verlegt sich im Schlaf in die Matte einer anderen, weil sie so eng zusammenhängen. Bei den Jungs gab es sogar schon einen Unfall. Einem mit über 100 Kilo besonders kräftigen Offizieranwärter ist die Hängematte unter dem Rücken weggekracht

Die Fenster, Bullaugen, dürfen nachts nicht geöffnet werden, und so stauen sich ganz undamenhaft die Ausdünstungen der hart arbeitenden jungen Frauen. Obwohl natürlich alle auf Körperhygiene achten und auch die tagsüber zwischenzeitlich auch mal verlottert aussehenden Waschräume häufig gereinigt werden, bleibt es nicht aus, dass es im Schlafraum morgens ganz einfach stinkt. Bei den Jungs wie bei den Mädels. Wir drei erinnern uns an die Zeit an der Marineschule, als ständig feuchtes Sportzeug und klamme Flecktarn-Tagesdienstanzüge in unserer muffigen Stube hingen und die Damenstube olfaktorisch zu einem Pumaweibchenkäfig mutierte, und lachen.

Wir quatschen und kichern noch viel an diesem Abend. Die Mädels freuen sich, dass wir einen ganz »unbeschwerten Abend mit schönen Gesprächen« verbringen können. Auch ich bin froh zu erfahren, wie es ihnen ergangen ist, vor allem, dass es ihnen immer noch solchen Spaß macht.

Gegen 22 Uhr bringe ich die Mädchen wieder zurück an Bord und gehe in die erste Bar am Hafen, in der ich Jungs von der Stammbesatzung der »Gorch Fock« treffe. Einer der jungen, kernig wirkenden Männer berichtet, dass er in der vergangenen Nacht vor einer »sexbesessenen Frau Gefreite« flüchten musste beziehungsweise sie aus seinem Hotelzimmer rausschmiss, nachdem sie ihm mehrere Bisse und Kratzer versetzt hatte und angeblich »nicht genug« von ihm bekommen konnte. Er demolierte danach, so wie man es eigentlich nur von den U-Boot-Fahrerpartys kennt, sein Ho-

telzimmer, Matratzen flogen aus dem Zimmer, die Aufräum-
kosten zahlte er mit seiner Visa-Card. »Muss auch mal sein«,
kommentiert der verwegen wirkende seefahrende Partyma-
cher sein Verhalten. Schließlich sei er kein Offizieranwärter,
dem »zehnmal am Tag gesagt wird, wie geil er ist, nur damit
er bei der Marine bleibt«. Wie seine Handvoll Kameraden
kennt der 23-Jährige seine Maschine, »den Dicken«, also
den Motor der »Gorch Fock«, genau und weiß, was zu tun
ist, wenn es irgendwo unvorschriftsmäßig rattert. Wir unterhalten uns wie alte Kumpel. Die Jungs berichten von Ge-
rüchten um Marihuana und Prostituierte auf den Kapverden
und von »Wer-mit-wem«-Geschichten. Auch spekulieren
sie, wer die »Eulen« sein könnten, und berichten, dass es ja
eher die Decksmänner seien, die »Eulenschießen« machen
würden. Dumm nur, dass mir ein paar Decksmänner sagten,
es seien vor allem die Heizer ... Es wird viel erzählt auf so
einem Schiff, wenn die Wachen lang sind und die Nächte
noch länger. Wer kann da überhaupt ansatzweise nachvollziehen, was Gerede und was Fakt ist und wen es überhaupt
etwas angeht?

Nach ein paar Tagen der anspruchsvollen Ausbildung steht
für die Mädels der erste freie Tag an. Wir mieten uns ein Taxi
und besichtigen Vulkanseen, baden in Schwefelquellen und
gehen abends wieder schön essen, danach in meine Pen-
sion, wo ich ihnen meine Badewanne zur Verfügung stelle.
Seraphina will gar nicht mehr rauskommen, muss es dann
aber doch, da wir noch Besuch bekommen. Ein paar Jungs
der auf der Marineschule »berüchtigten« Stammbesatzung,
alle zwischen 19 und 23, kommen vorbei, zur Ein-Liter-Cola-
Flasche haben sie noch eine Flasche Gin gekauft. Bei lauter
Musik von MTV Portugal vergnügen wir uns so mit Drinks
aus den einzigen zwei Gläsern, die ich in meinem Zimmer

finde. Die Seefahrer sind durchweg charmant, aber nicht aufdringlich, eher vielleicht – anhänglich. Als klar ist, dass heute Abend in meinem Zimmer nichts laufen wird, werden wir alle sehr albern, ganz wie auf einer Klassenfahrt, wenn der Lehrer nicht da ist.

Die Ausbildung verfolge ich die kommenden Tage über gespannt, sehe, wie Steffi und Seraphina immer sicherer beim Klettern und Rennen auf dem Schiff werden. Während Steffi beim morgendlichen »Rein Schiff« die schnieke Offiziermesse gründlich putzt – immerhin hat sie für den geschätzte 16 Quadratmeter großen Raum eine Stunde Zeit –, treffe ich Oberleutnant Janine Will zum Gespräch. Sie gehörte der ersten Crew 2001 an, ist also eine der ersten Frauen, welche die MarineOffizieranwärterlaufbahn begannen. Sie ist ein wenig genervt von dem Thema »Frauen bei der Bundeswehr«. »Ich hatte noch nie ein Problem damit, zu machen, was ich will«, erklärt die 27-Jährige, die als Seglerin aufwuchs und schon als Kind, an der Hanseatischen Yachtschule Luxemburg, »viel mitbekommen« hat von ehemaligen Marineleuten. Daher hat sie sich »einfach mal beworben« und ist nun, nachdem sie zwei Jahre lang 12 000 Seemeilen auf der Korvette »Oldenburg« gefahren ist, Oberleutnant auf der »Gorch Fock« und kommandiert junge OAs, die ihre Karriere bei der Marine planen. Sie empfiehlt den jungen Frauen, sich nicht zu sehr »wie Barbies« aufzuführen, obwohl es unvermeidbar sei, dass es »sich manchmal wie im Kindergarten oder auf Klassenfahrt« anfühlen würde. Und dann nerve es ganz klar, »wenn da Tussis an Bord seien, die über ihre abgebrochenen Nägel jammern« würden. Aber meist gibt sich so etwas schnell, denn »jeder muss irgendwann einsehen, dass alles nur als gutes Team, ohne persönliche Befindlichkeiten«, reibungslos laufen würde.

Wie die Männer sie sehen würden, will ich wissen. Klar würde sie mal angebaggert, aber »dank meiner Art wissen die Herren dann ganz schnell, woran sie sind«, erklärt die nicht allzu große, aber kräftige und hübsche junge Frau entschieden. Natürlich falle »auch mal das eine oder andere laute Wort«, aber die Regeln seien lascher geworden, es sollen nicht zu viele OAs abspringen, das ist allgemein bekannt. Wie auch Kapitän Schatz freut sie sich auf den dritten, den seemännisch anspruchsvollsten Törn. Denn ab nächster Woche ist das »Schönwettersegeln«, wie es bei gutem Wetter zwischen Gran Canaria, den Kapverden und den Azoren möglich war, vorbei. Auf der Heimfahrt über den Atlantik, so sagte mir Schatz, seien stets die dabei, die noch nicht so gut Englisch könnten. Andererseits würden sie aber das seemännische Handwerk aufgrund der meist stärker ausgeprägten technischen Begabung schnell begreifen. Doch ganz hart auf hart wird es für die OAs zumindest nicht kommen. Bei einem richtigen Sturm, wie er sich schon jetzt für die kommende Woche auf dem Mittelatlantik ankündigt, würde laut Schatz das »A-Team, Männer der Stammbesatzung«, hochgehen, um die Segel zu bergen. Doch eigentlich sei es das Ziel der Ausbildungsfahrt, »die Youngster ranzulassen«. Die Takelage sei »unverwüstbar« und habe schon 14 500 junge deutsche Marineoffizieranwärter überlebt. Besser gesagt: 14 500 junge Offizieranwärter haben auf der »Gorch Fock« erfolgreich ihre erste Seefahrt absolviert.

Als ich mich von der rundum zufrieden und selbstbewusst wirkenden Janine, Herrn Schatz und meinen Mädels verabschieden muss – mein Flug geht einen Tag vor dem Auslaufen –, sendet die BBC gerade Berichte von den schwersten Stürmen des Jahres, die soeben die südenglische Küste heimsuchen. Mir wird mulmig bei dem Gefühl, dass meine Mädels nun bei bis zu zwölf Windstärken über den Atlantik segeln müssen. Aber bei beiden überwiegt die Vorfreude auf das Privileg, bei harten Bedingungen auf der »Legende« »Gorch Fock« richtig segeln zu lernen. Mitte Dezember sollen sie in Kiel einlaufen, und natürlich hoffe ich, dann am Pier zu stehen. Leider wird nichts daraus, da ich mich zu dem Zeitpunkt gerade von Dschibuti nach Afghanistan aufmachen will.

Leider wird nichts daraus, sodass ich nur anrufen kann. Steffi und Seraphina sind immer noch ganz aufgeregt, wenn sie über das Erlebnis der Überfahrt sprechen. Auch wenn es trotz Thermounterwäsche oft nass und kalt war, auch wenn sie zu den unmöglichsten Zeiten raus in den Sturm und Wache stehen mussten.

Steffi war zum Beispiel als »Backboard I« eingeteilt, mit Wachen zwischen null und vier Uhr und vier und acht Uhr morgens. Manchmal musste sie auch die kurze »Bauernnacht« zwischen sechs und acht Uhr Wache stehen oder auch die morgendliche »Acht-bis-Zwölfer«. Anfangs hatte sie ein wenig Angst, »na, eher Respekt« vor den großen Wellen und den elf bis zwölf Windstärken. Aber dann berichtet sie, was für ein »erhabenes, großartiges Gefühl« es gewesen sei, auf den Wellenbergen zu rollen, auch, oder besonders, wenn das Schiff teilweise extrem schief stand. »Es hat einfach Spaß gemacht. Du erlebst, dass nur du und das Team, zusammen mit dem Technischen, die See besegeln können, egal wie wild sie sich zeigt.« Dass ein Segel und einige Tampen gerissen sind und der Motor zwischendurch, kurz vor Wilhelmshaven, schlappmachte, liegt klar daran, dass das Schiff überholt werden muss. Schon auf den Azoren waren 40 Mitarbeiter verschiedener deutscher Werften angereist, welche die technischen Missstände prüften und später Angebote zur Überholung der »Gorch Fock« abgeben werden, die 2010 zur Generalüberholung sechs Monate in einer Werft liegen wird. Die Stammbesatzung wird in der Zeit in »Wohnschiffen«, Plattformen im Wasser, auf denen Wohncontainer aufgebaut sind, leben. Für Steffi und Seraphina geht es erst einmal wieder zurück ins »Prinzessinnenschloss« in Mürwik, um ihre Segelkenntnisse, das soldatische Wissen, die maritime Ausbildung und noch vieles mehr zu vertiefen. Bevor sie dann ab Ende März ihre erste rund dreieinhalbwöchige Fregattenfahrt von Ghana in Westafrika über Neapel bis nach Kreta vor sich haben. Im Herbst beginnen beide Staats- und Sozialwissenschaften an der Bundeswehruniversität in München zu studieren.

»Ich weiß, dass wir so gut vorbereitet sind, wie es nur geht«

UNIFIL, Libanon, September 2006 bis März 2009

September 2006

Die Nordsee glitzert im Sonnenschein, eine Brise weht durch den militärischen Hafen von Wilhelmshaven. Die deutsche UNIFIL-Flotte mit ihren imposanten Fregatten, nach Bundesländern benannt, liegt einsatzbereit neben riesigen Versorgern und schnittigen Schnellbooten mit putzigen Namen wie »Dachs« und »Nerz«.

Schiffe, die früher Zerstörer hießen, nennt man nun Mehrzweckfregatten. Die modernsten, die Deutschland besitzt, sind 500 Millionen Euro wert. Sie sollen in den Gewässern vor dem Libanon für Sicherheit sorgen – für die Sicherheit, dass zumindest auf dem Seeweg keine Waffen mehr von Syrien geschmuggelt werden, welche die schiitische Hisbollah vom Südlibanon aus im Kampf gegen Israel einsetzen könnte.

Der Verteidigungsminister schreitet einige Hundert strammstehende Soldaten und Soldatinnen in einer letzten Musterung ab. Er spricht von der »historischen Bedeutung« der Mission und hofft, dass es die deutsche Marine innerhalb der UNIFIL-Flotte (United Nations Interim Forces in Lebanon) schafft, »endlich Frieden in den Nahen Osten« zu bringen. Wie das gehen soll, ohne ein Wort mit Israel, der Hisbollah, der Fatah, der Hamas, dem Islamischen Dschihad, den neuen Gruppen der al-Qaida im Nahen Osten und überhaupt mit Syrien, Iran und den USA gesprochen zu haben, bleibt sein Geheimnis. Sei's drum, kleiner hat er es vielleicht gerade nicht gehabt – ich bin ohnehin nicht seinetwegen hier, sondern um mit jungen Soldaten ins Gespräch zu kommen.

Rund eine viertel Million Deutsche, darunter etwa 14 000 Frauen, verbringen ihr Leben an der Waffe. In vollem Bewusstsein, getötet werden zu können, eventuell selbst töten zu müssen, vielleicht schwere oder dauerhafte Schäden an Leib und Seele davonzutragen oder sie anderen antun zu müssen. Zum Schutze Deutschlands, zur internationalen Friedenssicherung.

In Wilhelmshaven heißt es für die Marinesoldaten und -soldatinnen nun aber erst einmal Abschied nehmen – um mit deutscher Beteiligung vielleicht einem kleinen Stück Frieden in einem kleinen Teil des Nahen Ostens ein wenig näher zu kommen.

Beim Gerangel um das beste Abschiedsfoto fällt ein Fotoreporter – der erste Kollateralschaden der Mission – ins Wasser, seine Ausrüstung sinkt, und er verletzt sich an der Stirn. Sofort eilen drei kräftige Frauen in Flecktarn mit Sanitätsrucksäcken herbei, die Sirene eines Notarztwagens ertönt, der Unglücksort wird gesperrt, der Fotograf geborgen. Eine nur kleine, aber beeindruckende Demonstration der Flinkheit der Bundeswehr.

Rund 1000 deutsche Soldatinnen und Soldaten laufen an diesem strahlenden Septembertag 2006 aus, um den fragilen Waffenstillstand zwischen Israel und der Hisbollah zu überwachen. Die Aufgabe ist klar definiert, und doch ist es für die Besatzungen eine Fahrt ins Ungewisse. Noch wissen einige der Marineangehörigen kaum mehr über ihre Mission und das dazugehörige Land als die voraussichtliche Wetterlage im Golf von Biskaya.

Einst war die Marine die Gattung, in der sich die abenteuerlustigsten, die weltoffensten Männer einer Nation einfanden; sie wollten die Weltmeere bereisen und fremde Länder, Menschen und Kulturen kennenlernen. Ist sie das heute noch?

Auch Mandy Forster*, 22, Obermaat aus Leipzig, wollte wegen ihrer »Liebe zur See« und der »Sehnsucht nach Weite« schon immer zur Marine. Sie hat heute auf dem Verbands-Führungsschiff »Mecklenburg-Vorpommern« die Aufgabe der Vorzeigesoldatin für die Presse erhalten. Obwohl der Abmarschbefehl seit Wochen in der Luft lag, hat sich Frau Forster noch nicht mit den Besonderheiten des Libanons, seiner jungen Demokratie, seiner lebhaften Geschichte und seiner Religionsvielfalt auseinandergesetzt. »Ich habe ein sehr mulmiges Gefühl aufgrund der unsicheren Lage im Nahen Osten«, sagt Forster. »Doch ich weiß, dass wir so gut vorbereitet sind, wie es nur geht.«

Die Sanitäts-Unteroffizierin ist erst seit acht Monaten als Zeitsoldatin bei der Marine verpflichtet. »Wir haben Aushänge auf den Booten, da kann man sich informieren«, gibt sie etwas schüchtern zu. Sie wisse aber schon, dass man »da im Libanon eher lange Sachen, nicht bauchfrei« tragen sollte.

Warum werden nicht konsequent alle deutschen Soldaten zur Vorbereitung solcher Einsätze auf Seminare zur »interkulturellen Landeskunde« geschickt? Offiziell muss jeder Soldat diese Kurse durchlaufen, doch ich hörte immer wieder, dass der Abmarschbefehl schneller kam, als der nächste Landeskunde-Kurs angesetzt wurde. Dort hätte Mandy Forster sicher auch erfahren, dass die Libanesen und auch die böse Hisbollah alles Deutsche lieben. Allem voran Hitler und den Massenmord an den Juden, dicht gefolgt von Michael Schumacher und Mercedes-Autos, die auch bei noch so unsachgemäßer Wartung jahrzehntelang funktionieren. Zudem ist ein ansehnlicher Teil der Mitglieder und Anhänger der radikalen Schiitenpartei mit deutschen Frauen verheiratet – ein Besuch beim Frauentreff der deutschen Gemeinde in Beirut genügt, um sich dessen zu vergewissern. Das mulmige Gefühl von Obermaat Forster hätte sich durch Informationen bestimmt etwas gelegt.

Einstweilen ist sie um Contenance und Professionalität bemüht. Freundlich und bestimmt lächelt sie in die Kameras und wiederholt geduldig zum zehnten Mal, dass »man Sorge vor Anschlägen« habe, aber »so gut es nur geht« vorbereitet sei. Wer sollte denn die deutsche Marine attackieren wollen? »Terroristen.«

Die junge Leipzigerin arbeitet als eine von neun Frauen gemeinsam mit 209 Männern auf ihrer Fregatte. »Natürlich hat man es als Frau bei so vielen Männern manchmal schwer«, gibt sie zu, doch generell herrsche so ein »guter Teamgeist«, dass geschlechterspezifische Probleme nur selten aufträten. Jetzt freut sie sich, dass die Wochen des Wartens vorbei sind und es endlich losgeht. Dass sie ihr Privatleben auf einen Spind reduzieren muss, stört sie nicht: »Wenn man mal kein Peeling hat, dann muss es auch ohne gehen.« Natürlich werde sie Freund und Familie vermissen, aber Internet und Mobiltelefon machten ständigen Kontakt möglich.

Hinter den Soldatinnen und Soldaten, aufgereiht im Spalier vor den mächtigen Booten, stehen ihre Familien und Freunde: gerührt, stolz – und beunruhigt. Wind kommt auf, und einige Matrosen- und Offiziersmützen werden in die Luft geworfen – wie in den US-Kriegsfilmen, in denen die erfolgreichen Befreier in den Hafen von New York einlaufen. Ebenso hollywoodverdächtig springen Kleinkinder ihren Vätern im Offiziersdress ein letztes Mal in die Arme, Frauen in Uniform tauschen unter Tränen leidenschaftliche Abschiedsküsse mit ihren Freunden in Jeans und Lederjacke.

Ein Stabsgefreiter erzählt, dass er und viele Kameraden Laptops mitnehmen und sie sich auf die langen Stunden auf See freuen würden. So könnten sie abends Online-Kriegsspiele wie »Counter-Strike« und »World of Warcraft« spielen.

Ein Blick auf die Uhr: die letzten Minuten des Beisammenseins. Für die Mutter eines Stabsgefreiten beginnt jetzt das große Bangen. Die Stimme der freundlichen, korpulenten Dame zittert. Ihr Sohn sei zwar schon am Horn von Afrika, im »Enduring Freedom«-Einsatz, gewesen, doch »das war Urlaub im Vergleich zu dem, was jetzt ansteht«, schildert sie auf Deck einer Fregatte, auf die sie mich an den Feldjägern vorbeischmuggeln konnte. Denn Presse ist bei nicht extra gebrieften Soldatinnen und Soldaten unerwünscht, und Eltern sollen gar nicht belästigt werden.

Ihr in voller Montur auf dem Deck stehender Sohn versteckt seine Aufregung hinter lässigen Sprüchen. »Wir wissen zwar wenig von dem Seegebiet, und das auch nur aus Karten, aber wir haben die lange Fahrt zur Vorbereitung«, sagt er. »Schön wär's nur, wenn ich Weihnachten nach Hause käme. Schließlich war ich schon die letzten drei Jahre zum Fest auf See.«

Um den hochgewachsenen, eloquenten jungen Mann, der lässig an einer Zigarette zieht, stehen seine Eltern und seine drei besten Freundinnen. Der Mutter merkt man den Stress der letzten Wochen und die Aussicht auf bevorstehende bange Monate an. Ob sie stolz sei auf ihren Sohn, der einen festen Job habe, Frieden und Demokratie in der Welt verteidige und mit Auslands- und Gefahrenzulagen 1800 Euro extra zum Gehalt monatlich verdiene? Jetzt lächelt sie ein wenig. »Ich muss mir immer Sorgen um ihn machen. Aber dass mein Junge seinen Berufstraum leben kann, macht mich ein bisschen froh.«

Die ersten Hörner tönen. Die Besatzungen gehen zackig an Bord, kurz darauf legen die Schiffe im Verband langsam ab. Musik erklingt. Für jedes Schiff des Flottenverbands stimmt die Militärkapelle »Muss i' denn, muss i' denn zum Städtele hinaus« an. Die Soldatinnen und Soldaten winken, breitbeinig auf ihren Decks stehend, ein paar übermütige Pfiffe gellen. Mütter, Freunde und Angehörige winken und weinen am Pier. Die ergreifende Dramaturgie, das jugendliche Alter der Akteure und die Ungewissheit der Mission – deutsche Kriegsschiffe im Nahen Osten! – lassen nicht nur die Angehörigen eine Träne verdrücken.

Und damit übernimmt die deutsche Marine das Kommando der UNIFIL-Mission MTF, der Maritime Task Force, des Flottenverbands der Vereinten Nationen zur See im Libanon.

In Beirut herrscht deshalb keine besondere Aufregung. Lebensmittel, Trinkwasser, Benzin und internationale Designerkleidung sind problemlos zu den üblichen Preisen erhältlich. Nur dann und wann stören die Konvois des Roten Kreuzes und des Roten Halbmondes, die in den zerstörten Südlibanon unterwegs sind, das friedliche Bild. Es scheint, als sei der Krieg im Zentrum dieses kleinen, leidgeprüften Landes fast schon wieder vergessen.

Februar 2007

Im Rahmen einer US-TV-Produktion über die deutsche Mission und die Hightech-Mehrzweckfregatten fahre ich im Februar 2007 vom UNIFIL-Stützpunkt Zypern aus an Bord der »Mecklenburg-Vorpommern« gen Beirut.

Am Tag vor der Abfahrt bekomme ich einen Vortrag durch die zuständigen Militärpresseoffiziere im Büro der Bundeswehr auf Zypern. Anhand eines PowerPoint-Referats werden die »Gefahrengebiete« zu Lande ausgewiesen. Die drei engagierten Herren der Marine demonstrieren, dass unsere Flotte auf Beschuss aus zehn palästinensischen Flüchtlingscamps im Libanon vorbereitet ist. Einige der armseligen, überbevölkerten Lager habe ich bereits besucht, und es ist bekannt, dass die verschiedenen Fraktionen dort auch Milizen unter Waffen haben. Allerdings handelt es sich dabei meist um alte Kalaschnikows und serbische Pistolen, maximal Panzerfäuste, nichts aber, was für eine deutsche Fregatte außerhalb der Zwölfmeilenzone der libanesischen Hoheitsgewässer gefährlich werden könnte.

Der Gaza-Streifen und zwei im Libanon als besonders gefährlich bekannte Camps sind nicht auf den Karten des deutschen Marine-Referats verzeichnet. Wieso die Bundeswehr gerade die Lager »Ar-Rafidiya« und »Ain el-Helwe« nicht auf dem Plan habe? Vor allem aber, wieso sei der schiitische Südlibanon als potenzielle Gefahrenzone ausgewiesen, Dachia, der südliche Vorort Beiruts mit Hunderttausenden Hisbollah-Anhängern, jedoch vergessen worden? »Wir bekommen die Informationen über die Gefährdungen im Einsatzgebiet von unseren militärischen Verbündeten aus Israel. Wir müssen ihnen vertrauen und nehmen jede Information zur Sicherung unserer Mission dankbar an.« »Aha, und wie verhält es sich mit dem Scheinangriff, den die israelische Luftwaffe unlängst auf ein deutsches Aufklärungsboot in internationalen Gewässern flog?« Lapidar antwortet der Presseinformationssprecher, dass das Vortäuschen von *friendly fire* unter befreundeten Marinen nicht ungewöhnlich sei. Dass Israel ohne vorherige Absprache fast ein deutsches Boot attackiert hat, sieht er als »Säbelrasseln« und nicht weiter bemerkenswert – »die wollten mal kurz zeigen, wer hier der Chef in der Region ist«.

Am kommenden Morgen betrete ich dann mit meinem deutsch-palästinensischen Kameramann Fahd Hariri die »Mecklenburg-Vorpommern«.

Wir bekommen eine Führung auf der Fregatte und sind beeindruckt von den beiden Antriebsdieselmotoren mit jeweils 5200 PS. Dazu gibt es Gasturbinen, die bei Bedarf als Booster eingesetzt werden können. Sie bringen das knapp 140 Meter lange Schiff auf die Höchstgeschwindigkeit von 29 Knoten, 53 Stundenkilometer. Die normale Marschgeschwindigkeit der Fregatte beträgt umgerechnet 35 Stundenkilometer, die sie über 7408 Kilometer ohne Tankstopp beibehalten kann. Bei 840 pro Tag zurückgelegten Kilometern könnte man so innerhalb einer Woche von Bremen nach New York fahren.

Die jungen Männer und Frauen, die wir während der Führung auf sechs Etagen in den schmalen, grauen Metallgängen treffen, sind allesamt genauso flink unterwegs wie das Schiff im Wasser. Sie salutieren uns und unserem Presseinformationsoffizier zackig und vorbildlich, schmiegen sich mit den Rücken an die Metallwände, um uns den Durchgang zu ermöglichen, und halten aufmerksam die verschiedenen schweren Metalltüren in den Gängen auf.

Unser heutiger Betreuer ist ein altgedienter Unterwasserminentaucher mit dem getönten Teint eines Seemanns und geschliffener Rhetorik. Er hatte die Presse beim morgendlichen Appell auf dem Deck angekündigt und seine Mannschaft anscheinend hart gebrieft – sodass jeder Soldat, den ich nebenbei anzusprechen versuche, verkündet, dass er »dazu keine Auskunft« geben dürfe.

Mittags erleben wir das organisierte Gewusel bei der

Essensausgabe. Diszipliniert in Reih und Glied stehen alle Bordmitglieder der unteren Ränge vor der Kombüse an, in der drei klischeegemäß rundliche Smuts in weißen Kochuniformen das deutsche Kantinenessen ausgeben. Allein das Anstehen ist nichts für Menschen mit Angst vor körperlicher Nähe oder Klaustrophobie; wohin das Auge schaut, ist alles voller Matrosen, Gefreiter, Maaten, Seekadetten und Bootsmänner.

Ein Smut nascht nebenbei einen Schokoriegel und fühlt sich durch meinen Blick ertappt: »Für die Nerven«, meint er, während der Ausgabe gehe es »schon stressig« zu. »Aber das hier ist nichts gegen die Arbeit auf 'nem U-Boot«, sagt er und lacht, »da muss man den Käse zwischen den Torpedorohren lagern und alle Vorräte in zig kleinen Ecken verstecken und dann auch schnell wiederfinden können. Ist schon o.k. hier, ich will nicht jammern!«

Wir dürfen in der Offiziermesse essen, bei 40- und 50-jährigen Seebären mit aufwendigem Bartschmuck, die nach dem Essen selbst gedrehte Zigaretten oder Pfeife rauchen. Sie plaudern mit der Gelassenheit erfahrener Seeleute nicht über die zu erwartende Gefahren-, sondern die kommende Wetterlage.

Nach der gemütlichen Mittagspause darf mir ein weiblicher Fähnrich zur See ihre Kajüte zeigen. Es ist Susanne Schindlers* erster Einsatz auf einer Fregatte. »Man gewöhnt sich an alles – muss man ja«, kommentiert sie trocken die Frage, ob das Leben in einer fensterlosen Kammer, mit einem Doppelstockbett und zwei Spinden, erträglich sei. Ganz begeistert scheint sie von ihren Arbeits- und Wohnbedingungen nicht zu sein. Mir kommt es vor, als ob sich die 22-Jährige fast ein wenig dafür schämt vor mir, einer anderen Frau, die garantiert luxuriöser wohnt. Doch sie gibt sich tapfer: »Ich bin ja nicht zum Urlaub hier, und außerdem werden in der

Ausbildung und im Einsatz noch Zeiten kommen, in denen man sich auf seine vier Stunden Schlaf hier unten freut.« Die Kabine von Susanne ist mit Postern von Badehosenschönheiten geschmückt, als wolle sie den männlichen Besatzungsmitgliedern mit ihren Pin-ups in nichts nachstehen.

Einen Freund, der an Land auf sie wartet, hat sie nicht, aber es sei auch schon schlimm genug, wie sie ihre Familie vermisse. So oft wie möglich versucht Susanne sich einen Rechner zu organisieren, mit dem sie ins Internet gehen kann. Mit diesem Wunsch steht sie allerdings nicht allein da. Die paar Computer, die der Besatzung dafür zur Verfügung stehen, sind immer viel gefragt und umlagert. Susanne hätte gern häufiger Kontakt mit der Heimat. Richtig wohl fühlt sie sich offenbar nicht auf ihrem ersten Einsatz. Die erforderliche Zähigkeit für ein Leben bei der Marine strahlt sie aber definitiv aus.

Nach der kleinen Visite im Privaten sollen nun die Verteidigungsfähigkeiten der Fregatte demonstriert werden. Mit einem aufwendigen Manöver: Die rote »Killertomate«, ein drei mal drei Meter großer Triangel aus Plastikplane, wird aufgeblasen und am Heck zu Wasser gelassen. Die Tomate ist ein Übungsziel, das mehrere Luftkammern hat und von dem 76-Millimeter-Kaliber-Geschütz am Bug der Fregatte versenkt werden soll. Alle Umstehenden bekommen Ohrstöpsel und Kopfhörer und müssen kontrollierten Sicherheitsabstand halten. Die beiden Schützen sind jung und aufgeregt. Es ist ihr erstes Mal an der großen Bordkanone, die See-, Luft- und Landziele in bis zu 20 Kilometern Entfernung treffen kann.

Die ersten – trotz Schutzmaßnahmen – ohrenbetäubenden Schüsse treffen nicht. Dann hakt die Kanone, und ehe sie wieder funktioniert, ist die Killertomate außer Sicht getrieben worden. Nach kurzer Absprache mit der Kommandobrücke bremst das Riesenschiff, macht eine dramatische Wendung und nimmt wieder Kurs auf den vermeintlichen Kurs der Tomate, die mittlerweile aber komplett abgetrieben ist. Allgemeines Gelächter, peinliche Betretenheit beim Presseinformationsoffizier, der sich diese Show ruhmreicher ausgemalt hatte. Er hat Glück, dass das Hightech-Radar unsere Hightech-Kamera außer Gefecht gesetzt hat. So werden nie Bilder von der Jagd der hochgerüsteten deutschen Marine auf die Killertomate über US-TV-Schirme flackern. »Wissen Sie, dafür machen wir ja Manöver und trainieren unsere Jungs, damit es im Ernstfall klappt. Na, heute sollte es wohl nicht sein – zumindest nicht bei diesem Kameraden«, sagt unser Info-Offizier versöhnlich und klopft dem nicht ganz treffsicheren Unteroffizier in Ausbildung väterlich auf die Schulter.

Als wir zwölf Seemeilen vor Beirut angekommen sind, müssen mein Kameramann und ich die »Mecklenburg-Vorpommern« verlassen. Sie wird nun in ihrer »Box«, ihrem Teilabschnitt, den Dienst verrichten. Boote und Schiffe »hailen«, also über Funk ansprechen und abfragen, eventuell kleine Schmugglerboote entdecken und den libanesischen Behörden melden.

Wir steigen – umgurtet, angeleint, mit Schwimmweste und Helm – auf das Schnellboot »Dachs« um. Innerhalb von drei Stunden soll das Boot, das hier in den Gewässern des Libanon seinen Dienst verrichtete, uns auf seinem Rückweg mit nach Zypern nehmen. Natürlich durfte die Besatzung nach beendetem viertägigen Einsatz keine Nacht in Beirut verbringen, bevor es zurück nach Zypern geht, ebenso wenig wie die Männer und Frauen der »Mecklenburg-Vorpommern« ihr Schiff verlassen dürfen.

Einige Matrosen unseres neuen Gefährts packen mich fest an Armen und Beinen und hieven mich an Bord. Die Besatzung des knapp 60 Meter langen Schnellboots ist über unseren Besuch freudig erregt. Sie war wochenlang, nur mit anderthalb Tagen Hafenliegezeit auf Zypern, auf Patrouille und fast ausschließlich unter sich. Der einzige internetfähige Bordcomputer darf nur von den Funkern genutzt werden, das Satellitentelefon ist ausschließlich für Notfälle, das private Handy meist im Funkloch. Schon nach einem kurzen Rundgang auf dem kleinen Boot bekommt man eine Idee davon, was es heißt, hier Dienst zu tun: Beschränkung der Privatsphäre und der körperlichen Mobilität auf ein absolutes Minimum, keine ruhige Minute allein, umschichtiges Schlafen und Essen. Teamgeist und bedingungsloses Zurückstellen der eigenen Bedürfnisse müssen über allem stehen. Bei 34 jungen Menschen, davon sechs Frauen und vier Offiziere, auf so engem Raum müssen Konflikte, so gut es geht, vermieden werden. Schnell gehe ich über die steile Metalltreppe, den »Niedergang«, wieder aufs Oberdeck über der Kommandobrücke.

»Super, dass du hier bist, wir fahren sonst nie so schnell wie's geht, das machen die bestimmt nur, damit du denkst, Marine ist eine spannende Sache.« Der junge Matrose wirkt locker, ich merke ihm an, wie er sich freut, mit einem unbekannten Menschen, noch dazu einer Frau, zu sprechen. »Aber dass wir hier stunden-, tage-, wochenlang nichts tun außer ›Ausschau halten‹, berichten die Presseoffiziere nicht, oder? Wir starren ewig lang aufs Wasser, denken an die Heimat und rauchen sinnlos viele Zigaretten«, erzählt der 20-Jährige, für den der UN-Einsatz auf einem Schnellboot noch vor Monaten eine spannende Aufgabe schien. Wir schauen in die tosenden Wellen, die direkt neben uns ans Boot krachen und es trotz des hohen Tempos schaukeln lassen. »Tja, so ist es hier, rumstehen und rauchen, und unsere Frauen taugen auch nichts. Die stehen so sehr ihren Mann, dass gar nicht auffällt, dass sie Frauen sind. Aber besser solche Frauen als gar keine.« Er lacht und wendet sich Sanitäts-offizierin Kerstin Schmidt* zu, für die der »Dachs«-Einsatz eine willkommene Abwechslung zu ihren mehrfachen Einsätzen in Afghanistan darstellt.

»Ach, ich bin doch nicht repräsentativ, das hier ist wie Urlaub für mich. Meine Erfahrungen aus Kriegsgebieten sind hier total überflüssig. Klar wird man abgebrüht, wenn man wie ich 16 Jahre im Dienst ist. Alle möglichen Verletzungen hab ich schon versorgt und die schlimmsten Todesarten gesehen, sodass ich mich selbst wundere, wie ich noch ruhig schlafen kann«, erklärt mir die 36-Jährige, die normalerweise in Usbekistan stationiert ist, offen heraus. Sie ist in ständiger Bereitschaft, um bei einem Attentat oder für humanitäre Hilfeleistungen nach Afghanistan zu fliegen. »Das Schlimmste für mich in der letzten Zeit war ein Anschlag in Kabul, bei dem ein Deutscher starb. Die beiden anderen wurden so schwer verletzt, da denkst du im ersten Moment nur, ob und wann die sich wieder freuen können, überlebt zu haben.«

Minen- und Splitterbombenopfer und von Kalaschnikow-feuer durchsiebte Körper, abgerissene Gliedmaßen und enthauptete Rümpfe seien ihr Alltagsgeschäft in ihrem derzeitigen Haupteinsatzgebiet.

»Unsere Jungs so zerfetzt zu sehen und wieder zusammenzuflicken – das geht unter die Haut. Du lebst dann erst mal nur für deren Überleben und ihr Durchkommen.«

Kerstin freut sich, nun mit einer jungen und fröhlichen Marinemannschaft, die vom Ernst des Krieges bislang verschont wurde, unterwegs zu sein. Aber sie weiß auch, dass sie diesen »easy Job« mental nur kurz erträgt. »Unsere Leute sind auf mich und meine Erfahrungen zum Glück nicht angewiesen, aber woanders werde ich dringend gebraucht.« Auf dem »Dachs« müsste sie höchstens mal eine Schnittverletzung des Küchenpersonals verarzten und bei stürmischer See Tabletten gegen Seekrankheit verabreichen.

»Brauchen Sie Medizin, oder möchten Sie sich in der Offiziermesse ablegen?«, höre ich eine Stimme hinter mir gegen den Motor und die tosende Gischt anschreien. Dankend verneine ich das Angebot des Informationsoffiziers, der dann auf das etwas weniger schwankende Unterdeck herabsteigt. Auf dem Schnellboot wird bei über 40 Knoten, 72 Stundenkilometern, die Hälfte der Besatzungsmitglieder seekrank. Wer zu den härteren Naturen gehört und keinen Dienst verrichten muss, findet sich plaudernd und scherzend auf dem Oberdeck ein, der Rausch der Geschwindigkeit will erlebt werden. Der Presseoffizier hat derweil keine Zeit zu verlieren, er sichtet unser Filmmaterial und löscht in mühevoller Kleinarbeit bei rumpelnder See die zahlreichen Bilder rauchender Soldaten und auch solche, die ungünstig von schräg unten aufgenommen wurden.

Vor Kurzem musste, so wird mir berichtet, ein Maat während des Einsatzes von seinem Schiff, einer Fregatte, gehen, da seine Frau ihn zu verlassen drohte und er daraufhin als suizidgefährdet eingestuft wurde. Zunächst kam der Pfarrer – die Bundeswehr beschäftigt evangelische und katholische Geistliche zur moralischen Unterstützung der Truppe auch auf hoher See – an Bord, um die Nachricht mit dem Maat zu diskutieren. Die Ehefrau hatte sich mit ihren Problemen an das Familienbetreuungszentrum für Bundeswehrangehörige gewandt. Im Gespräch stellte sich heraus, dass nur sofortige Anwesenheit daheim das Problem konstruktiv lösen könne. Der Maat bekam umgehend Sonderurlaub zur Rettung seiner Ehe.

Wir beeilen uns, schnell nach Zypern zu kommen. Die Besatzung hat eine Schwimmerlaubnis für heute Nachmittag erhalten, wenn alles gut geht, darf später noch im Mittel-

meer gebadet werden. Als wir endlich einlaufen – der Seegang war härter als vorausberechnet, die eine Hälfte der
Besatzung ist geschwächt durch die Seekrankheit, die andere Hälfte durchgefroren durch das tapfere Stehen am
Oberdeck in feuerabweisender, nasser Baumwolle –, ist die
Schwimmerlaubnis leider erloschen, da die Sonne längst
untergegangen ist. Auf der Urlaubsinsel Zypern ist unserer
Marine das Schwimmen im Mittelmeer ohne Genehmigung
aufgrund von Gefahr für Leib und Leben verboten! Selbst
die jahrelang ausgebildeten, hochqualifizierten Kampftau-
cher und Waffenschwimmer dürfen nur einmal pro Woche
ins Meer – um Muscheln unter dem Bug der Flotte abzukrat-
zen und den Hafen vor Ein- und Auslaufen der seegehenden
Einheiten nach Minen abzusuchen.

Das »Einlaufbier« darf noch genommen werden, dann beginnt für die Besatzung des »Dachs«, auf Zypern stationiert,
wieder der »langweilige Alltag« der Marine an Land. Hier, in
einem Drei-Sterne-Hotel mit auf britische Urlaubsgäste ab-
gestimmter Kost, mache das Marineleben keinen Spaß, erzählt der Oberbootsmann ein wenig resigniert. Denn natürlich würde man als Single davon träumen, ein Mädchen in
den zahlreichen Bars kennenzulernen, doch noch nie habe er
deutsche Urlauberinnen ohne Anhang getroffen, die dann
auch noch bereit gewesen wären, eine Beziehung mit einem
Mann, dessen erste Frau die See ist, zu führen. Klar »treffe«
man »mal ein Mädel oder zwei«, aber die Frauen in den Dis-
cos seien normalerweise fröhliche Engländerinnen, die zumeist einen über den Durst getrunken hätten und sich dann
dem britischen Brauch des Sich-Entblößens hingeben würden. Manchmal könnten sie bei Nicht-Beachtung sogar hand-
greiflich werden, bemerkt der Oberbootsmann grinsend.

Die UNIFIL-Mission ist bisher ohne Zwischenfälle abge-
laufen. Bis auf den »versehentlichen« Beinahe-Angriff der

israelischen Luftwaffe verlief der deutsche Marineeinsatz ruhig. »Unsere Mission ist zu 100 Prozent erfolgreich«, vermeldet die Presseinformationsstelle daher wenig überraschend. Nur Zigarettenschmuggler seien bisher den libanesischen Behörden gemeldet worden. Kein einziges Boot habe versucht, Waffen in die Zwölfmeilenzone, welche die Bundesmarine zusammen mit anderen europäischen Nationen zur See überwacht, »einzubringen«, wie das im Militärjargon heißt.

Juni 2008

Im Juni 2008 lädt mich die Marine ein, mit der Mehrzweckfregatte »Hessen« von Zypern nach Beirut zu fahren. Ein altes, aber noch funktionstüchtiges Sicherungsboot soll der libanesischen Marine in einer großen Zeremonie übergeben werden.

Mein heutiger Ansprechpartner als Presseinformationsoffizier ist Achim Winkler. Ein gestandener Fregattenkapitän, hochgewachsen, sportlich und mit säuberlich gestutztem Vollbart, wie es sich für einen noch nicht so alten Seebären gehört.

»Ahoi, Käpt'n Winkler, haben Sie die Seefahrergroßmacht Hisbollah noch unter Kontrolle?«, begrüße ich den MPIO (Military Press Information Officer) am Hafen von Limassol auf Zypern. Der Fregattenkapitän lächelt und bestätigt die offizielle Verlautbarung, dass die deutsche Marine bislang keine Schmuggelwaffen vor der libanesischen Küste aufbringen konnte. Es ist kein Geheimnis, dass Waffen nicht über den Seeweg zur Hisbollah in den Libanon gebracht werden. Es geht ganz einfach: mit alten LKW oder PKW von der Türkei nach Syrien, dann, wie gehabt, oft auch per Esel über das Libanon-Gebirge in das Hisbollah-Gebiet südlich des Flusses Litani, das seit 1978 den Vereinten Nationen unterstellt ist. Wie die Hisbollah vor Kurzem offiziell verkündete, ist sie dabei, 150 Dörfer in der Region wieder aufzurüsten.

Der Kapitän und ich stehen vor der beeindruckenden Fregatte »Hessen« und beobachten die letzten Arbeiten, die vor dem Ablegen erledigt werden müssen. Ob er die aktuellen Nachrichten aus der Region verfolge und was er dazu denke, will ich von ihm wissen. Natürlich sei er informiert, dass die Mission eher »symbolischer Natur« und die historische Bedeutung wichtig sei. Israel habe um die deutsche Unterstützung gebeten, »dass man dem gern nachkommt, ist selbstverständlich. Ob unsere Anwesenheit hier konkret etwas bringt? Nun, sagen wir mal so: Unsere Anwesenheit hat auf jeden Fall abschreckende Wirkung, denn wir finden jeden und bringen auch Boote auf. Das spricht sich in den betreffenden Kreisen rum.« Der Kapitän schmunzelt vielsagend in seinen grauen Bart. Darüber, dass die »betreffenden Kreise« ohnehin eher die Landschmuggelrouten nutzen, ist er informiert, und er weiß auch um die Problematik, diesen Schmuggel zu unterbinden. Bei den chronisch unterbezahlten Militärdienstleistenden an der syrisch-libanesischen Grenze sind Korruption und Schmuggel selbstverständlich.

Aber Israel ist mit dem Einsatz der deutschen Marine sehr zufrieden und hob die Seehandelsblockade gegen sein nördliches Nachbarland umgehend auf – wenigstens kann sich die deutsche Marine nun rühmen, dem Libanon so auf dem Weg zur Normalisierung, zu einer stabileren Wirtschaft und langfristig besseren Lebensumständen für alle Libanesen zu helfen.

»Nun, offiziell kann ich nur sagen, dass wir unsere Mission sehr gut erfüllen«, wiederholt der Kapitän, erklärt dann aber auch ein wenig selbstironisch, selbst wenn die gesamte Bundesmarine die libanesische Küste abschotten würde, werde der Waffennachschub über die unmarkierten Grenzen im Gebirge trotzdem nicht versiegen.

Wie die Besatzung dazu stehe? »Ach, wissen Sie, viele verrichten einfach nur ihren Dienst, sind in der Ausbildung, denken an ihre Karriere – die interessieren sich nicht so sehr für die politischen Differenzen im Libanon oder gar im Nahen Osten.«

Die Hörner ertönen, wir müssen schnell an Bord und legen fünf Minuten nach dem ersten Ton ab. Später plaudere ich ein wenig mit Boots- und Oberbootsmännern. Eine gesunde Einstellung zu ihrem Arbeitgeber scheinen sie zu haben, und die Mission belastet ihre Seele offenbar nicht. »Was denn, wir sind erfolgreich und machen unsere Sache zu 100 Prozent!« Über die 66 Euro Auslandszuschlag freuen sie sich und darauf, irgendwann mal wieder an Land gehen zu können, in Beirut dürften sie leider nicht von Bord, da es »zu gefährlich« sei. Was da »so richtig los ist« im Libanon, dass sei »eh ganz schön kompliziert und sollte von denen da unten« selbst geregelt werden.

Ich bin nur kurz Gast auf der Fregatte und will nicht sofort allzu tief in die Seelen der jungen Männer eindringen. Aber ich frage mich natürlich schon, wie die Soldaten mit Kritik an den Einsätzen oder der Tatsache, dass weiterhin über die Landwege geschmuggelt wird, umgehen.

Fregattenkapitän Winkler weiß bereits durch einige Telefonate, dass ich das schwache UN-Mandat kritisch sehe. Selbst wenn die deutsche Marine verdächtige Schiffe erkenne, räumt er ein, bedürfe es einer Genehmigung der libanesischen Marine, um die kleinen alten Barkassen, deren Besatzung meist kaum etwas anderes als Zigaretten zu schmuggeln versuche, »auf See aufzubringen«. Auch gestalte sich die Kommunikation mit den selbst für studierte Arabisten kaum zu verstehenden Einheimischen schwierig.

Auf dem Schiff herrscht organisiertes Gewusel. Es gibt deutsches Frühstück mit liebevoller Frischobst-Dekoration in der Offiziermesse. Ein Offizier will meine Aufmerksamkeit durch Erzählungen über seine Tauchabenteuer vor Zypern wecken. Doch wir werden durch das Kommando »Flugbereitschaft« aus den Lautsprechern unterbrochen.

Kapitän Winkler und ich eilen auf das Oberdeck. Er merkt an, dass ich »vernünftiges Schuhwerk«, Militärstiefel, trage. Denn nichts sei anstrengender als die Sorge um eine Journalistin, die beim Klettern über die zahlreichen Treppen im Schiff ständig mit ihren Absätzen in den Metalllöchern stecken bleibe. »Plateaustiefel und Stilettos, Miniröcke und offene Mähnen im Wind – alles schon mal da gewesen, manchmal weiß ich nicht, was Ihre Kolleginnen sich so über die Marine ausmalen«, scherzt er.

Durchsagen aus den allgegenwärtigen Lautsprechern: Zigaretten aus auf dem ganzen Oberdeck, der Bordhubschrauber Sea Lynx MK 88 A hebt ab! Doch natürlich nicht einfach so, erst nach einigen Sicherheitsmaßnahmen. Schutzbrillen und Schwimmwesten für uns Zivilisten – wie immer geht die Sicherheit vor.

Unser Helikopter, der »Meer Luchs«, ist hübsch bunt mit Maskottchen bemalt, man sieht ihm kaum an, dass er für Missionen wie U-Boot-Jagd mit tiefenvariablem Sonar ausgestattet ist und Torpedos abschießen kann. Ein super Gerät, der 13,3 Meter lange Hubschrauber, aber vielleicht etwas *over the top*, denn die einzigen, die in der Seeregion der Levante U-Boot schippern, sind die befreundeten Seefahrernationen USA und Israel. Der Sea Lynx wird bei UNIFIL aber vor allem als »fliegendes Auge«, also als Spähhubschrauber, verwendet.

Die Betriebsstunde wird mit knapp 30 000 Euro veranschlagt. Bei der US Army berechnet man nur den benötigten

Sprit, so kommt ein Preis von rund 4000 Dollar pro Flugstunde zusammen. Doch bei den Deutschen werden Krankenversicherung für das Personal, Abschreibungen, anteilige Wartungsstunden und all solche einmalig deutschen Dinge mitberechnet, sodass die theoretischen Kosten schwindelig machen. Ich darf 40 Minuten »Karussell« fliegen, wie ein abgefahrener Show-Flug im Bundeswehr-Slang heißt. Die Piloten und den mitfliegenden Techniker höre ich den ganzen Flug über vor Freude jauchzen.

Nach meiner aufregenden Karuselltour suche ich den Kontakt zu einigen Frauen an Bord. Insgesamt verrichten 17 ihren Dienst auf der »Hessen«. Wie es ihnen denn unter so vielen Männern ginge und ob es ihnen gefalle, wollen sie gar nicht recht beantworten. Ob einer der frechen Matrosen mir schon schöne Augen gemacht habe, wollen sie wissen und warnen mich, dass ich mich bloß von diesem geschniegelten Angeber-Offizier fernhalten solle. Er umgarne immer sofort alle weiblichen Gäste an Bord und mache einen auf jugendlich, dabei sei er schon 40. Ob er sie auch anmache? »Gott bewahre, uns macht hier niemand an!«, antwortet eine kräftige Frau mit streng zusammengebundenen Haaren. »Uns nehmen die als Frauen gar nicht ernst! Die stehen eh auf ganz andere.« Obwohl theoretisch sogar Beziehungen innerhalb militärischer Liegenschaften – und eine seegehende Einheit gilt als solche – gestattet werden, kann sich keine vorstellen, mit einem Kameraden der eigenen Einheit eine Beziehung anzufangen. Die Frauen, die ich befrage, haben Freunde bei anderen Einheiten der Bundeswehr oder sind Singles. Leider erscheint schon bald die Skyline von Beirut, die Mädels müssen sich an ihre Einlaufpositionen verabschieden.

In Beirut eingelaufen, kommen zunächst libanesische Hafenmilitärs an Bord und halten mich drei Stunden lang in einem Raum fest, denn das Fax mit meinem Namen, Geburtsdatum und meiner Passnummer ist unauffindbar.

Während ich den gestrengen Blicken und prüfenden Fragen dreier hochdekorierter libanesischer Militärs standhalten muss, bereitet sich die Besatzung der »Hessen« derweil schon auf den großen Empfang der deutschen Botschaft vor, der für den Abend geplant ist. Oberbootsmänner schleppen DJ-Mischpulte herbei, eine Lichtanlage, die man eher auf dem Clubhotelschiff »Aida« als auf Deutschlands modernster Fregatte vermuten würde. Der Helikopterraum wird mit niedlichen weißen Stehtischchen mit blütenreinen, gestärkten Tischdeckchen und deutsch-libanesischen Wimpelchen dekoriert, das Oberdeck gründlich gewienert und ein roter Teppich über die Metalltreppe geworfen, auf dass auch keine der später geladenen lokalen Damen mit waffenscheinpflichtigen Schuhen auf ihr stolpern möge.

Als nach drei Stunden langsam klar wird, dass ich keine Illegale oder Spionin bin, darf ich mit einem privaten Vermittler von Bord. Auch wenn ich schon oft in Beirut war, phasenweise dort lebe – nach dem ordentlich und strikt organisierten Tag auf der Fregatte erlebe sogar ich alter Hase bei meinem Einreiseverhör mal wieder einen kleinen Kulturschock. Wie muss es erst unseren braven Jungs von der Marine mit ihrem Schulenglisch, ihren vorschriftsmäßig gestutzten Haaren und sauberen Fingernägeln ergehen, wenn sie eines Tages tatsächlich allein von Bord gehen dürfen? Mindestens die Abzocke durch die gewieften Taxifahrer, die jedes Greenhorn sofort erkennen, scheint vorprogrammiert.

Unsere »Hessen« kümmert all dies heute wenig, sie erstrahlt zum Empfang der deutschen Botschaft prächtig im Lichterschein. Der Weg zur Fregatte ist feierlich durch ein Fackelspalier geschmückt. Der Empfang ist ganz bezaubernd. Die jüngsten Matrosen (von den älteren abfällig »Stewardessen« genannt) servieren Häppchen und Sekt in Ausgehuniform. Nach Beendigung des Services dürfen sie auch ein paar Bierchen trinken und werden mir gegenüber so frech und lustig, dass selbst die hartgesottene Berlinerin in mir irgendwann aufgibt, auf ihre Sprüche kontern zu wollen. Sie haben Wochen ohne Frauen hinter sich, ich bin die einzige in noch greifbarer Nähe, bevor es wieder monatelang zur See geht. Auf die Frage, was denn mit den 17 an Bord stationierten Frauen sei, winken sie ab. »Ach, unsere Frauen sind ja Soldaten und wollen auch gar nicht, dass wir sie als Frauen sehen. Und abgesehen davon: Sie sehen auch nicht wie Frauen aus.« Allgemeines Gelächter über die Frauen, die alles tun, um als gleichberechtigt gesehen zu werden.

März 2009

»Auf gleicher Augenhöhe« – Eine Ausbildungseinheit für die libanesische Marine

Wenn man vom neu aufgebauten Stadtzentrum Beiruts in Richtung Hafen blickt, kann man sie sofort an ihrer majestätischen Größe erkennen: Die »Werra« ist eingelaufen, um die libanesische Marine in der Ausbildung zu unterstützen. Mit ihren mächtigen 100 Metern Länge und 15 Metern Höhe versorgt die »Werra« kleinere Boote der an der Mission beteiligten Nationen mit Kraftstoff, Nahrung, Wasser und Munition. Auch führt sie, in Containern auf dem Deck verstaut, Werkstätten und Ersatzteillager mit sich, ebenso wie »Systemunterstützungsgruppen«, Techniker, die fast alles reparieren können, was auf See bei einer anderen seegehenden

Einheit kaputt gehen könnte – sofern es die Techniker der Einheit nicht selbst richten können.

Ich werde um acht Uhr an der Hafeneinfahrt abgeholt, um von einem deutschen Kapitänleutnant in Empfang genommen zu werden. Der stahlgraue Koloss wird von den Marinesicherungskräften (MSK) bewacht, ich erinnere mich an die Worte der Marineschutzkräfte vom »Dachs«, dass es »ein Horror« sei, vor Beirut zu liegen, da von jedem der unzähligen, unübersichtlichen Häuserdächer stets mit Sniperbeschuss gerechnet werden müsse.

Ich passiere mit Kapitänleutnant Paulsen die letzte libanesische Wache im Hafen, die Männer des lokalen Militärs sind entspannt, rauchen und flachsen herum. An der Pier der »Werra« werde ich wieder an den militärischen Ernst erinnert, dort stehen deutsche MSK-ler mit schusssicherer Weste und geschulterten Gewehren. Sie bewachen das Versorgungsschiff, das von Zypern herübergekommen ist, um einen Ausbildungsabschnitt mit der libanesischen Marine zu trainieren. Ein Ausbildungsabschnitt ist ein kleiner seemännischer, technischer oder organisatorischer Lehrgang, der auf einen halben oder einen ganzen Tag angelegt ist.

Wir gehen die Stelling hoch aufs Schiff, ich werde durch stählerne Gänge und Schleusen in die Offiziermesse geleitet. Fregattenkapitän Ahlborn und sein Kollege Gabrys begrüßen mich.

Ab zehn Uhr soll ein Team der libanesischen Marine in einer »Abschlussübung« zeigen, was es innerhalb der sechs- bis achtwöchigen Unterrichtseinheiten bei den Deutschen gelernt hat. Heute stehen ein Training zur Brandabwehr sowie ein Boarding, also die Suche nach versteckten Waffen, auf dem Programm.

Beim reichhaltigen deutschen Frühstück erklärt mir Paulsen seine Arbeit an Bord. Er hat früher als Journalist beim

NDR gearbeitet und ist nun für die Führung des Einsatztagebuches zuständig, in dem er »für die Geschichtsschreibung und zum Nachvollziehen, falls mal etwas schieflaufen sollte«, die Erlebnisse und Entscheidungen eines jeden Tages zusammenfasst. Der deutsche UNIFIL-Chronist. Dazu muss er die »Tägliche Meldung« an das Einsatzführungskommando zusammenstellen und zeitgerecht übermitteln, im Gegenzug die »Tägliche Weisung« erhalten und sich um die Presse kümmern. Er freut sich über mein Interesse, da die UNIFIL-Mission im Zuge der ganzen Piratendiskussion in der Heimat aus dem öffentlichen Blickfeld geraten sei. »Dabei haben wir hier die einmalige Chance, eine UN-Mission einmal erfolgreich durchzuführen!« Von welcher UN-Mission könne man das schon behaupten? Dass die Deutschen ihre Patrouillenfahrten zu »100 Prozent erfolgreich« erledigten, wurde mir bereits mehrfach bestätigt. Auch wenn hier vielleicht nie versucht wurde, Waffen über den Seeweg zu schmuggeln, so kontrolliert Deutschland nun immerhin, dass es auch in Zukunft nicht passieren wird. Wie aber steht es um die zweite wichtige Aufgabe – die Ausbildung der Libanesen? Ist der Aufbau der hiesigen Marine messbar?

»Die Kameraden sind sehr eifrig, und man sieht schon Fortschritte«, berichtet Fregattenkapitän Ahlborn beim Kaffee. »Ich bin da ganz zuversichtlich, dass sie das in absehbarer Zeit allein können, sofern sie das richtige Material bekommen, um ihre Küsten selbst zu sichern.« Wie lange es dauern wird, vermag er nicht genau zu schätzen, vielleicht noch zehn Jahre? Immer vorausgesetzt, dass sich der Libanon politisch weiter stabilisiert und die Ausbildung der Kameraden erfolgreich fortgesetzt wird. Immerhin: Die Küstenüberwachung per Radar würden sie mit den drei von Deutschland übergebenen Küstenradarstationen schon fast selbstständig hinbekommen.

Seit Ende 2006 werden hier im Beiruter Hafen und auch auf See verschiedene Manöver mit immer wechselnden Soldaten der *Lebanese Navy* durchgeführt. Mit und auf deutschen Booten und Schiffen und den paar kleineren, älteren, allesamt nicht hochseetauglichen Modellen, die Libanon bislang von Deutschland und anderen Nationen geschenkt bekommen hat.

Leider führen die libanesischen Kommandanten aber keine Listen oder Bücher, in denen sie die Namen der Teilnehmer notieren. Keine Namen, keine Anwesenheitspflicht, keine eigene Kursorganisation. Die Soldaten, die zum ein- bis zweimal pro Woche stattfindenden Unterricht erscheinen, besuchen die Kurse nicht regelmäßig. »Durch die wechselnden Teilnehmer ist kontinuierlicher Unterricht, wie wir ihn langfristig planen, leider nicht mit maximalem Erfolg durchführbar«, erklärt einer der beiden jungen Ausbildungsleiter diplomatisch. Vielleicht möchte er auch sagen: »So ist das Ganze, all unsere Mühen vollkommen sinnlos, wir können hier doch keine Prüfungssituation simulieren, wenn gerade mal einer der Prüflinge bisher etwas von Brandbekämpfung gehört hat und der Rest der Truppe ungeschulte, gelangweilte Wachsoldaten sind.« Er sagt es aber nicht, sondern bleibt neutral und offiziell zuversichtlich.

Die beiden Pädagogen, die ihrer »Verwendungsreihe«, also ihrem Tätigkeitsbereich nach die Spitznamen »N7-er« tragen, stellen die Trainingspläne immer unter Berücksichtigung der libanesischen Wünsche zusammen. Vor allem aber werde immer auf gleicher Augenhöhe, nicht mit erhobenem Zeigefinger unterrichtet, auch wenn die libanesische Marine auf einem unvergleichbar niedrigeren Ausbildungsstand als die deutsche sei. »Doch wie soll man den Libanesen etwas beibringen, wenn nie die gleiche Gruppe zu uns kommt?« Ein wenig resigniert fügt der N7-er hinzu, dass die hiesigen Kommandanten die Kursteilnehmer morgens an der Pier beliebig einsammeln würden. Ohne Vorbereitung, ohne anständiges Briefing. Wenn man als Ausbilder Glück habe, so hätte man den einen oder anderen Soldaten schon mal bei einem Erste-Hilfe-Training gesehen.

Die Offizierausbildung, die auch in Deutschland und den USA stattfindet, laufe hingegen zu großer Zufriedenheit. Die Offizieranwärter kommen aus der gebildeten Oberschicht, strebten aber eher nach Posten im Heer und in der Politik, als dass sie sich um die Marine kümmerten.

Um zehn Uhr soll die Übung beginnen, aber schon um 9 Uhr 20 finden sich die beim Training federführenden »Werra«-Besatzungsmitglieder auf der Brücke ein. Das anstehende Programm ist klar, die beiden Ausbildungsleiter gehen es mit mir durch. Die Libanesen sollen einen Brand löschen, dabei zwei Verletzte und einen Vermissten finden, Vitalfunktionen testen, Nothilfe leisten, bergen, die Verletzten in den Sanitätsbereich verbringen. Die Sanitäter sind schon seit Stunden am Schminken von Wunden, die Darsteller, Besatzungsmitglieder der »Werra«, sind gut gebrieft. Wenn die Gäste »gerettet und gelöscht« haben werden, wird ihr Kommandant einen Brief bekommen: Illegaler Waffenfund an Bord! Darauf werden sie reagieren müssen.

Seit 9 Uhr 45 Uhr cruist ein kleines schmuddeliges Motorboot längs der »Werra«. Darauf steht ein wichtig posierender Kommandant mit Funkgerät eng vor dem Mund. Das kleine Boot fährt hin und her, im deutschen Funkstand funkt man mit dem Kommandanten und amüsiert sich. Die Übung ist mit offenem Ende angelegt. Es dauert, so lange es dauert, stressfrei und hoffentlich lehrreich für alle. Nach mehreren Nachfragen haben die Libanesen erkannt, dass sie sofort an Bord unseres Schiffes kommen sollen und dass die Übung ohne das landesübliche gemeinsame Kaffeetrinken beginnt.

124

Hätte beginnen sollen. Sie läuft – nach deutscher Zeitrechnung – bereits seit einer Viertelstunde.

Gegen 10 Uhr 20 legt die libanesische Einheit mit ihrem alten Boot längsseits der »Werra« an und besteigt das große Schiff über eine wackelige Strickleiter. Eigentlich sollte die Übung auf See stattfinden, wurde aber wegen zu schwieriger Wetterbedingungen doch auf den Hafen umdisponiert. Als alle neun Mann an Bord sind, warte ich darauf, dass sie zumindest versuchen, sich zu formieren. Nichts. Sie stehen einfach lasch herum, anscheinend schon jetzt gelangweilt ob des bevorstehenden Jobs. Der Kommandant legt Wert darauf, bedeutend zu wirken, er trägt eine verspiegelte Sonnenbrille und steht breitbeinig vor seiner zusammengewürfelten, in schäbige alte Uniformen gekleideten Gruppe von neun Männern. Die beiden N7-er stellen sich kurz vor.

Die Übung geht sofort los, die Ausbildungsleiter, die Ärztin Natalie* und ich eilen mit der Gasteinheit zum hinteren Teil des massiven Schiffes. Der Kommandant nimmt seine Sonnenbrille langsam ab und gibt sie einem seiner Soldaten. Dann reden sie ein wenig miteinander, bevor er erklärt, dass nun alle bereit seien.

Rauch quillt aus dem hintersten Schott des Tenders. Die Übung und die Zeit laufen! Drei Libanesen zücken ihre Digitalkameras und werden fortan der Übung nur noch filmend beiwohnen. Das libanesische Team berät sich, vielleicht drei, vier Minuten lang. Dann ziehen ein sehr kleiner und ein sehr großer Libanese hochmoderne deutsche Feuerschutzanzüge an, setzen die Atemgeräte auf und stürmen mit der Wärmebildkamera voran gen Brandherd. Der Kleine hat bereits einmal ein Training an diesen Geräten absolviert und der Große zumindest einen deutschen Erste-Hilfe-Kurs mitgemacht. Doch mit den Atemluftgeräten kommen sie nicht zurecht, ständig hört man die Pressluft aus der Gesichtsmaske entweichen. Bei dem einen sitzt die Maske überhaupt nicht, niemand macht sich die Mühe, sie ihm richtig aufzusetzen.

Der Kleine ist der Einzige, der schon einmal mit dieser Feuerabwehrausrüstung gearbeitet hat, und sichtlich überfordert damit, jetzt in diesem viel zu großen, schweren und heißen Anzug, dessen Jacke ihm bis unter die Knie geht, vor sieben Kameraden und versammelter deutscher Mannschaft zu bestehen. Und dazu noch seinem Kollegen die Ausrüstung zu erklären. Trotzdem wagt er sich direkt in den Rauch vor, sein Kollege folgt, und nach zwei Minuten kommen beide vor Schweiß triefend und mit roten Gesichtern unter den Hightech-Masken wieder aus dem Bug gekrochen. Von Verletzten keine Spur.

Die beiden N7-er besprechen sich leise neben mir: »Maske schlecht aufgesetzt, das verkürzt die Zeit, in der man vernünftig atmen und arbeiten kann«, »Wärmebildkamera vollkommen falsch eingesetzt«, »Atemgerät nicht zu bedienen gewusst«. Nachdem die libanesischen Kameraden ihren Feuerkämpfern auf Anregung zweier Deutscher hin die Maske gerichtet haben, fällt ihnen die Aufgabe wieder ein: Zwei Verletzte, ein Vermisster sind noch zu bergen!

Zu fünft stürzen sie sich in den Nebel, unter ihnen ein beherzter Feuerkämpfer, der nun spontan zu einem Feuerlöscher greift und überall Löschstaub versprüht. Der Feuerlöscher gehört zum Tender und sollte in der Simulation mit den Hightech-Löschinstrumenten eigentlich nicht mitspielen. Nun rennen sie alle dem Staub hinterher, sehen nichts mehr, kommen zurück aus dem Schiff, müssen warten, bis sich der Feuerlöschstaub legt – und auf geht es, auf ein Neues ins brennende Schiff. Auf dem »Dachs« habe ich gelernt, dass ein Brand innerhalb von drei Minuten bekämpft sein muss. In maximal drei Minuten, sonst sollte das Schiff evakuiert werden – wenn es dann noch geht. Das Procedere hier dauert schon über 15 Minuten.

Endlich schleppen fünf Libanesen eine verletzte Frau und einen verletzten jungen Mann aus dem Schiff. Die Frau, stämmig, mit kurzen braunen Haaren, schreit von nun an über 30 Minuten hinweg, als ginge es um ihr Leben: »My Hands!« »Help me!« Die Sanitäter haben ihre Hände und Arme mit Theaterschminke als komplett verbrannt dargestellt, es sieht verdammt echt aus. Niemand, der je an einem Erste-Hilfe-Kurs teilgenommen hat, wäre auf die Idee gekommen, das gespielte Opfer an diesen Stellen anzufassen. Nicht so aber die Nachfahren der Phönizier: Sie schleppen die 80-Kilo-Frau einfach an ihren schwarz verkohlten Armen aus der Tür und lassen sie aufs Unterdeck knallen. Die vier Mann der Gruppe, die nicht aktiv involviert sind, stehen im Abseits und unterhalten sich, schauen ihre Handys an, scherzen und warten auf den Feierabend. Oder sie filmen so, wie sie sich wohl eine »actionreiche« Kameraführung vorstellen. Was für eine absurde Art der Abschlussprüfung »auf gleicher Augenhöhe«, soll hier die Improvisationsfähigkeit der offensichtlich komplett desinteressierten lokalen Wassermacht getestet werden? Aber woher hätten die hier anwesenden Männer es auch wissen sollen? Gerade einer aus der Gruppe hatte das Glück, bereits einmal an einem deutschen Erste-Hilfe-Kurs teilnehmen zu können. Und nur ein Zweiter hatte den Umgang mit dem teuren modernen Feuerlöschgerät wenigstens einmal geprobt.

Die überwachende Ärztin, Natalie, schüttelt den Kopf, als sie sieht, wie der zweite Verletzte, ein Mann mit offen klaffender Wunde und einem hervorquellenden Unterarmknochen, hochgeschleppt wird. Hygiene, Puls messen, Atemfunktionen überprüfen, Druckverband – nix da. Der Junge wird unsanft auf den Boden gelassen, ein vielleicht 50-jähriger Libanese holt einen Mullverband aus einer schwarzen Tasche und verbindet damit die Fleischwunde.

Die beiden N7-er tuscheln immer schneller und leiser. Was kann noch alles schiefgehen? Ob der Kommandant überhaupt informiert ist, dass es hier um eine Art Prüfung geht? Weshalb weiß auch er nicht, was zu tun ist? Wieso haben die Kommandanten, die in den vorhergehenden Wochen die Kurse besuchten, Erlerntes nicht weitergegeben? Wie kann es sein, dass es neun Soldaten aller Altersstufen an den einfachsten Erste-Hilfe-Kenntnissen mangelt?

Auf dem Nebenschauplatz wissen die beiden Schüler nicht mit der immer lauter schreienden Frau umzugehen. Wie auch das andere Opfer hustet sie ständig, um ihre behandlungsbedürftige Rauchvergiftung zu simulieren. Die Männer stehen ratlos herum. Nach einer Anschau- und Bedenkzeit von vielleicht fünf Minuten gibt der 50-Jährige ihnen die schwarze Tasche. Sie ziehen eine Creme hervor, deren Inhalt sie großzügig auf den verbrannten Armen verteilen. Dann wickeln zwei Soldaten auf geradezu naive Weise schlecht sitzende Verbände um die Arme der Darstellerin und verlangen, dass sie eine steile Metalltreppe zum Oberdeck, in den bordeigenen OP hochklettert. Dass die Verletzte immer weiter »My Hands« schreit und ihre schwarz verbrannten Hände in die Luft reckt, interessiert niemanden. Die ausführenden und umstehenden Libanesen albern herum und nehmen die Situation nicht ernst, zu skurril erscheint ihnen wohl das Szenario mit der verbrannt-bemalten Deutschen – in ihrem Heimathafen, bei Sonnenschein.

Zwei weitere Libanesen klettern aus dem Rumpf der »Werra«, sie sind auf die Suche nach der vermissten Person fündig geworden und zerren einen Mann in ölverschmierter Latzhose mit einer schlimmen Kopfverletzung ans Licht. Erneut vergessen die Behandelnden AIDS-Handschuhe, Desinfektion und Druckverband. Ein, wie Natalie sagt, sogar gefährlicher und schlecht sitzender Verband wird stümperhaft und viel zu eng um den Hals gelegt, und als der Darsteller getreu seinem Zeitplan zwei Minuten nach Bergung Bewusstlosigkeit simuliert, beginnen die lokalen Ersthelfer damit, ihn wachzukitzeln. Keine Puls-, Atem- oder Blutdruckkontrolle. Die N7-er notieren alle Fehler akkurat in ihren Büchlein.

Als das libanesische Team alle Opfer mehr oder weniger sicher auf das Oberdeck geleitet, gehoben oder geschoben hat, wo die Verletzten professionell weiterbehandelt werden sollen, erhält der Kommandant einen Umschlag: »We found illegal weapons« steht in dem Brief, und dass diese sofort zu finden und die Lage zu sichern sei. Der Kommandant greift zum Funktelefon, während sein Team weitab von den Deutschen herumsteht und wieder herumflachst. Nach rund zehn Minuten des Herumtelefonierens will er sich von der »Werra« verabschieden, er teilt in holprigem Englisch mit, dass er das eine, trainierte Boarding-Team angerufen habe und dieses im Anmarsch sei. Sein Chef aber erwarte uns jetzt zum Kaffee, ob wir nicht mitkommen wollten? Doch die Deutschen lehnen dankend ab und wollen unbedingt noch das Debriefing, in dem den Azubis erklärt wird, was alles falsch gemacht wurde, geben.

Der Kommandant der Libanesen sollte nun, so möchte man meinen, seine Männer um sich sammeln, sich als einziger Englischsprachiger die Kritik anhören und übersetzt weitergeben. Doch er hat nur sein Funktelefon in der Hand, die Sonnenbrille wieder aufgesetzt und den Job aus seiner Sicht erledigt. Dass Natalie ihm nun erklären soll, was für katastrophale, allesamt tödliche Fehler sein Team begangen hat, interessiert ihn nicht. Er schaut sie gelangweilt an und nickt manchmal, aber nur, wenn die Herren ihm die Dramatik der Simulation nahezubringen versuchen: Nicht nur wären heute alle Opfer gestorben, ihren Verletzungen oder den nicht behandelten Rauchvergiftungen erlegen, auch das Schiff wäre abgebrannt und gesunken! Was war das für eine Creme, die den Verbrannten aufgetragen wurde, wieso hat niemand erst mal einfach Wasser zum Kühlen benutzt? Wieso ist der Kopfverband geradezu riskant angelegt worden? Wieso sind die Verletzten über den Anti-Rutschbelag-Boden gezerrt worden, ob er eine Vorstellung davon habe, wie weh das tun würde, aber das nur am Rande? Keine Antworten.

Der Libanese lacht ein wenig betreten, macht sich keine Notizen, übermittelt seinen Männern keine Kritik. Als die Pädagogen ihr ernsthaft und eingängig vorgetragenes Debriefing beenden, sieht man, dass der Kommandant nichts verstanden hat, vermutlich auch nichts verstehen wollte.

Er pfeift seinen Trupp zusammen. Alle verschwinden schnell und nicht mal peinlich betreten von der »Werra«, zurück auf ihr kleines Boot. Die beiden N7-er wollen nun meine Einschätzung wissen, warum der libanesische Kommandant so desinteressiert und abwesend auf die Kritik reagiert habe. Ich sage, was ich denke: Dass diese Männer in einer starken, natürlich patriarchalisch geprägten Hierarchie aufgewachsen sind und nach dem gleichen Muster militärisch ausgebildet wurden. »Aha, mmh, also meinen Sie, es ist eher eine kulturelle Frage?« Natürlich. Wir dürfen nicht einmal ansatzweise davon ausgehen, dass der Kommandant die junge deutsche Ärztin als eine Person, die ihm Weisungen geben könnte, akzeptieren würde.

Doch für eine abschließende Analyse ist jetzt noch nicht die Zeit. Das einzige spezialisierte Boarding-Team des Libanon kommt an Bord. Bei ihnen geht das Klettern über die Strickleiter fixer. Kaum auf der »Werra« angekommen, nehmen die acht Männer ihre Rolle ernst. Sie durchsuchen die elf deutschen Soldaten in ziviler Kleidung, die jetzt die Mannschaft des Schiffs, auf dem illegale Waffen gefunden wurden, spielen. Mit dem Gesicht zu einer Containerwand müssen die elf auf dem Boden hocken und warten, bis die Waffen gefunden werden. Sechs Männer der Boarding-Einheit machen sich auf, mit vorgehaltener Spielzeugwaffe auf die Brücke der »Werra« zu klettern, sie müssen die Frachtpapiere mit ihren Angaben überprüfen und die Pässe der Besatzung mit einer Liste abgleichen.

Bei einer Präsentation in Eckernförde habe ich ein Boarding-Team der deutschen Marine bei der Aufgabe, ein Schiff zu sichern und zu übernehmen, beobachtet. Sich wieselflink voranpirschen, keine Geräusche verursachen, wenn nötig in Zeitlupe schleichen und dabei stets sprungbereit sein. Natürlich immer mit der Waffe im Anschlag, stets mit einem sichernden Kameraden. Die Libanesen scheinen sich ihre Bewegungen hingegen bei Austin Powers abgeschaut zu haben: In Actionfilm-Posen springen die Männer auf den Treppen herum, hüpfen breitbeinig um Ecken und erreichen so unter einigem Gepolter die Brücke im vierten Stockwerk. Zwei Mann vergleichen die Pässe der Besatzung mit der Namensliste, alles stimmt. In einem kurzen Verhör erklärt der Kapitänsdarsteller, auch nicht zu wissen, wo die Waffen sein könnten. Einer vom Boarding-Team bleibt zur Sicherung beim Kapitän, das Schiff ist ja schließlich immer noch verdächtig. Die anderen Männer springen wieder runter zu den Containern, Waffen suchen. Da es Stunden dauern würde, tatsächlich jeden einzelnen der riesigen Container zu untersuchen, verraten die Ausbildungsleiter dem neuen Kommandanten die Lage des Verstecks. Tatsächlich werden die Libanesen hier schnell fündig, stolz reichen sie die illegale Plastikwaffe hervor.

Plötzlich glaube ich meinen Augen nicht zu trauen: Einer der Libanesen hat hier, in der engen Containertrasse, tatsächlich ein Magazin in seine Kalaschnikow eingelegt. Das Gewehr trägt er locker umgehängt. Als die beiden N7-er dieses Vergehen entdecken, werden sie sofort sehr streng und erklären dem einfachen Wachsoldaten ernst, dass scharfe Munition während einer Übung komplett verboten sei. Auf Englisch, das er nur wenig zu verstehen scheint. Ob sich der Soldat einfach keine Gedanken über den Umgang mit seinem Gewehr während einer Übungseinheit mit der deutschen Marine gemacht hat? Lernen diese Männer nicht Verantwortungsbewusstsein gegenüber ihren und den deutschen Kameraden? Oder wachsen Männer in diesem Land ohnehin mit scharfen Waffen auf, sodass eine gewisse Lässigkeit im Umgang mit ihnen dazugehört? Nach diesem Fauxpas, der auch noch einmal ausdrücklich dem Kommandanten des Boarding-Teams gemeldet wird – neben Worten des Lobes für die zügige Untersuchung –, verabschiedet sich das Team von der »Werra«.

Beim Mittagessen frage ich die beiden N7-er, ob sie glauben, dass es beim nächsten Mal besser laufen werde. »Ach, wir sind ja erst kurz hier und noch voller Enthusiasmus«, lachen die beiden Mittzwanziger bei Rostbratwurst, Kartoffelsalat und Sauerkraut. Doch sie sind auch ein wenig erschreckt. Auf diese Zustände hat sie kein Lehrbuch vorbereitet, kein interkulturelles Austauschseminar im Pädagogikstudium oder in der Einsatzvorbereitung hat sie davor gewarnt.

März 2009

»Nichts passiert – aber 100 Prozent erfolgreich!« – Einsatz gegen den Waffenschmuggel radikal-islamischer Schiiten an Bord des Schnellbootes »Dachs«

Nachdem ich der wenig erfolgreichen Ausbildungseinheit beiwohnen durfte, fliege ich mit einem der stündlich von Beirut abgehenden Flüge nach Zypern. Pressebootsmann Prüß holt mich am Flughafen ab. Er ist knapp 50, glatzköpfig und hat einen gewaltigen Schnurrbart.

Gerade erst ist er aus Dschibuti nach Zypern abkommandiert worden, und er macht kein Hehl daraus, dass ihm das »Abenteuer Afrika« schon jetzt, nach nur einer Woche zurück im zivilisierten Europa, fehlt. Nach kurzer Fahrt erreichen wir das große Tor einer zypriotischen Militärbasis. Prüß zeigt mir die Kaserne, in der die deutschen Minentaucher und die Marineschutzkräfte untergebracht sind. Luxuriös ist die Unterbringung in diesem einfachen, zweistöckigen Steinhaus im Inland nicht, doch im Gegensatz zu den Unterkünften für das lokale Militär sind die deutschen wenigstens mit Klimaanlage, Fliegengitter und W-LAN nachgerüstet worden. In der Freizeit spielen die Soldaten Tischtennis, trainieren an Fitnessgeräten, schauen DVDs, sonnen sich auf dem Dach oder surfen im Internet.

Später fahren Prüß und ich in den militärischen Teil des Limassoler Hafens, der den Deutschen als Basis dient. Ein paar Büros verstecken sich in Container-Baracken, eine ordentliche deutsche Filterkaffeeküche. Vor uns liegen das Versorgungsschiff »Werra« und eines der kleinen, wendigen Schnellboote, die Deutschland derzeit im UNIFIL-Einsatz hat. Ab heute Abend werde ich miterleben, was es für die deutschen Marinesoldaten konkret heißt, einen Einsatz auf dem Schnellboot »Dachs« in einer multinationalen Friedenstruppe zu fahren.

Derzeit sind rund 230 Bundeswehrangehörige mit drei Schiffen vor der libanesischen Küste im Einsatz. Laut Verteidigungsminister und auch dem Commander Task Group, Fregattenkapitän Ulrich Ahlborn, ist der Einsatz bislang zu

»100 Prozent« erfolgreich verlaufen. Keine besonderen Vorkommnisse, vor allem: keine festgestellten illegalen Waffentransporte in den Libanon – zumindest nicht auf dem Seeweg.

Deutschland beweist sich beim UNIFIL-Einsatz als hochtechnologisierte und zuverlässig arbeitende Seefahrernation, die der noch jungen libanesischen Marine mit Ausbildungs- und Materialbeihilfe zur Seite steht. Ich möchte wissen, wie sieht der Alltag bei dieser ersten, aber historischen deutschen Mission im Nahen Osten aus? Und natürlich bin ich auch gespannt darauf, was die Soldaten und Soldatinnen über ihren Einsatz im Rahmen der United Nations Interim Forces in Lebanon denken.

Damit die UNIFIL-Mission zur See irgendwann erfolgreich beendet werden kann, muss nun dringend die libanesische Marine gestärkt und ausgebildet werden – bis sie ihre Aufgaben eines Tages selbst übernehmen kann. Die Sicherung eines Teils der Seewege durch Patrouillen, der Aufbau von Küstenradarstationen und Unterstützung bei der seemännischen Ausbildung sind die Aufgaben Deutschlands.

Die Fregattenkapitäne Ahlborn und Gabrys haben mich zum Abendessen in der Offiziermesse der »Werra« eingeladen. Da ich auf Anweisung des Pressebootsmanns nur minimales Gepäck und kaum etwas zum Wechseln dabeihabe, gibt mir Fregattenkapitän Gabrys eines seiner kompletten Flecktarn-Uniformsets, mit T-Shirt, langen Unterhosen und einem dicken wetterfesten Parka. »So eine Welle kann schnell kommen – und dann sind Sie erst mal nass.«

Um 19 Uhr 30 herrscht große Konzentration im Halbdunkel der Kommandobrücke des Tenders »Werra«. Kurz vor der Versammlung auf der Brücke habe ich einige Männer der Marine – bundeswehrintern heißt es »die Soldaten des Heeres, die Gentlemen der Luftwaffe und die Männer der

Marine« – beim Abendessen in der Offiziermesse noch ausgelassen flachsen gehört. Aber jetzt liegt militärischer Ernst
in der Luft.

Ein Dutzend Mann, vom Fregattenkapitän bis zum Unteroffizier, tauschen anhand eines PowerPoint-Referats die
letzten Informationen vor einem Einsatz zur Küstensiche-
rung des Libanon aus. Auch wenn in zig geleisteten Dienst-
stunden auf See bislang keine Waffen gefunden und nur
wenige verdächtige Schiffe gesichtet wurden, wird jeder
Einsatz ernsthaft und sorgfältig geplant. Auf großen Radar-
schirmen blinken südlich von Zypern fahrende Segeljachten
und Containerschiffe als kleine Punkte.

In Kürze werden 36 deutsche Soldaten der Marine auf
dem schwer bewaffneten Kriegsschiff mit dem niedlichen
Namen »Dachs« in See stechen, um in den kommenden Tagen und Nächten sicherzustellen, dass keine Waffen in den
Libanon geschmuggelt werden. Der »Dachs« liegt schon bereit zur Abfahrt längsseits des Tenders vertäut. Commander
Task Group Ahlborn, der das deutsche Kontingent befehligt,
lauscht zusammen mit seinen Kollegen, altgedienten Fregat-
tenkapitänen und dem Ersten Wachoffizier des Schnellboots,
dem letzten Briefing. Dann wird sich der »Dachs« auf seine
Reise in die »AMO«, die »Area of Maritime Operations« vor
der Küste Nordlibanons, machen.

Sechs Mann der Schnellbootbesatzung sind auf der Brücke. Sie haben die militärische Unterweisung zu Übungs-
zwecken auf Englisch vorbereitet. Ein wenig schwer tun sich
die jungen Männer mit der Fremdsprache, aber »dazu üben
wir es ja«, erklärt der väterlich wirkende Ahlborn mit einem
Augenzwinkern. Wenn er sich nicht im Einsatz befindet, ist
Ahlborn an der Marineoperationsschule in Bremerhaven tätig. Er hat viel internationale Einsatzerfahrung und spricht,
im Gegensatz zum holperigen Schulenglisch der jungen Sol-

daten, die das Referat halten, versiertes Englisch. Wir werden über die Wetterlage auf See und die Gefahrenstufe informiert. Die Fahrt wird rau: Wir erwarten bis zu drei, dreieinhalb Meter hohe Wellen.

»Auf See ist ganz oben nur Gott, dann kommt eine Weile gar nichts, dann der Kommandant«, hatte mir Kapitän Ahlborn noch kurz vorher erläutert, und weiter, dass kein UN-Mandat der Welt einen Kommandanten dazu bringen würde, das Leben seiner Mannschaft und sein Boot aufgrund vorhersehbar schlechter Wetterlage zu gefährden. Im Notfall sei es ihm immer freigestellt, nach Zypern zurückzukehren oder den Beiruter Hafen anzulaufen. Zumal die Waffenschmuggler – sollten sie denn den Seeweg von Syrien oder Ägypten nach Libanon befahren – selbst den erschwerten Bedingungen ausgesetzt seien. In wahrscheinlich deutlich hochseeuntauglicheren Gefährten als dem knapp 60 Meter langen »Dachs«, der seit 25 Jahren unbeschadet im Dienst der deutschen Marine fährt, erprobt in langen Sommern und Wintern des Kalten Krieges auf der unfreundlichen Ostsee.

Die Besatzung des »Dachs« hat heute den Auftrag, sämtliche Schiffe, die in der nördlichen Zone der libanesischen Hoheitsgewässer fahren und in die Hafenstadt Tripolis einlaufen wollen, zu »hailen«. Also per Funk anzusprechen und so zu kontrollieren. Es könnte nämlich auch sein, dass Waffen auf Privatjachten, Containerschiffen oder allen anderen möglichen maritimen Fahrzeugen versteckt seien. Die Informationen, welche die Kapitäne der Schiffe liefern, müssen mit nachrichtendienstlichen Erkenntnissen und den Angaben der libanesischen Hafenbehörden gegengecheckt werden. Auf verdächtige Schiffe werde man, so sagt Ahlborn, schnell aufmerksam. Sie nähmen nicht den schnellsten Weg zum nächstgelegenen Hafen. In der Hoffnung, so nicht entdeckt zu werden, würden sie im Zickzack fahren und nicht oder nur widersprüchlich auf Funkanfragen antworten. Da jedes Schiff nach einem straffen Zeitplan fährt, die Reederei eigentlich immer bei der International Maritime Organization in London bekannt ist und sie meist einen Schiffsagenten an Land hat, der die Hafenbehörden über Timing und Ladung informiert, würden sich unplanmäßige Schiffe auf den normalen Routen schnell verdächtig machen.

Seitdem die Deutschen begonnen haben, die Seegrenzen des Libanon zu überwachen, seien einige – wenige – verdächtige Schiffe an die libanesischen Hafenbehörden gemeldet worden, die, wie Ahlborn sagt, die Schiffe korrekt inspizieren würden. Aber nicht alle Konfliktparteien zeigen sich damit zufrieden: Israel habe den Deutschen übermittelt, dass die Inspektionen durch die lokalen Zoll- und Hafenbehörden zu schnell gingen. Woher haben die Israelis die Information? Wird die Arbeit des deutschen und libanesischen Militärs im Libanon und im Mittelmeer von israelischen Kräften beobachtet?

Doch darauf will der Fregattenkapitän nicht eingehen. »Ich weiß, dass die Libanesen sehr gewissenhaft bei den Untersuchungen vorgehen. Immerhin sind drei verschiedene Behörden an der Inspektion beteiligt, da wird es schwierig zu mauscheln.« Schließlich seien schon libanesische Offiziere, Teilnehmer an von der deutschen Marine veranstalteten Lehrgängen, nicht zu Übungen erschienen – »mit der glaubwürdigen Entschuldigung, dass sie bis spät in die Nacht inspizieren mussten«. Ein wenig bedauernd fügt er hinzu, dass es leider kein Feedback von den lokalen Kollegen geben würde, ob sich gemeldete Verdachte erhärtet hätten.

Plangemäß endet das PowerPoint-Referat, die 36 Besatzungsmitglieder des »Dachs« eilen die Stelling hinunter zu ihrem Boot, das längsseits des Versorgungsschiffes liegt. Plötzlich ist eine ungeheure Energie in der Luft.

Die Mannschaft des »Dachs«, 35 Mann und eine Frau, versammelt sich auf dem Oberdeck, hinter dem gewaltigen 76-Millimeter-Geschütz. Der Erste Wachoffizier, Stephan Herentrey, übermittelt nun das Briefing in kurzen Worten, diesmal auf Deutsch. Bei der Ankündigung der Wetterlage verdrehen einige seiner Kameraden die Augen, es scheint, als erinnerten sie sich an vorhergehende Fahrten auf rauer See und ihre Seekrankheit.

Die Konzentration vor dem Ablegen ist zu spüren und überträgt sich auch auf mich. Die Augen der jungen Männer sind respektvoll auf Herentrey gerichtet, auch wenn das Auslaufen Routine ist. Niemand wirkt abgelenkt oder gelangweilt. Mit der einzigen Frau, einer Offizierin, versuche ich Blickkontakt aufzunehmen, doch sie hält die Augen ausschließlich auf den Ersten Wachoffizier gerichtet. Sie ist bestimmt 1,80 Meter groß und wirkt kräftiger als manche der Soldaten. Ob es mir gelingen wird, mit ihr einen gemeinsamen Draht zu finden? Von nun an werde ich alle sechs Stunden für sechs Stunden die Kajüte mit ihr teilen. Mit ihrem straff zurückgebundenen Pferdeschwanz wirkt die Offizierin so streng und korrekt auf mich, dass es mich fast verunsichert.

Die Überfahrt in das Operationsgebiet und die erste Nacht auf dem Mittelmeer versprechen bei hohen Wellen unruhig zu werden, das Schnellboot ist mit seinen 2,6 Metern Tiefgang nicht für alle Wetter auf hoher See gebaut. »Es wird ganz schön wackeln, ich hoffe, Sie sind seefest, denn mit einem Helikopter können wir Sie während des Einsatzes nicht ausfliegen.« Ein Einlaufen in den Beiruter Hafen wäre für die Soldaten nicht das Unangenehmste, so würden sie statt der 53,69 Euro, die sie pro Tag auf See bekommen, in Beirut aufgrund der »höheren Gefährdung« 66,47 Euro extra an Auslandsdienstbezügen steuerfrei erhalten.

»Leinen los!« – das Schnellboot, zuvor von Minentauchern abgesucht, sticht Punkt 20 Uhr in nachtschwarze See. Überall wuseln die Männer in ihren dunkelblauen Arbeitsanzügen herum, Fender werden eingeholt, drei Mann und eine Frau nehmen ihre Plätze im Fahrstand und auf der offenen Brücke ein. Der Wind ist auflandig, er kommt von See und drückt unser kleines Boot gegen die »Werra«, das Ablegen gestaltet sich daher nicht ganz unkompliziert. Während wir auslaufen und die Fregattenkapitäne auf der »Werra« lachen und winken, stehen neben mir schon vier Mann der Marinesicherungskräfte an ihren Waffen, schweren, auf Deck installierten Maschinengewehren. Sie tragen statt des dunkelblauen, feuerabweisenden Marine-Arbeitsanzugs Flecktarn-Uniformen, aber wie die gesamte Bordbesatzung beim Aus- und Einlaufen das blaue Barett der UN. Ich frage den offensichtlich Jüngsten, ob es ein besonderes Gefühl sei, an einer internationalen Friedensmission teilnehmen zu können.

»Na ja, denn weiß man, für watt man jelernt hat«, antwortet mir der 21-Jährige trocken. Er fragt nicht nach meinem Namen. Da sich außer den Offizieren und dem Kommandanten niemand die Mühe machen wird, sich meinen Namen zu merken, bin ich ab sofort nur »die Reporterin«. Wenn ich auf die oder von der Brücke gehe, muss ich mich wie die anderen an- und abmelden: »Reporterin auf die Brücke!« »Reporterin von der Brücke!«

Nachdem sich die Aufregung und Spannung der Abreise gelegt hat, nimmt sich der zweite Wachoffizier Martin Fuchs* meiner an. Mit seinen großen, rosigen Wangen und dem kurz geschorenen blonden Haar sieht der junge Mann aus dem Ruhrgebiet deutlich jünger als 26 aus, tritt aber mit all dem Dünkel und der Autorität auf, die man von einem Zweiten Wachhabenden Offizier eines deutschen Kriegsschiffs erwarten kann. Zunächst bekomme ich eine klobige, altmodische Schwimm- und Kälteschutzweste angepasst, die ab sofort immer in meiner Nähe zu sein hat. Zwei Anschnallgurte zwischen den Beinen, zwei Schnallen vor der Brust, ein zuzuknotendes Bändchen. Die Weste wiegt bestimmt an die acht Kilo und hat einen neon-orangenen Kälteschutzanzug integriert. Ich weiß nicht, wie sie funktioniert, im Notfall hätte ich eher Angst, dass ich mich in den Strippen verheddern und dadurch sinken würde.

Es ist dunkel auf der Brücke, Herr Fuchs erklärt mir, wie ich den Kälteschutzanzug im Fall des Falles aus der Weste, die unangenehm eng geschnallt werden muss, herausfriemeln und anziehen müsste. Der Wind bläst und die Maschinen röhren. Ich vertraue auf die deutsche Marine – wird schon nichts passieren. Hinter einer Plastikplane, wo auch die Schwimmwesten der anderen, die sich gerade auf der Brücke aufhalten, hängen, finden wir einen sicheren Platz für meine Weste, so wie alles an Bord seinen sicheren Platz hat. Wie würden sonst knapp drei Dutzend Menschen auf 58 mal 8 Metern mit drei rund um die Uhr ratternden Maschinenräumen und mehreren tausend Kilo Munition zurechtkommen? Aber wie, wenn alles so gut weggepackt ist, soll man sich das ideale Notfall- oder Alarmszenario vorstellen, in dem jeder Zeit hat, bei Notbeleuchtung oder gar ohne Licht seine Weste aus dem Verschlag zu holen und anzulegen?

Wir laufen aus dem sicheren Hafen des südöstlichsten EU-Landes aus, und Fuchs und ich machen weiter im Programm.

Er führt mich durch das Boot. Wir gehen in das Vorschiff, einen engen, spitz zulaufenden Raum. Schwer vorstellbar, dass hier neun erwachsene Männer auf den schmalen »Böcken«, den dreistöckig übereinanderhängenden Bettstätten, schlafen können. Jede deutsche Gefängniszelle ist geräumiger und bietet mehr Privatsphäre. Ob mir mehr Platz zugeteilt wird? Noch weiß ich nicht, wo ich schlafen soll. Schnellboote wurden für den Kalten Krieg gebaut, damit man den Gegner aus dem Osten im Ernstfall schnell hätte stoppen oder aufhalten können, zumindest so lange, bis die größeren Einheiten das Gefechtsgebiet erreicht hätten. Es wurde mehr Wert auf die Technik als auf den Komfort für die Besatzung gelegt. Auch die Schnellbootfahrer leben das »Prinzip der warmen Koje«, wie die U-Bootfahrer. Ein Soldat steht zum Dienstantritt auf, der andere legt sich zum Dienstausscheiden hin, allerdings in seinem eigenen Schlafsack, auf die noch warme Matratze des Vorgängers.

Der einzige Schmuck in dem engen, fensterlosen Raum ist eine Schiffsglocke aus Messing, an der drei billige Tanga-Slips in bunten Farben hängen. Die einzelnen Kammern und Decks haben die Möglichkeit, sich ein wenig individuell einzurichten. Die Glocke wird geläutet, wenn ein Geburtstagskind zum Feiern bereit ist. Wer aus Versehen an der Glocke hängen bleibt, muss eine Runde Süßigkeiten oder ein Bier ausgeben. »Wie die drei Damenslips an die Glocke kommen, ob die von Verflossenen oder aus Etablissements sind, entzieht sich meiner Kenntnis«, kommentiert Fuchs eine Spur zu humorlos. Mit geübten Griffen öffnet er zwei feuersichere Schotten. Direkt hinter diesem kargen Schlafraum liegt die Munitionskammer.

Wir gehen in den engen Raum, in dem Hunderte todbringende Geschosse bei kühlen Temperaturen lagern, akkurat in ein Eisenregal einsortiert. Aufgrund der niedrigen Temperaturen, die für die Munitionslagerung nötig sind, hat der Smut hier auch die Möglichkeit, Kartoffeln, Zwiebeln und Obst einzulagern, je nachdem, welchen und wie viel Platz der Artilleriewaffenmeister ihm zuteilen kann. Ein runder

Metallturm in der Mitte der vielleicht acht Quadratmeter kleinen Kammer ist die Basis für das 76-Millimeter-Geschütz, das über zwei Etagen geht und majestätisch auf unserem Vorderdeck thront. Ein 76-Millimeter-Artilleriegeschoss wiegt rund 17 Kilo. Wir könnten theoretisch maximal 100 Schuss pro Minute abfeuern. In der Realität kann das aber nicht umgesetzt werden – der Turm, in dem die Geschosse vorgeladen werden, würde sich so schnell drehen, dass dem Nachladenden die Hände abgerissen werden würden. »Die einzige Schwachstelle am Schnellboot ist der Mensch«, sagt Offizier Fuchs mit regungsloser Miene.

Jedes der rund 250 Geschosse kann bis zu 16 800 Meter weit fliegen. Wir haben also 4250 Kilo Munition zu unserer eventuellen Verteidigung geladen. Wie sich diese Ladung wohl auf unseren Treibstoffverbrauch niederschlägt? Wahrscheinlich nur geringfügig. Wir werden so oder so rund 40 000 Liter bei einer 96-stündigen Patrouillenfahrt verfahren. Die alten Mercedes der Waffenschmuggler über Land benötigen für die kurze Strecke durch das Niemandsland zwischen Syrien und dem Libanon nicht mal eine halbe Tankfüllung.

Mit versierten Handgriffen öffnet Offizier Fuchs eine Zwischentür und das feuersichere Schott, legt dabei zwei schwere Hebel um. Wir finden uns in einem dunklen Raum voll blinkender Lichter wieder. Zig Radarschirme und Computermonitore auf engstem Raum. Die Operationszentrale. Der Kopf des Bootes. Drei Männer sitzen um einen großen, runden, in einen Tisch eingelassenen Radarschirm herum und beobachten die angezeigten Bewegungen. Nur einer nicht. Er liest ein Buch im Funzellicht. Seine Kollegen sind beschäftigt mit der »Lagebilderstellung anhand von Radarkontakten«.

Der Radarschirm, genannt »taktischer Bildschirm horizontal«, ist das Zentrum der Operationszentrale. Hier arbeiten drei Soldaten daran, das Lagebild aufzubauen, Kontakte zu klassifizieren und auch zu identifizieren, falls man weitere Informationen hat – ob es ein freundlicher, ein vermutlich freundlicher oder ein feindlicher Kontakt ist. Von hier aus wird bei einem Angriff auch über die Art der Waffen entschieden. Kommt die Artillerie am Bug oder die Flugkörperabwehr am Heck zum Einsatz?

Ein Knopfdruck in diesem dunklen Raum reicht aus, um bis zu 16 Kilometer entfernte Ziele in Sekundenschnelle zu zerstören und zig Menschenleben auszulöschen. Durch einen angeschlossenen Feuerleitrechner wird selbstständig die Feuerleitlösung berechnet, um dann »möglichst effektiv zu schießen und direkte Treffer zu erzielen«. Die Feuerleitlösung bestimmt den Abschusswinkel, um von einem fahrenden Boot aus ein ebenfalls fahrendes Ziel zu treffen. Ich versuche mir eine Distanz von 16 Kilometern vorzustellen und bin beeindruckt von der Präzision, mit welcher Zerstörung über solch eine Strecke berechnet werden kann.

Jetzt kommen wir zum »ECDIS«, dem Electronic Chart Display Information System, die elektronische Seekarte, auf die dieses Boot im vergangenen Jahr umgestellt wurde. Weg von der traditionellen Seekarte hin zur computergestützten. Auf dem Information System sehen Fuchs' Kameraden in dieser fensterlosen Kammer die Umgebung in Echtzeit-Navigation und haben damit jederzeit die aktuelle Lagebilderstellung – wo wir uns befinden, welchen Kurs wir fahren, welche Kontakte in der Nähe sind. Diese Daten werden dem Fahrenden Wachoffizier auf der Brücke übermittelt, mit ihnen kann er alles überblicken und eventuellen Kollisionen ausweichen. »Aber für den Fall der Fälle sind wir alle noch an der traditionellen Seekarte ausgebildet«, versichert

Fuchs mir auf die Nachfrage, was denn bei einem plötzlichen Generatorausfall passieren würde.

Wie man hier die langen Nächte im Dunkeln durchstehen kann, will ich wissen. Vor allem, wenn fast nichts passiert. Außer dass man ein paar blinkende Pünktchen auf dem »taktischen Bildschirm horizontal« beobachtet, von denen man weiß, dass es harmlose Weizenlieferungen von Syrien nach Ägypten sind, auf einem Container, gelenkt von einem Kapitän, dessen Stimme den »Dachs«-Funkern schon bekannt ist. Auf manchen der Patrouillenfahrten werden gerade mal ein bis zwei Dutzend Schiffe auf dem Radar ausgemacht, bevor sie angesprochen und »gehailt«, also anhand eines Fragenkatalogs überprüft werden.

»Man beobachtet die Überwachungseinrichtungen, unterhält sich, liest auch mal etwas, und zur Nervennahrung essen wir gern mal was Süßes, besonders nachts«, erzählt mir der diensthabende Operator. Die Schichten der Männer in der Operationszentrale sind die gleichen wie die der restlichen Besatzung: von sechs Uhr morgens bis zwölf Uhr mittags, Ablösung durch das nächste Team der zweiten Schicht bis 18 Uhr, von 18 Uhr bis Mitternacht ist wieder das erste Team im Einsatz, von Mitternacht bis sechs Uhr wieder das zweite Team.

Jeder Schichtwechsel ist für die jeweils 16 Schichtarbeiter auch immer mit Aufwachen und Aufstehen, Frühstück, Mittag- und Abendessen und dem »Mittelwächter«-Mahl um null Uhr kombiniert. Für die Männer und die eine Frau Offizier an Bord bedeutet dies, dass so vier, oft frittierte Mahlzeiten und errechnete, angeblich benötigte 3600 Kalorien bei praktisch keiner Bewegungsmöglichkeit an Bord zusammenkommen. Die mangelnde Bewegung kombiniert mit der nächtlichen »Nervennahrung« ist bereits einigen der jungen Männer anzusehen. »Das ist die klassische Marine-Tröpfchenform, die so mancher hier annimmt«, sagt Fuchs schmunzelnd, der sich trotz seiner eigenen angehenden Fülligkeit betont wohlfühlt.

Die Führung geht weiter, nun kommt die Ecke für die elektronische Kampfführung, die »Eloka«, mit der andere Radargeräte erfasst werden können. Falls unser Boot »anfliegende Kontakte« hat, so kann hier versucht werden, diese durch Aussendung hochfrequenter Strahlung abzulenken. Neben der »Eloka« ist die kleine Funkzentrale, in der Fernschreiben und E-Mails empfangen werden können, »mit denen die Bundeswehr ja auch teilweise arbeitet«.

Mit den Worten »aus der OPZ« meldet Fuchs uns aus dem dunklen Raum ab. Wir klettern eine steile Metalltreppe hoch und finden uns in einer Nische wieder, deren vordere Wand mit allerlei Messgeräten, Anzeigen und einer Unzahl an Knöpfen von drei Soldaten ständig im Blick gehalten werden muss. Einer der Soldaten sitzt an einem Laptop, an dem er die Fahrt über noch lange Stunden gegen sich selbst Karten spielen wird, ein anderer liest einen dicken Historienroman. Gelbes Licht scheint in dem fensterlosen Raum, rund um die Uhr. Wie alle anderen Räume an Bord des Schnellboots ist er schmal, eng und klein. Drei Männer sitzen dicht an dicht in einer Reihe, eingepfercht hinter ihren zu überwachenden Gerätschaften. Wir befinden uns im »schiffstechnischen Leitstand, der Überwachungsstation der gesamten schiffstechnischen Anlagen« – dem Herz des Bootes. Hier werden beispielsweise der Frischwassererzeuger, der Abgastemperaturmesser oder die vier großen Antriebsmotoren mit insgesamt 18 000 PS überwacht.

Wir biegen in einen engen, schmalen Gang ein, der, türenlos, direkt vom schiffstechnischen Leitstand zur rechts gelegenen Kombüse und der gegenüberliegenden Kommandantenkammer führt. In der Kombüse, komplett aus Edelstahl, ist gerade ein gut gelaunter Smut zu Gange, der nun, um 22 Uhr, den »Mittelwächter« vorbereitet. Der 28-jährige Sachse hat beim Roten Kreuz und in einem Pflegeheim für bis zu 500 Personen kochen gelernt. Er ist auf dem Boot sein eigener Herr und hat einen jungen Assistenten, den zwei Köpfe größeren »kleinen Smut«. Er ist erst seit fünf Wochen dabei. Sein erster Einsatz, direkt nach drei Jahren der Kochausbildung und drei Monaten Allgemeiner Grundausbildung. Noch hat der »kleine Smut« Probleme mit den Kommandos des »großen Smut« sowie einige Streitigkeiten über die Auslegung von Standardrezepten auf dieser Fahrt vor sich.

Wir betrachten die gegenüberliegende Kammer des Kommandanten mit zwei Schlafmöglichkeiten und einem zusammenklappbaren Tisch in der Mitte. Selbst als Kommandant muss man sich in der Enge des Bootes auf ein Minimum an Privatsphäre beschränken. An dem Tischlein dürfen die Offiziere auf See ihre Mahlzeiten einnehmen, als Einzige im Sitzen, die Soldaten der Mannschaftsdienstgrade essen weiter hinten im Gang an fest installierten Klapptischen. Im Stehen. Im Gefechtsfall wird die Kommandantenkammer der Hauptverbandsplatz, auf dem die Verwundeten zusammengetragen werden. Die Smuts übernehmen in dem Fall die Rolle der Ersthelfer und unterstützen den Sanitätsmeister – den simulierten Ernstfall werde ich am dritten Tag der Fahrt sehen.

Der Dritte Wachoffizier, Melanie Walser*, kommt uns aufgeregt entgegen und nimmt mich mit, um mir unsere Schlafkammer, meinen »Bock«, zu zeigen. »Ich suche Sie schon überall, um Sie in Ihre Kammer einzuweisen!«, sagt sie streng. »Wenn wir – also Sie und ich, wir teilen uns eine Offizierskammer – bei Schichtende schlafen gehen, dann dürfen Sie nicht vergessen, immer die Schwimmweste von der

Brücke mitzunehmen.« »Jawohl«, entgegne ich und bin, wie schon beim ersten kurzen Kontakt mit Offizier Walser, fast erschreckt von ihrer Energie. Sie wirkt sehr auf zack, überkorrekt. Eigentlich aber einfach so, wie man es von Offizieren erwartet – habe ich mir etwas anderes gedacht, nur weil sie eine Frau ist?

Wir gehen ein paar Meter durch den engen Gang zurück und klettern eine schmale, steile Metalltreppe hinab. Dort steht der Sanitätsmeister bereit und erklärt mir, wie ich die Ohrenstöpsel, die ich ab sofort bei jedem Gang durch die vor uns liegenden Maschinenräume benötigen werde, einzusetzen habe. Walser selbst hat, wie die anderen Besatzungsmitglieder, eigene, schallisolierende Kopfhörer (im Marinejargon »Knackis«), »privat gekauft«, die am Geländer der Treppe hängen. Sie setzt ihre auf, schwingt sich die Treppe hinab. Mit geübten Griffen öffnet die große, breitschultrige Brünette die vier schweren Riegel der beiden Schotten, welche die ratternde, heiße Metallhölle des ersten der drei Maschinenräume vom Rest des Bootes fernhalten. »Halten Sie sich gut am Geländer fest, fassen Sie nichts anderes an, das kann zu schweren Verbrennungen führen!«, ruft sie mir zu.

In jedem der drei fensterlosen Maschinenräume sitzen einzelne Soldaten in Sesseln, natürlich vorschriftsgemäß mit Kopfhörern, und lesen oder dösen. Heizer auf einem Schnellboot zu sein – eindeutig kein Traumjob. Einziger Lichtblick ist das Pin-up einer barbusigen schwarzhaarigen Schönheit, das Frau Walser »einfach ignoriert«. Mit schnellen Schritten erreichen wir die Abteilung drei, in der sich eine Dusche, zwei Toiletten und weitere, knapp bemessene Schlafräume für die Besatzung befinden.

Die Kammer, die ich mit Frau Walser teilen darf, ist vielleicht zwei mal einen Meter fünfzig groß, direkt vor uns sind drei »Böcke« übereinander angebracht. Minimalistische

Bettstätten, die 80 Zentimeter hohen Bewegungsspielraum bieten. Jeweils mit eigener, kleiner Nachtlampe und einem orangefarbenen Vorhang, der zugezogen das Gefühl von Privatsphäre vermitteln soll. Rechts sind drei Spinde, links ein Tisch an der Wand, allerlei Aktenordner. Einziger Luxus sind ein Waschbecken und ein Spiegel.

Ich frage Frau Walser, Melanie, ob wir uns duzen können. Sie willigt ein, an der Distanz zwischen uns wird das »Du« in den kommenden Tagen aber nichts ändern. Sie gibt mir meinen Schlafsack, ein gebügeltes Inlay und ein Kopfkissen mit Bezug.

Der Umgang der Besatzung mit der einzigen Frau an Bord, erklärt sie, vollziehe sich »dem Dienstgrad entsprechend angemessen«. Die Offizierin ist mit einem Offizier verheiratet. Er ist Ingenieur, und wenn es, nach ihrer abgeleisteten Dienstzeit, Zeit für Kinder wird, könnte sie sich vorstellen, nicht mehr oder später halbtags zu arbeiten. In einer Führungsposition im Jugend- oder Finanzamt, denn das Führen von Menschen habe sie schon immer interessiert. Schon als Jugendliche war sie ehrenamtlich engagiert, hat dabei gemerkt, dass ihr das »Führen und Anleiten« liegt, und Interesse daran gefunden. Sie hat, wie auch die beiden anderen Offiziere an Bord, bei der Bundeswehr Pädagogik studiert. Obwohl wir die beiden einzigen Frauen an Bord sind, finde ich keine gemeinsame Ebene mit Melanie. Und schon gar keine von Frau zu Frau. Ich frage mich, ob sie ein ausführliches Briefing bekommen hat, in dem ihr gesagt wurde, dass man im Gespräch mit Reporterinnen jedes Wort auf die Goldwaage legen muss? Oder ob sie einfach so perfekt funktioniert, wie ein junger Mensch, der Offizier ist und danach gern beim Finanzamt arbeiten möchte, funktionieren sollte?

Melanie teilt mir den mittleren Bock in dieser verhältnismäßig luxuriösen Offizierskammer zu und weist mich ein. Ich werde mit ihr die Schicht von sechs Uhr morgens bis zwölf Uhr mittags und von 18 Uhr bis Mitternacht fahren. Sie wird dann als Dritter Fahrender Wachoffizier auf der Brücke stehen und das Radar kontrollieren, Ausschau halten und versuchen, das Boot mit ihren Kommandos an den Rudergänger ruhig zu fahren. Ob sie denn tatsächlich, auch mittags, bei strahlendem Sonnenschein hier in dieser engen, rumpelnden Kammer sechs Stunden schlafen würde? »Auch du wirst sehen, dass wir hier jede Stunde Schlaf brauchen.«

Sie zeigt mir die Unisex-Dusche vor der Tür und betont, dass ich diese »aus hygienischen Gründen« nur mit Badelatschen betreten dürfe. Geradezu schockiert nimmt sie zur Kenntnis, dass ich aufgrund der Enge des Bootes fast nur das, was ich am Leibe trage, dabeihabe, und Badeschlappen im Gegensatz zu einem Aufnahme- und Akkuladegerät, einer Haar- und einer Zahnbürste nun eben nicht zur Grundausstattung einer mit wirklich kleinem Gepäck reisenden Reporterin gehören. Der väterlichen Fürsorge Kapitän Gabrys' habe ich noch eine Uniform im Rang eines Fregattenkapitäns und einen Anorak der deutschen Marine zu verdanken, aber leider keine Latschen. »Na, das macht nichts, wenn du die vier Tage hier nicht duschen musst, das mache ich nämlich auch nicht.« Wasser ist auf dem »Dachs« natürlich sparsam zu verwenden, deshalb duschen einige Besatzungsmitglieder während der Fahrt gar nicht – nur für die Smuts ist es ein Muss und für die Heizer eine hart verdiente Belohnung.

Wir treffen Fuchs auf der Brücke, wo er gerade mit einigen Kameraden über die letzte Nacht in seiner Lieblingsbar auf Zypern plaudert. Es gab Cola-Rum und Karaoke, manch einer hat jetzt, um 21 Uhr, noch Kopfschmerzen von der Nacht zuvor. Nicht so Melanie, natürlich: Sie trinkt ohnehin keinen Alkohol, wenn sie am nächsten Tag die Herausforderung als

III. WO auf einem Boot im Einsatz bestehen muss. Sie steigt klaren Kopfes in ihren Fahrstand und muss von nun an drei Stunden lang den Horizont bei schwachem Mondschein beobachten. Solange nichts Unvorhergesehenes passiert, muss sie ab jetzt nur mit dem Steuermann ein Deck unter ihr über die Wetterlage und den Wellengang beraten.

Um Mitternacht kommt Melanie zu mir und erklärt, dass sie sich nun schlafen lege. Ich solle meine Schwimmweste nehmen und mitkommen, damit wir bis sechs Uhr morgens versuchen können, ein wenig Schlaf zu ergattern. Wie sehr das Boot im Seegang wackelt, ist mir auf Deck gar nicht bewusst geworden, ich merke es erst, als wir die Maschinenräume durchqueren und ich mich, mit der klobigen Weste im Arm, an den Metallrelings festhalten muss. Nach der schnellsten Katzenwäsche, die ich je bei einer Frau gesehen habe, versuche ich es Melanie, die sich mit handgeschriebenen Briefen aus der Heimat in ihre Koje zurückgezogen hat, gleichzutun. Nach nur einer Seite knipst sie ihr Licht aus, und auch ich versuche zu schlafen. Die rote Notlampe scheint durch die Ritzen meines Vorhangs. Der Wellengang gibt mir das Gefühl, in einer rumpelnden Blechbüchse zu liegen, in der auch nur an Schlaf zu denken unmöglich scheint.

»A-Reise, A-Reise, aufstehen!«, tönt das Aufsteh-Kommando bei Schichtwechsel um kurz vor sechs Uhr morgens. Erst kommt es sanft durch den Kajütenlautsprecher, dann lauter, beim dritten Mal ist aus der Aufforderung ein Kommando geworden. Melanie scheint schon vorher wach gewesen zu sein, sie springt in ihrer Bundeswehr-Trainingshose aus dem Bett, in die Badeschlappen, zieht sich sofort ein Hemd und den feuerfesten, dunkelblauen Arbeitsanzug an, spritzt sich Wasser ins Gesicht und putzt sich die Zähne. Als einziges Zugeständnis an die Weiblichkeit gönnt sie sich halblange Haare – die sie in atemberaubenden fünf Sekunden in Form bringt und dann in einen straffen Pferdeschwanz zwingt. Sie schaut kurz nach, ob ich wach bin, und verlässt die Kabine Richtung Kombüse.

Ich komme nicht so schnell wie die Frau Oberleutnant hoch. Ein wenig döse ich noch herum. Als ich die Offiziere, die nun Schichtende haben und sich in unserer Kammer schlafen legen wollen, an der Tür Scherze machen höre, wird mir klar, dass ich, auch wenn mein Kreislauf noch nicht ganz mitzuspielen scheint, aus Kameradschaft verpflichtet bin, diesen Bock hier sofort frei zu machen. Ich springe in meine Kleidung, verzichte auf die Katzenwäsche und öffne die Tür, vor der unangenehmerweise der nette Kapitänleutnant Herentrey und ein weiterer Offizier abgekämpft nach der langen Nacht der Wache stehen. Ich begrüße sie kurz und finde mich inmitten vieler junger Männer in Shorts und Badeschlappen wieder. Dann klettere ich mit Sand in den Augen, Ohrenstöpseln und Schwimmweste durch die heißen Maschinenräume, meinem ersten starken Kaffee entgegen.

Der Smut schaut mich belustigt an und reicht mir sofort einen Becher seines starken, schwarzen Gebräus aus dem 10-Liter-Alu-Stahltank. Die anderen, die gerade mit mir aufgestanden sind, stehen auf allen im Gang freien Quadratzentimetern, ein schreckliches Gedränge. Wer Glück hat, hat einen Platz an einem der kleinen Klapptische, die in die Wand am Gang eingelassen sind, ergattert und kann seinen Kaffee darauf abstellen.

Als ich mit meiner Tasse in der rechten und der Schwimmweste in der Linken auf das Deck klettere, ist Melanie schon wieder fit und frisch in ihrer Position als Fahrender Wachoffizier. Ich setze mich auf eine Kiste, genieße die frische Brise und die ersten, langsam wärmenden Sonnenstrahlen. Wir sind längst in unserer AMO, der Area of Maritime Operations, angekommen. Unser Einsatzgebiet erstreckt sich neun

Seemeilen lang vor Tripolis. Der Libanon liegt backbord von uns, und wir fahren im langsamen Tempo von neun Knoten an der Grenze der AMO geradeaus. Heute Morgen scheint kein anderes Schiff außer uns in diesen Gewässern zu sein, und ich frage mich, ob das den ganzen Tag und die kommenden zwei Tage so weitergehen wird.

Wir haben mittlerweile einmal gewendet, nun liegt der Libanon steuerbord von uns. Jede Stunde neun Meilen die Küste entlang mit neun Meilen pro Stunde, einmal wenden und zurück. Unser Programm für die kommenden 80 Stunden. Ich plaudere mit den 76-ern, den Sicherern des Bootes, ein wenig über unsere Heimat, Berlin, die sie viel schmerzlicher, als ich es je kannte, vermissen.

Nach zwei Stunden gehe ich wieder zu Melanie. Wir sprechen ein wenig über das Leben mit so vielen Männern an Bord, aber sie betont, dass keiner sie aufgrund ihres Geschlechts irgendwie anders behandeln würde. An der Bundeswehr-Uni in Hamburg traf Melanie dann ihren heutigen Ehemann. »Obwohl ich keinen Soldaten und er genauso wenig eine Offizierin wollte.« Im Studium war es schön, sie teilten sich eine Studentenbude, lernten intensiv zusammen – sie Pädagogik, er Ingenieurswesen –, dann aber kam der Ernst des Lebens, der Truppenalltag: Versetzungen, Auslandseinsätze, 200 Tage Trennung pro Jahr in einer gerade mal drei Jahre alten Ehe. Der Glaube an die Liebe, regelmäßiger Briefkontakt, Telefon und Skype machten das getrennte Leben erträglich. Vor allem aber auch das Wissen, in vier Jahren aus der Bundeswehr ausscheiden zu können, mit einem abgeschlossenen Studium und Führungserfahrung, beruhigt Melanie in ihrer Lebensplanung. »Und wer weiß, wann die Zeit für Kinder gekommen ist«, fügt sie hinzu – ganz in der Überzeugung, dass ihre Beziehung entgegen allen Statistiken auf ewig, zumindest aber die kommenden vier Jahre halten wird. Oder hält die ständige Trennung die Liebe aufrecht, ist die Sehnsucht des Marine-Paares nach gemeinsam verbrachter Zeit in der Zukunft ein Antriebsmotor? Im Stillen wünsche ich Melanie viel Glück. Sie ist aufgetaut und erzählt, wie sie auf die Idee kam, Pädagogik bei der Armee zu studieren. Der finanzielle Aspekt sei wichtig gewesen, die Mutter war alleinerziehend, und Jobben neben dem Studium hätte sie sich schwierig vorgestellt. Der wichtigste Aspekt aber sei gewesen, eine berufliche Herausforderung zu haben, mit Menschen in nicht alltäglichen Situationen zu arbeiten.

Alles, was Melanie sagt, wirkt wohlüberlegt und strukturiert. Mit 18 hatte sie den Entschluss gefasst, durchlief die Allgemeine Grundausbildung an der Marineschule Mürwik und in Plön und wurde Soldatin. Während des dreieinhalb Jahre dauernden Studiums musste sie jeden Donnerstag an militärischen Übungen teilnehmen, Formaldienst, Marschieren, Waffenkunde, Schießen. Nach dem Diplom hieß es für sie, anderthalb Jahre lang militärische Schulungen zu durchlaufen, um für den von ihr angestrebten Posten fit zu werden. Dritter Wachoffizier auf einem Schnellboot im Einsatz. Ihr Traumjob? »Traumjob ist relativ. Ich habe für das hier studiert, Menschenkenntnis und Führungsqualitäten. Das Technische habe ich gelernt. Jetzt ist es einfach toll, all das anzuwenden!«, freut sie sich, gegen den Fahrtwind anschreiend. »Und es ist viel abwechslungsreicher, als nur im Büro zu sitzen!« Sie ist so zufrieden, wie eine auf Zukunftssicherung bedachte Mittzwanzigerin aus Westfalen nur sein kann. Arbeit, Mann, Kinder später: alles im Kasten, keine Sorgen über die Zukunft machen. Das Finanzielle ist nicht maßgeblich. Auch wenn sie dann später die Kinder erziehen würde, so brächte doch ihr Mann als Berufssoldat oder ziviler Ingenieur in der Wirtschaft genügend Geld nach Hause.

Dessen ist sich Melanie ganz sicher. Sie lässt den Blick weit über das Meer schweifen.

Melanies Abwechslung besteht in jährlich wiederkehrenden viermonatigen Einsätzen zwischen Libanon und Zypern. In den acht dazwischenliegenden Monaten kann sie sich in Übungen weiterbilden oder auf der Nord- und Ostsee Besatzungen ausbilden. Einmal im Jahr muss sie den Belastungsmarsch absolvieren. Aber muss die Abwechslung unbedingt darin liegen, sich in unwirtlichen Kasernen an entlegenen Orten mit immer wechselnden Kameraden – Männern, vor denen frau sich behaupten muss – aufzuhalten? Melanie beteuert, dass damit zu leben sei. »Schließlich gehört es ja zur Laufbahn.«

Es ist kurz nach zehn Uhr, und ich spüre bleierne Müdigkeit in mir aufkommen, der Schlafmangel dank Horrornacht in der Blechbüchse macht sich plötzlich bemerkbar. Mir wird schwindlig, ich will mich sofort hinlegen. Also entschuldige ich mich bei Melanie, um mir im Inneren des Schiffs irgendwo einen Platz zum Dösen zu suchen. Überall sind Menschen auf ihren Positionen, wer einen sitzenden Job ausübt, hat die Augenlider gern auf Halbmast oder tiefer gesetzt. Die jungen Matrosen im Steuerstand hocken in einer Art Sekundenschlafstarre auf den bequemen alten Lederhockern. Weiter unten im Schiffstechnischen Leitstand ein ähnlicher Anblick: Von den drei Männern schaut einer kurz vorm Einschlummern noch in seinen Historienroman, der nächste spielt Patience am Laptop, der dritte beobachtet aufmerksam, aber gelangweilt und offensichtlich unendlich müde die Gerätschaften und Anzeigen. Komplett absurd, wie mich die Müdigkeit erschlägt und meinen Kreislauf in die Tiefe reißt. Ich schleppe mich die wenigen Meter zur Kombüse, wo mich der Smut schon erwartet. »Hier, mit viel Zucker!«, sagt er, als er mir den zweiten Kaffee entgegenstreckt. Noch eine Stunde 45 Minuten, dann darf ich sechs ganze Stunden schlafen.

Melanie steht weiterhin ihren Mann im Fahrstand. Der Smut hat Obst und Wasserflaschen für uns herausgestellt. Die Sonne scheint, und immer stehen zwei, drei, vier Raucher, die gerade nichts zu tun haben, ein paar Meter von Melanie entfernt. Sie flachsen oder schweigen miteinander. Ich spreche, wie schon die Schichten zuvor, mit den 76-ern, die sich während der Ausübung ihrer Aufgabe, gen Horizont zu schauen und das Schiff im Ernstfall zu verteidigen, gut unterhalten können. Plötzlich ertönt Musik durch den Bordlautsprecher, die aggressiven Töne der deutschen Metal-Band Rammstein donnern von nun an die kommenden anderthalb Stunden über unsere Köpfe.

Endlich ist es kurz vor zwölf, die andere Schicht wird geweckt, unsere ist zu Ende. Obwohl ich dank der hässlichen Musik wach und aufgeregt bin, schnappe ich mir meine Schwimmweste, laufe so schnell es geht durch die Maschinenräume in die Abteilung III zu meiner noch warmen Matratze und lege mich, so glücklich wie lange nicht mehr, hin. Nach sechs Stunden erwache ich ausgeruht und frisch. Schnell springe ich von meinem Bock, aus der Kajüte und freue mich, in dem Gewusel von Soldaten sofort eine freie Toilette zu finden. Als ich zurückkomme, zieht Melanie natürlich schon ihre Jacke zu. Die folgenden sechs Stunden vergehen schnell, immer neue junge Soldaten tauchen zum Rauchen auf dem Oberdeck bei uns auf. Alle haben Sehnsucht, wollen zur Freundin oder zur Familie, Zypern wird nur als Station, nicht einmal als temporäres Zuhause betrachtet. Nicht nur die jeweils viertägigen Fahrten, der gesamte vier Monate dauernde Einsatz wird als einziges »Durchhalten« gesehen. Sonnenuntergang, Sternenhimmel – es ist Mitternacht geworden, es gibt wieder Essen, und die neue Wache zieht auf. Mit meiner Weste husche ich von Deck und durch die Maschinenräume in meine Kajüte, wo Melanie bereits im Bett liegt.

Am nächsten Morgen versammeln sich auf der Brücke einige Soldaten, die ihren Kaffee lieber in der aufgehenden Morgensonne als im rumpelnden Unterdeck trinken. Alle freuen sich auf morgen, »noch 30 Stunden«, eine Horrorvorstellung für mich, aber sie lässt die Besatzung strahlen. Als ich beschließe, mir zumindest die Haare zu waschen, und mit dicker Schwimmweste in den Duschraum gehe, höre ich plötzlich die Alarmklingel. Ich stürze noch mit Schaum im Haar in meine Kleidung, renne mit der Weste unterm Arm nach oben. Alles ist in Aufruhr, heute ist Übungstag, zunächst werden Verletzte geborgen, der kleine Smut ist in der Kommandeurskammer als Helfer des Sanitätsmeisters und vollkommen überfordert damit, den Puls des vermeintlich Verletzten zu messen. Er ist bald komplett aufgelöst, da der große Smut, der Kommandant und der »San-Meister« seine Ersthelfer-Versuche streng begutachten. Vor der Kammer ist Action ausgebrochen, überall werden Verletzte mit Feuerlöschschläuchen geborgen, rennen Männer zur Leckabwehr und Brandbekämpfung durch die Decks, während Melanie den »Dachs« als Wachoffizier fährt. Schon steht die Übung für den »III. WO« und »II. WO«, also Melanie und Herrn Fuchs, an. Der Kommandant hatte mir noch zu Beginn versichert, dass es vielleicht drei bis sechs Minuten dauern würde, bis ein »Mann über Bord« geborgen sei. Jetzt manövriert Melanie das Schiff mit laut geschrienen Kommandos hin und her und her und hin, sodass wir die orangefarbene Boje, die es zu retten gilt, 25 Minuten lang umfahren. Die Besatzung schafft es nicht »zeitnah«, sie mit einem großen Netz einzufangen, sodass, je nach Wassertemperatur, das

Opfer schon bewusstlos oder tot sein könnte. Ein Rettungsschwimmer springt dann endlich ins Wasser, um das Ding wieder an Bord zu zerren. Auch Offizier Fuchs gelingt die diffizile Aufgabe des zentimetergenauen Manövrierens nicht, sodass der I. WO Herentrey übernimmt.

Schichtende, schlafen. Kein bisschen müde, denke ich, falle aber doch in tiefen Schlaf, kaum dass ich auf meinem Bock liege. Die Mühe, mich auszuziehen, mache ich mir gar nicht erst. »A-Reise«, 18 Uhr, auf, die Heimfahrt steht bald an! In der kommenden Nacht werden wir ab zwei Uhr der Bezeichnung »Schnellboot« alle Ehre machen und mit der Maximalgeschwindigkeit von rund 70 Stundenkilometern über das Mittelmeer zischen. Auf dem Deck sammeln sich wieder die Raucher und die Krankgeschriebenen, alle jammern und meckern über ihren Job, ihre Sehnsucht nach Festland, Deutschland, der Freundin oder der familiären Geborgenheit. Melanie steht derweil ihren Mann auf ihrer Position, hält angestrengt Ausguck und ab und zu einen kleinen Plausch mit II. WO Fuchs. Noch schippern wir ruhig, doch plötzlich tönt es »Warschau, Warschau«, das maritime »Alarm« beziehungsweise »Achtung«, aus dem unter uns liegenden Deck und aus den Lautsprechern. Kurz nach Einbruch der Dunkelheit hat sich ein seegehendes Gefährt blitzschnell auf unseren Radarschirm geschummelt. Kurze Aufregung: Terroristenangriff? Dann Entwarnung. Der Kommandant hat einen Funkspruch der israelischen Marine erhalten, es wird wohl eine hochbewaffnete, 85 Meter lange und bis zu 61 Stundenkilometer schnelle israelische Korvette gewesen sein, »ja, das machen die hier manchmal, um zu zeigen, wer hier der Herr in dieser Ecke des Mittelmeers ist«.

Um Mitternacht gehen wir auf Höchstgeschwindigkeit. Es ist drei Uhr morgens, als mich der Kommandant auf die Brücke holt. Dann der Höhepunkt: In schneller Folge schießt das 76-Millimeter-Geschütz zehn Übungsgeschosse in die dunkle See, irgendwohin 16 Kilometer vor uns. Der Kommandant strahlt und ist stolz auf sein Boot.

Wir wanken zurück aufs Deck, die Zeit zwischen fünf und sieben Uhr vergeht schrecklich zäh. Sonnenaufgang, Zypern in Sicht! Um acht laufen wir in den zuvor nach Minen abgetauchten Hafen ein, nun heißt es »Groß Rein Schiff«, alles muss gründlich geputzt werden, alle haben es eilig, denn die schöne Seefahrertradition »das Einlaufbier« wartet auf die Besatzung. Als endlich alles sauber ist, schleppen junge Matrosen zwei Kästen Bier an Bord, die Fahrt wird besprochen, Post aus der Heimat wird verteilt, und alle wirken glücklich, erleichtert, ausgelassen. Nach dem Bier nimmt mich Herr Prüß wieder in Empfang, schaut mich schelmisch an und fragt: »Na, wie war's?«, woraufhin ich, noch mit schwankendem Gang, einfach nur »sehr interessant, das Leben an Bord« antworten kann und ihn frage, ob ich mich bis zu meinem Abflug abends noch ein wenig in der Kaserne hinlegen könne.

»Aber wenn ich gebraucht werde, muss ich, und dann gehe ich auch mit Dienstfreude«

KFOR, Kosovo, Prizren, Juni 2009

Seit zehn Jahren hat die Kosovo Force (KFOR) den Auftrag, ein multi-ethnisches, friedliches, rechtsstaatliches und demokratisches Umfeld mit aufzubauen und dies militärisch abzusichern.

Nach der Unabhängigkeitserklärung des Kosovo am 17. Februar 2008 hat die NATO beschlossen, dass die internationale Truppe weiterhin im Land bleiben soll. Grundlage hierfür ist nach wie vor die Resolution 1244 des Sicherheitsrats der Vereinten Nationen.

Im Juni 2008 einigte sich die NATO auf neue Aufgaben. KFOR wird zukünftig primär die Entwicklung von professionellen, demokratischen und multi-ethnischen Sicherheitsstrukturen überwachen und dabei eng mit lokalen Autoritäten und internationalen Organisationen zusammenarbeiten (www. bundeswehr.de).

Mit 10 877 Quadratkilometern hat der Kosovo etwa zwei Drittel der Größe Schleswig-Holsteins und ist mit 195 Einwohnern pro Quadratkilometer vergleichsweise dicht besiedelt. 53 Prozent der Fläche werden landwirtschaftlich genutzt, 41 Prozent sind Waldgebiet und fünf Prozent bebaut beziehungsweise Stadtgebiet. Durch die räumliche Struktur einer von Hochgebirgen umgebenen Senke war der Kosovo schon immer eine wichtige ackerbaulich genutzte Region – bekannt ist der Amselfelder Wein.

Rund 16 000 Soldaten aus gut 30 Nationen, unter ihnen rund 2400 deutsche, sollen dafür sorgen, dass sich dieses kleine neue und noch stark umstrittene Land in Europa einfindet. Nachdem der Kosovo die Unabhängigkeit ausgerufen hatte, wurde er bis heute von 63 der insgesamt 192 UNO-Mitgliedsstaaten diplomatisch anerkannt, unter anderem von 22 der 27 EU-Staaten sowie den USA. Die Nachbarschaft zu Serbien stellt für die junge Nation eine Bedrohung dar, denn Serbien sieht den Kosovo nicht nur als Geburtsstätte der serbischen Nation (Schlacht auf dem Amselfeld 1389), sondern auch weiterhin als sein Territorium wie vor 1991, als es noch ein Jugoslawien gab.

Das Einsatzführungskommando der Bundeswehr hat meinen Mitflug vom bayerischen Militärflughafen Penzing aus genehmigt. Um der Bundeswehr eine Woche lang über die Schulter zu schauen, darf ich mich mit meinem muslimischen Kameramann Fahd um 7 Uhr 30 morgens am Check-in des idyllisch gelegenen Kleinflughafens einfinden. Von hier starten viele Truppen- und Versorgungstransporte für UN- und NATO-Einsätze der Bundeswehr. Zweimal pro Woche wird Pristina, die Hauptstadt des jungen Staates Kosovo, angeflogen, leider zu wechselnden Zeiten. Die 42 Jahre alte Transall-Maschine startet nämlich nicht, wie mir angekündigt wurde, um 9 Uhr 30, sondern bereits gleich, und wir stehen auch nicht, wie schriftlich vom Einsatzführungskommando bestätigt, auf der Mitflugliste für Zivilisten. Ein Anruf beim Kommando, in Ordnung, wir könnten mitfliegen, sind aber zu spät, morgen bitte wiederkommen.

Nach einem unverhofften Urlaubstag, den wir auf der Zugspitze verbringen, geht es in der alten, aber gemütlichen Bundeswehrmaschine auf den Balkan, in den Kosovo, wo die Bundeswehr im Rahmen der KFOR für ein sicheres Umfeld für die Zigtausende rückkehrenden ehemaligen Kriegsflüchtlinge sorgen soll. Außer uns fliegen an die 40 Soldaten in den Einsatz, keiner wirkt besonders nervös oder aufgeregt, eher schon im Vorfeld gelangweilt, als ob allein der Gedanke an die heißen Sommer in dem hochgelegenen jungen europäischen Staat ermattend wirkt.

Am zivilen Flughafen von Pristina begrüßt uns Frau Hauptfeldwebel Nicole Schröder. Schon auf den ersten Blick wirkt die Endzwanzigerin fröhlich und sympathisch, als mache es ihr nichts aus, bei rund 32 Grad in Flecktarnuniform, den schweren Kampfstiefeln und mit der Pistole P8 am Oberschenkelhalfter ihren Dienst zu verrichten. Frau Hauptfeldwebel ist eine rund 1,75 Meter große, kräftige Frau mit praktischer Kurzhaarfrisur. Sie ist für die Betreuung der Presse zuständig, die gerade jetzt wieder etwas mehr Interesse für diesen aus dem Blickfeld der Öffentlichkeit geratenen Einsatz zeigt.

Wir verstehen uns auf Anhieb und plaudern über die Mission, während wir die rund anderthalb Stunden ins internationale Camp im deutschen Sektor fahren. Hier leisten aktuell 2470 Deutsche, unter ihnen 140 Frauen, ihren Dienst im Sinne der internationalen Friedenssicherung. Die Blauhelme hier seien zu »Symbolen des kooperativen, transnationalen militärischen Handelns geworden, das an sich als ein Beitrag zur Stabilisierung der Welt begriffen werden muss«, erklärt sie fast etwas philosophisch.

Der Einsatz verlaufe wie erwartet ruhig, seit sie vor rund zwei Monaten hier vor Ort ihren Dienst antrat. Frau Hauptfeldwebel ist sehr glücklich, dass sie als 28-jährige Mutter eines Vierjährigen bislang nicht nach Afghanistan musste. »Natürlich würde ich gehen, wenn mein Dienstherr es wünschen würde«, sagt sie und fügt mit ironischem Unterton hinzu: »Außerdem ist die Bundeswehr ja auch gar nicht in einen Kriegseinsatz verwickelt, wir stabilisieren in Afghanistan ja nur, die Kampfhandlungen zur Selbstverteidigung gehören aufgrund des Umfelds mit zum Auftrag.« Aber manchmal »müssen auch Mütter in einen heißen Einsatz, dann geht es halt nicht anders«. Sie hofft, Berufssoldatin zu werden und bald auf ihren alten Büroposten in der heimatlichen Kaserne, nur wenige Fahrminuten von ihrer neuen Eigentumswohnung entfernt, zurückzukehren.

Ein wenig scheint es sie zu freuen, dass wir weder wie ein anstrengendes Kamerateam wirken, das alles, was zu filmen verboten ist, filmen will, noch den Eindruck erwecken, einer fiktiven Story-Idee zu folgen, die wir nun dringend präsentiert und inszeniert sehen wollen.

Der zuständige Presseoffizier Friedrich-Franz Sodenkamp hatte mir schon vorab von dem letzten unrühmlichen Besuch der Kollegen von »Spiegel TV« erzählt: Als eine ostdeutsche Regionalzeitung eine leicht bekleidete Girlie-Band einfliegen ließ und Freibier spendierte, nahmen die Soldaten dies natürlich zum Anlass, ein richtiges Fest zu feiern. Nach dem alten Soldatenmotto »In der Armee ist alles erlaubt – Hauptsache, du lässt dich nicht erwischen« trank der eine oder andere schon mal einen Schluck mehr, als die »Zwei-Dosen-Regelung« für deutsche Soldaten im Einsatz in militärischen Liegenschaften gestattet. »Spiegel TV« zog den gesamten Einsatz, »unsere ganze geleistete Arbeit hier dann in den Dreck«, sagte er ernsthaft und wütend, denn der Beitrag nannte sich »Ballermann im Kosovo«.

Ich will einfach nur wissen, wie das soldatische Leben hier wirklich ist. Der Einsatz verlaufe »wirklich sehr ruhig«, wiederholt Frau Schröder. Die letzten Unruhen gab es 2004. Seit aufgebrachte Kosovaren damals 19 Serben töteten und an die 1000 verletzten, ist es zu keinen weiteren Vorfällen gekommen. Ein Mob von rund 5000 Kosovaren wurde damals durch Gerüchte gegen die serbische Bevölkerung aufgebracht, und es kam im damals noch serbischen Viertel von Prizren zu Brandschatzungen und Aggressionen.

Die Soldaten der Bundeswehr und auch die der bulgarischen, georgischen, österreichischen, Schweizer und türkischen Armee, die im Hauptquartier der KFOR leben, hatten keine legalen Möglichkeiten, den Mob ohne Waffengewalt unter Kontrolle zu bringen. So musste die internationale Truppe zusehen, wie die Kosovaren die letzten Serben aus dem Städtchen vertrieben. Nicht ganz, circa 35 ältere Serben leben noch in Prizren und werden als Ureinwohner von der zumeist albanischstämmigen Bevölkerung akzeptiert. »Würde das heute noch einmal vorkommen, so wäre es kein Problem, die Meute unter Kontrolle zu bringen«, hatte mir Presseoffizier Sodenkamp zuvor gesagt. Denn mittlerweile hätten alle an KFOR beteiligten Nationen »Crowd and Riot Control«, also das »Kontrollieren einer Menschenmenge und eines Aufstands« trainiert und die entsprechende Schutzkleidung wie auch »Bewaffnung«, also Schlagstöcke und Gummigeschosswaffen, auf Lager. Dazu kämen Fahrzeuge, die mit Wasserwerfern und Tränengasanlagen ausgestattet seien. »Damit wir als internationale Schutztruppe nie wieder so machtlos zusehen müssen, wenn die eine Ethnie die andere wieder einmal vertreiben oder etwas zurückerobern will«, erklärt Frau Schröder. Ihr Auftrag sei ganz klar, im internationalen Verband für Ruhe und Stabilisierung im Kosovo zu sorgen, sei es nun unter Kosovaren, Serben oder Albanern. »Na ja, man könnte auch sagen, den Menschen hier so lange beizustehen, bis dauerhafter Frieden eingekehrt sei, und in der Zwischenzeit sollte zumindest die von uns ausgebildete lokale Sicherheitseinheit das irgendwann allein regeln können« fügt sie an. Die auch von den Deutschen trainierte »Sicherheitseinheit« umfasst 2500 leicht bewaffnete Mitglieder und 800 Reservisten.

Zunächst setzt sie uns an einem schicken neuen und etwas teuren Hotel ab, das die Bundeswehr für uns reserviert hat. Mir fehlt in dem typisch postmodern-osteuropäisch eingerichteten Hotel ein wenig das Flair, und so beziehen wir lieber ein Zimmer im ehemaligen »Grand Hotel« von Prizren, das trotz seiner Schäbigkeit historischen Charme ausstrahlt. Ein befreundeter Berliner Fotograf erzählte mir, wie er im Juni 1999 in dieses Hotel einzog, als er direkt nach dem Abzug der serbischen Truppen den von der Bevölkerung freudig begrüßten Einzug der deutschen Soldaten dokumentierte. Das Hotel hatten die Serben verwüstet, überall fand man zertrümmerte Einrichtungsgegenstände und leere Schnapsflaschen, Spuren des Hausens der Besatzerarmee.

Nach dem Check-in möchte ich Frau Hauptfeldwebel auf einen Kaffee einladen, doch sie winkt ab. Bald sei es schon Zeit für das Abendessen im Camp. Außerdem dürfe sie kaum etwas außerhalb des Lagers zu sich nehmen, zum Beispiel keine lokalen Milchprodukte, nicht einmal Milch im Kaffee dürfe sie »draußen« trinken. Ich frage, ob sie denn in ihrer Freizeit rausginge, sich das Städtchen und am Wochenende die Umgebung anschaue. »Ach, wissen Sie, da geht irgendwann das Interesse verloren.« Im idyllischen Städtchen Prizren darf sie zwar dienstlich mit der Presse unterwegs sein, das Lager aber abends nicht verlassen. Dies sei nur am Wochenende in Gruppen gestattet, die alle Uniformen tragen und bewaffnet sein müssten. Und das auch nur in der Zeit zwischen 13 und 18 Uhr, in der Sommerhitze. Da Sonntag der einzige Tag sei, an dem sie im Camp nicht den Flecktarn-Tagesdienstanzug und vor allem nicht die schweren Stiefel tragen müsse, verbrächte sie ihn gern in Joggingklamotten und Badelatschen, sie mache die Wäsche, spiele Beachvolleyball und telefoniere per Skype-Computer-Bildtelefon mit ihrer Familie.

»Aber mit Bild telefoniere ich nicht«, fügt sie traurig hinzu, »sonst ist es später umso schlimmer, wenn ich meine beiden Männer daheim nicht umarmen kann.« Ich bin Frau Schröder dankbar für ihre Ehrlichkeit. »Na, Sie sind ja auch nur 'ne Frau und immer unterwegs, Sie werden das kennen, wenn man jemanden ganz schlimm vermisst und das Gefühl hat, das richtige Leben zu Hause schreite mit Siebenmeilenstiefeln voran. Und wir sitzen hier und schieben Dienst, und Sie berichten darüber, wie wir Dienst schieben, da gibt's doch auch nettere Jobs als Journalistin.« Ich erkläre, dass ich gewissermaßen auch eine Mission habe, der ich mich verpflichtet fühle.

Mit Handschlag verabschieden wir uns für den Tag, morgen früh wird Frau Hauptfeldwebel um 8 Uhr 45 vor unserer Tür stehen, um uns ins Campleben einzuführen. Ich nutze die freie Zeit, um einen Spaziergang durch die Altstadt mit ihren vielen Moscheen zu machen. Der Fluss Lumebardhi schlängelt sich an zahlreichen einladend wirkenden Restaurants, Imbissstuben und Kaffeehäusern entlang, modern und elegant gekleidete Frauen sind beim Shoppen oder sitzen, auch in gemischtgeschlechtlichen Gruppen, mit gut gekleideten und schick frisierten jungen Männern auf den Terrassen der zahlreichen Bars und Cafés. Es wird viel geflirtet an diesem lauen Frühabend, sodass in mir fast Urlaubsstimmung aufkommt. Mein Kameramann und ich gehen essen und genießen alle landestypischen Spezialitäten – Cevapcici und Pljeskavica, deftige Hackfleischgerichte –, auf die wir Lust haben, egal, welche Vorsichtsmaßnahmen die Bundeswehr ihren Mitgliedern vorschreibt. Auf der kleinen Plaza im Zentrum der historischen Fußgängerzone findet ein »Umsonst-und-draußen«-Konzert hiesiger Rockbands statt, und wir beobachten Hunderte junge Menschen beim ausgelassenen Feiern und Tanzen. Die »KFOR City Patrol« – junge deutsche Bundeswehrsoldaten, die mehrmals pro Tag in der Altstadt unterwegs sind – schaut sich das Konzert aus einiger Distanz an und irritiert den Betrachter. Auch die beiden Militärjeeps, die beiden »Wolf«-Fahrzeuge an der restaurierten Brücke über den Fluss, scheinen nicht in das Bild eines friedlichen Sommerabends zu passen. Doch die Soldaten lächeln und scheinen aufgrund des unverhofften Rockkonzerts gute Laune zu haben. Einige sitzen auch zu acht in einem Café am Platz und plaudern offenbar locker mit den Einheimischen an ihrem Tisch.

Am nächsten Tag holt Frau Schröder uns ab, und ich erfahre, dass diese Soldaten im Café mitnichten einfach ihren Feierabend mit den Einwohnern verbringen wollten. Vielmehr handelt es sich bei diesen Soldaten um »Gesprächsaufklärer«, die nahezu ständig in der Stadt unterwegs sind, um »die Stimmung in der Bevölkerung, Gerüchte und Klagen über Missstände« aufzuschnappen, weiterzumelden und gegebenenfalls Maßnahmen zur Vorbeugung oder zur Hilfe einzuleiten. Dabei sprächen die dafür ausgebildeten Soldaten oft mithilfe von einheimischen Dolmetschern mit Kaffeehaus-, Restaurant- und Barbesitzern, Politikern, Lehrern und auch Zeitungsverkäufern, die nah am Puls der Einwohner sind.

Im VW-Transportbus »T4« geht es zum Camp. Das multinationale Militärlager, etwas außerhalb Prizrens gelegen, wirkt nach diesem ersten, friedlich-entspannten Eindruck des Städtchens wie eine überdimensionierte militärische Festung. Keine Fotos von außen, alles wird videoüberwacht, niemand darf das Camp ohne Besucherausweis und ohne militärische Begleitung betreten. Hauptfeldwebel Schröder muss ihre teilgeladene Waffe entladen und weist ihren Fahrer noch einmal an, besonders langsam im Camp zu fahren. Zum einen will sie uns das ganze Lager in einer Rundfahrt präsentieren, zum anderen ist sie, wie alle anderen Fahrzeuge im Camp auch, stets auf der Hut vor den patrouillierenden Feldjägern. Mit Laserpistolen wacht die deutsche Militärpolizei streng über die Einhaltung der Straßenverkehrsordnung und der geringen Höchstgeschwindigkeiten auf den Straßen des Camps.

Die verschiedenen hier in Containern oder festen Häusern untergebrachten Kompanien haben Ortsschilder ihrer Heimat- oder Patenstadt an den jeweiligen Eingängen angebracht. Städteflaggen wehen in der leisen Morgenbrise, die einen heißen Tag verspricht. Auffällig sind die vielen »Betreuungseinrichtungen«, wie Orte heißen, an denen Soldaten ungezwungen und besonders in ihrer Freizeit zusammenkommen und Ablenkung finden können. So gibt es die »Millennium Bar«, den »Notnagel«, die »Oase« als kirchliche Einrichtung, ein großes Beachvolleyballfeld. In der Pizzeria »Antalya« kann, wem die reichhaltigen Buffets der Feldküche nicht genügen, täglich der italienischen Küche frönen. Dazu kommen ein deutscher Marketender, der Gegenstände des täglichen Bedarfs, Alkohol und Zigaretten günstig und steuerfrei anbietet, das kleine Feldpostamt, eine Sauna, ein Solarium, Friseursalon, das Lazarett beziehungsweise das modernste Krankenhaus im Umkreis und die Camp-Feuerwehr.

Das Lager verteilt sich weitläufig auf dem Gebiet einer ehemaligen Kaserne der jugoslawischen Armee. Zahlreiche Neubauten, die meist zu administrativen Zwecken genutzt werden, stehen zwischen Containerhäusern, den Unterkünften der Soldaten bis in die höheren Dienstgrade hinein. Der einzige Luxus, den höherstehende Soldaten genießen dürfen, ist die Belegung einer Zweier-Stube allein.

Dazu gibt es noch ein großes Sportzelt, in dem von 5 Uhr 30 bis 22 Uhr trainiert werden kann. Auch Frau Schröder betätigt sich, wann immer es geht, sportlich, doch wegen der aktuell ständig anreisenden Presseteams hat sie dazu kaum Zeit. Und das, obwohl sie bei Stress doch immer gern eine große Packung ihrer geliebten Gummibärchen vernasche. Aus ihrem letzten Einsatz, bei dem sie bereits »mächtig zugelegt« habe, hat sie gelernt. In ihrem winzigen Container hat sie nun eine Personenwaage unter dem Bett positioniert, damit sie »wenigstens diesmal nicht schon wieder die 85-Kilo-Marke« überschreitet. Am Kopfende ihres Bettes ist ein Kalender aufgehängt, auf dem sie, ganz so, wie man es von Gefängnisinsassen weiß, ihre abgeleisteten Tage im Auslandseinsatz abstreicht. Jeder weitere freie Platz an der Wand um ihr Bett ist eng mit bunten Fotos ihres kleinen Sohnes dekoriert. Statt der Feldbettwäsche ist eine etwas verwaschene »Liebe ist …«-Bettdecke mit dem bekannten Comicpärchen aus den Achtzigerjahren auf ihre Schlafstatt aufgezogen. Der Anblick dieses liebevoll und sehnsüchtig zurechtgemachten Zimmers geht mir ans Herz. Frau Hauptfeldwebel kann ich nun nicht mehr einfach als »Frau Hauptfeldwebel Schröder, für die Pressebetreuung bei KFOR zuständig« einordnen, sondern ich sehe sie auch als tapfere junge Frau, die diese harte Trennung in einer wichtigen Entwicklungsphase ihres einzigen Kindes bestehen muss. Eine Frau, die sich tagsüber so gut es geht durch Dienst und Sport von der Sehnsucht nach Kind und Mann daheim bei Jena abzulenken vermag, sich aber nach Dienstausscheiden stets telefonisch bei ihrer Familie meldet und versucht, auf dem Stand der Dinge an der Heimatfront zu bleiben. Ihre fast kindlich anmutende Dekoration kann ich verstehen. Schon einmal habe ich ein derart mit Kinderfotos

ausgeschmücktes Zimmer gesehen, bei einem Fregattenkapitän im Süden Libanons, in Naquora, dem dortigen UNI-FIL-Hauptquartier. Kapitän Büsching hatte bald nach der Niederkunft seiner Frau trotz hervorragender Karriereaussichten keine Nerven mehr für diese ständige Sehnsucht und ging in Elternzeit, um die wichtige Phase der frühkindlichen Entwicklung nicht zu verpassen. Nicole Schröder aber hat noch eine stärkere Sehnsucht, nämlich die nach einem finanziell abgesicherten Leben. Und die frisch erstandene Eigentumswohnung will abbezahlt werden, wenn es nach Nicole ginge, dann »eher gleich als später«. Die 68 Euro, die sie jeden Tag im Einsatz extra zu ihrem Sold der Besoldungsgruppe A8, also rund 2270 Euro, an Dienstbezügen steuerfrei als »Auslandsverwendungszuschlag« erhalte, »können da schon, über die Monate gesehen, einen schönen Beitrag leisten«. Und schließlich habe auch das Kind Wünsche. Jan sei jetzt im »Ritteralter«, er könne gar nicht genug Playmobil-Figuren haben, und die geliebten »Sponge-Bob«-T-Shirts und -Accessoires seien auch nicht ganz billig. Ein weiteres Kind will sie sich ebenso wenig leisten, wie sie heute bereit ist, an einen weiteren Einsatz zu denken. »Aber wenn ich gebraucht werde, muss ich, und dann gehe ich auch mit Dienstfreude. Denn dafür bin ich Soldat geworden, dafür habe ich unterschrieben«, erklärt sie plötzlich erschreckend unsentimental.

Aber, und nun wird sie wieder ganz liebevolle junge Mutter, sie habe sich natürlich Tricks und Kniffe überlegt, damit sich das Kind nicht allzu sehr von ihr entfremdet. »Ich nehme immer ein paar Ritter und andere kleine Geschenke aus Deutschland mit«, erzählt sie, »und dann verpacke ich sie hübsch und schicke sie wieder nach Hause zu Jan.« Zudem sei es ein Ritual, sich täglich Punkt 18 Uhr bei ihrer Familie zu melden. Nach dem abendlichen Telefonat sei sie dann erst mal zehn Minuten nicht ansprechbar, aber mit

Schokolade oder Gummibärchen bekäme sie ihre Gefühle bald wieder in den Griff. »Noch mal – also wenn's nach mir ginge – täte ich mir das nicht an. Aber nach mir geht's ja nicht, und das ist auch ganz o.k. für mich. Nur manchmal halt …« Beim Blick auf das Foto ihres damals Dreijährigen im Planschbecken des heimatlichen Gartens versagt Frau Hauptfeldwebel kurz die Stimme. Doch ihre Kollegen – und zum Glück auch ihre verständnisvollen Vorgesetzten – wüssten schon, dass Nicole zwischen 18 und 18 Uhr 15 täglich ihre »fünf Minuten« habe.

Danach bekommen wir die obligatorische PowerPoint-Präsentation von einigen Oberstleutnants und Hauptmännern. Nach diversen Versuchen, die über 45 Minuten andauern, schaffen es das für mich zuständige Komitee und deren soldatische Laufburschen, einen Beamer am Laptop anzuschließen und zum Laufen zu bringen. Wegen eines Stromausfalls musste erst der Generator aktiviert werden. Doch während des Vortrags erlebe ich die altgedienten Heeressoldaten nicht wie gewohnt bemüht überkorrekt, sondern fröhlich und selbstironisch feixend. Besonders interessant finde ich das Projekt »CIMIC«, die »Zivil-Militärische Zusammenarbeit«. 250 Soldaten sind in diesem Projekt beschäftigt. Sie reparieren in ihrer Freizeit die Transportbusse des lokalen Blindenvereins und helfen Müttern von behinderten Kindern bei der Errichtung einer Beratungsstelle sowie eines Treffpunkts für leidgeprüfte Eltern.

Zudem unterstützen die hiesigen Soldaten der Bundeswehr ein angesehenes Mädchenlyzeum mit privaten Spenden und Aktionen. Das erzählt mir ein Oberstleutnant während einer Zigarette auf seinem Dienstbalkon mit weitem Blick über die Stadt und die umliegenden Berge.

Im Anschluss an das Referat, in dem über zivile und landwirtschaftliche Aufbauprojekte im deutschen Sektor rings um Prizren informiert wurde, besuchen wir das CIMIC-Zentrum in Prizren, das mir zeigt, dass es Deutschland mit seinem Auslandsengagement ernst meint. Die Bundeswehr zieht folgendes Resümee:

Seit 1999 unterstützten deutsche Soldaten im Rahmen der Zivil-Militärischen Zusammenarbeit (Civil Military Cooperation, CIMIC) die kosovarische Bevölkerung und zivile Einrichtungen im Einsatzraum des deutschen Kontingents der KFOR. In dieser Zeit wurden insgesamt 2924 Projekte durchgeführt. Während ihres Einsatzes wurden Hunderte Tonnen Hilfsgüter umgeschlagen und mehr als 20 Millionen Euro als unmittelbare Unterstützung für die Bevölkerung und Institutionen des Kosovo eingesetzt. Im September 2009 sind die letzten deutschen CIMIC-Kräfte nach Deutschland zurückgekehrt. Der damalige Verteidigungsminister Dr. Franz Josef Jung bilanzierte: »In diesen zehn Jahren hat es das Kosovo geschafft, eigene staatliche und nichtstaatliche Strukturen zu etablieren und in Zusammenarbeit mit anderen internationalen Organisationen vergleichbare Projekte zu realisieren. Der Auftrag der Bundeswehr in diesem Bereich ist erfüllt.« (www.bundeswehr.de)

Im Kosovo leben rund 85 000 Rentner, die mit 40 bis 80 Euro monatlich auskommen müssen. Auch wenn das Land auf Westeuropäer preiswert wirkt, müssen die Einwohner zusehen, wie sie bei einer Arbeitslosenquote um die 45 Prozent (Angabe: UN) zurande kommen. Nicht unbedingt besonders gut – rund 17 Prozent der Kosovaren leben unterhalb der Armutsgrenze. Viele heute ältere Männer haben in jungen Jahren in Deutschland gearbeitet und Rentenansprüche erworben. Damit sie die ihnen zustehenden Zahlungen erhalten und überhaupt eine Chance haben, den komplizierten deutschen Rentenantragsformularprozess zu verstehen, organisiert die Bundeswehr hier im Rahmen der zivilmilitärischen Zusammenarbeit einen Übersetzer und die entsprechenden Formulare.

Zwar sprechen nach Schätzungen des Offiziers, der mich begleitet, rund 40 Prozent der Kosovaren deutsch, aber vielleicht nur fünf Prozent können es auch schreiben. Dank des CIMIC-Engagements können nun 6478 kosovarische Rentner die ihnen nach deutschem Recht zustehende Rentenzahlung erhalten und damit ihre Familien unterstützen, statt ihnen zur Last zu fallen. »Mit 1600 Euro kann hier schon eine ganze Großfamilie durchkommen!«, erklärt mir der Offizier.

Wirklich bedürftige Familien bekommen zudem Lebensmittelpakete, die Mehl, Öl, Zucker, Waschmittel, Konserven, Milchpulver und bei Bedarf auch Windeln enthalten. »Da passen wir aber schon auf, wer das bekommt. Es ist schon oft vorgekommen, dass hier Leute um Hilfe gebeten haben, und wenn wir geschaut haben, wo die wohnen, standen da ein neu gebautes Haus und zwei Mercedes vor der Tür.« Daher wird geprüft, ob die Antragsteller im Besitz einer gültigen Armutsbescheinigung sind, und dann gegebenenfalls mit einem Care-Paket geholfen.

Mit dem »T4«-VW fahren wir nun zum Agrarinformationszentrum, in dem sich die Bauern der umliegenden Ländereien über ökologisch vernünftigen Landbau im Jahr 2009, mit Hinblick auf Europa als Exportmarkt, kundig machen können. Wir besuchen eine Farm, auf der Agraringenieure – deutsche Soldaten der Bundeswehr – regelmäßig Seminare zu Themen wie »Richtiger Umgang mit der Klauenschneidemaschine« und »Kaiserschnitt bei Rindern« für die lokalen Bauern abhalten. Kostenfrei selbstverständlich. Ein Agraringenieur – Reservist – nimmt manchmal an Round-Table-Diskussionen teil, in denen die Bevölkerung zu Wort kommt. Die Strom- und Wasserversorgung, die Straßen, auf denen alle zu schnell fahren, seien »noch suboptimal. Da sehen wir unsere Herausforderung, und auch darin, die Bauern hier fit für Europa zu machen.«

Die amerikanische Hilfsorganisation USAID hat einigen Bauern, so auch der Familie, die wir jetzt besuchen, einen alten Traktor gespendet. Ingenieur Kamp winkt ab: »Das ist die einfache Variante, hier ein altes Ding aus der Türkei für vielleicht 400 Dollar hinzustellen. Wir aber betreuen die Bauern in ihren Überlegungen, was sie wann anpflanzen sollten, was welchen Dünger braucht und welche Sorten langfristig für die EU-Länder produziert werden sollten.« Auf der Fahrt zu einem von ihm betreuten landwirtschaftlichen Großbetrieb bedauern wir gemeinsam, dass es aufgrund dieser verordneten Empfehlungen bald nicht mehr die saftigen hiesigen Obst- und Gemüsesorten geben wird. Wir kommen zu den Bauern, der Mann ist einer der Vorsitzenden des Gemüseanbauverbandes mit rund 150 Mitgliedern. Seine Frau, dürr und sehnig, mit Kopftuch und den geschundenen Händen einer Feldarbeiterin, bringt uns kleine Tassen schwarzen Kaffees. Wir sitzen unter einem Apfelbaum, es ist heiß, ein paar Fliegen surren in der Mittagshitze. Der Farmer erzählt über Stunden von dem, was seine Kooperative bewegt (plötzlich sind zu viele Gurken auf dem Markt, niedrige Preise, Probleme mit der neuen Bewässerungsanlage), der Soldat sichert zu, Gehörtes zu prüfen. Dann besichtigen wir die Gewächshäuser und mächtigen Tomatenstauden. Die modernen Spritzmittel kommen von Bayer. Nach vier Stunden verabschieden wir uns wieder in den Geländewagen »Wolf«, mit dem wir heute unterwegs sind.

Doch die sattgrüne und hügelige Landschaft, die wir durchfahren, ist auch eine hässlich zersiedelte Gegend, in der die Häuser einfach so, oft ohne Plan, irgendwohin gebaut worden sind, wo ein Grundstück frei war. Einen Bebauungsplan gibt es nicht, und Fassaden und Putz werden erst als letzter Schritt im Bauprozess an den allesamt unfertigen Ein- bis Zweifamilienhäuschen angebracht. Viele Kosovaren arbeiten saisonal in Deutschland oder Österreich und bauen weiter am Familiensitz in der Heimat, wenn wieder neues Geld erwirtschaftet wurde. Manche Häuser gleichen postmodern-kitschigen Fertigbaupalästen mit übertriebenen Auffahrten, pompösen Säulen und dicken Limousinen davor. Obwohl die Arbeitslosigkeit auf 45 Prozent geschätzt wird, sollen 80 Prozent der männlichen Bevölkerung illegalen Beschäftigungen nachgehen. »Immerhin gibt es hier 120 Dollar-Millionäre«, erklärt mein Offizier, »auch nicht koscher gemachtes Geld aus Hamburg, Schutz- und Drogengeld, wird hier gewaschen. Aber das zu stoppen ist zum Glück nicht unsere Aufgabe«, betont er erleichtert. »Wir leisten hier Hilfe zur Selbsthilfe.« Unser letzter Punkt des Tages ist ein Besuch des Agraringenieurs in Uniform bei einer Frauen-Milchkooperative. 207 Frauen eines Dorfes sind nach dem Krieg als Witwen zurückgeblieben, die sich in Ermangelung eines Berufs nicht allein ernähren konnten. Mit der Aktion »Eine Kuh für eine Frau«, die vor einigen Jahren von der Regierung initiiert wurde, schaffen die Frauen es nun, ihren Lebensunterhalt selbst zu verdienen. Beim Verkauf einer Kuh darf die Witwe sogar mit rund 1300 Euro Erlös rechnen, für Kälber gibt es 200 bis 400 Euro.

Zu Beginn der Aktion wurden 120 Kühe verteilt, als diese kalbten, bekamen alle Frauen Kühe. Deutschland schenkte den Frauen noch 25 000 Hühnerküken extra. Wir besichtigen den großen Pasteurisiertopf, den deutsche Ingenieure instand halten, der Agraringenieur schenkt der Kooperative einige Meter eines festen guten Schlauchs, um die Milch nach dem Erhitzen aus dem Kessel abzupumpen, die alten Schläuche sind kaputt. Überglücklich bedankt sich die Bäuerin und winkt uns nach, als wir davonfahren. Der Reservist hat zu Hause seinen eigenen landwirtschaftlichen Betrieb, die Bundeswehr zahlt einen Ersatzmann, solange er im Einsatz ist. »Es hat sich schon viel getan«, resümiert er auf dem Heimweg nach Prizren, »2001 war ich zum ersten Mal hier, und es lagen Tierkadaver, kaputte Autos und noch viel mehr Müll als heute auf den Straßen herum. Wir haben uns von der Nothilfeleistung hin zur Beratung entwickeln können. Trotzdem sind die hier noch meilenweit von Mülltrennung und vernünftigen Abgasregelungen entfernt.«

Er bringt mich ins Camp zurück, wo wir mit Frau Hauptfeldwebel zu Abend essen.

Hauptfeldwebel Schröder lädt sich Brot, Wurst und Käse, dann auch noch einen Pudding, Joghurt, Kuchen (»Nervennahrung für später«) und Obst aufs Tablett. So viel esse ich manchmal den ganzen Tag nicht. Hinterher gibt es dann noch einen cremigen Cappuccino, »so viel Zeit muss sein«. Nicole, wie ich sie mittlerweile nennen darf, berichtet, dass es keinerlei Probleme im Zusammenleben zwischen Männern und Frauen hier gäbe. Paare hätten das Recht, einen Antrag auf eine gemeinsame Stube zu stellen, bei ihr wüssten die meisten, dass sie verheiratet und Mutter sei, so bekäme sie keine »eindeutigen Angebote« von den Kameraden. Für den übernächsten Tag hat sie mir einen Gesprächstermin mit zwei Kameradinnen arrangiert: Ich treffe eine Afghanistan-erfahrene Ärztin und eine Sanitäterin, welcher der »heiße Einsatz« noch bevorsteht.

Am nächsten Morgen steht ein Ausflug zum Beobachtungsposten »Auge« an. Hier, an einer bei den Unruhen von 2004 fast ganz ausgebrannten Kirche, überwacht die Bundeswehr in Zweier-Teams die Stadt von oben. Außer dass drei per Fotoaushang bekannte alte Serbinnen zum Gebet kommen, »passiert hier zum Glück nichts«. Es geht weiter zum Erzengelkloster, einer urserbischen Enklave inmitten des deutschen Sektors. Hier beschützt die Bundeswehr die Serben vor den Kosovaren, denn 2004 wurde auch das Kloster angegriffen, die Bundeswehr konnte die erzkonservativen Mönche, die noch von einem Wiederaufbau Groß-Serbiens in den Grenzen des ehemaligen Jugoslawiens träumen, in letzter Sekunde vor dem brandschatzenden Mob evakuieren. Innerhalb des folgenden Jahres konnten die sechs Mönche wieder in die Ruinen des Klosters zurückkehren und leben dort seitdem, beschützt von 20 deutschen Soldaten.

Als Nicole und ich später ins Camp fahren, herrscht rings um das zentral gelegene Beachvolleyballfeld eine ausgelassene Stimmung. Heute findet ein Turnier statt, es gibt sogar richtige bundeswehrinterne Wettkämpfe, das »BW-Beachen«. Aus einem massiven Soundsystem dröhnen aktuelle Chart-Hits, der eine oder andere freut sich schon am Vormittag auf den Gerstensaft, der ab 19 Uhr preiswert im großen Humpen der Betreuungseinrichtungen gereicht wird. An einer Biertischbank sitzen meine beiden Gesprächspartnerinnen. Das Gespräch zu eröffnen ist leicht: Wir plaudern erst mal über die Männer, die sich vor unseren Augen sportlich verausgaben.

Die Ärztin, Nina Streib*, nimmt mich mit ihrem natürlichen Charme gleich in Beschlag. Sie kommentiert die Sport-Schau trocken: »Also warum immer die, die das T-Shirt bis zuletzt anlassen sollten, gerade als Erste gegen die Kleiderregelung verstoßen müssen ... oh nee, wie der Arme aussieht, ich mache gleich Meldung, das will ich nicht sehen«, scherzt sie mit Blick auf einen mächtigen freigelegten Bierbauch, der auf dem Spielfeld durch die Luft wabbelt.

»Ja, das Gewicht ist ein Problem bei der ganzen Bundeswehr, wir sind im Schnitt fünf Prozent dicker als die restlichen Deutschen, über 40 Prozent Übergewichtige, fast zehn Prozent davon sind sogar fettleibig, rund 70 Prozent rauchen, und nur 27 Prozent machen regelmäßig Sport. Wir halten zwar alle zum gesunden Leben an, aber vernünftige und maßvolle Nahrungsaufnahme kann man in keiner ZvD (Zentrale Dienstvorschrift, das Regelwerk der Bundeswehr) vorschreiben.«

Nina kann dieses Phänomen überhaupt nicht verstehen, denn sie hat sich wegen ihrer Liebe zum Sport als Offizierin beim Heer für damals noch 15 Jahre verpflichtet. »Ich konnte mir nicht vorstellen, einen normalen Bürojob zu machen, und das bezahlte Studium lockte schon. Allgemeinmedizin konnte ich mir gut vorstellen …« – und so einfach wurde die junge Frau aus München Soldat. »Wirklich, ich schäm mich fast, wie naiv ich war«, meint die schlanke Mittdreißigerin jetzt. »Ich wollte was mit Action, und weil ich so gern schwimme und die die schönsten Uniformen haben, dachte ich: Marine. Es gab aber nur was beim Heer für mich. War mir auch egal.« Im Nachhinein sei ihre Sicht schon »ganz schön verklärt gewesen«. In ihrer Euphorie habe sie sich damals gar nicht richtig informiert. »Reisen, Menschen helfen, bezahlt werden war eigentlich, was ich wollte. Hat bis auf das Reisen auch geklappt«, resümiert sie knapp. »Aber bereut habe ich es bis heute nicht, es war eine interessante Zeit, vielseitig, ich bin international fit in meinem Fachbereich, also jetzt müsste es schon mit dem Teufel zugehen, wenn ich mir meine restlichen Träume nicht erfüllen könnte.«

Nach einer interessanten Studienzeit in München, in der das Militärische »zum Glück« in den Hintergrund rückte, leistete sie ihren Dienst in heimatlichen Kasernen und auch in Afghanistan. Ihr Partner, den sie schon an der Uni kennenlernte, ist ebenfalls Arzt und Soldat. Er unterstützte sie bei ihren Verpflichtungen und Einsatzvorbereitungen, soweit es nur ging. »Nach diesem Einsatz ist Schluss, dann hab ich meine Pflicht getan.« Ob sie denn, wie so viele Soldaten nach Beendigung ihrer Laufbahn, Angst vor dem großen Loch habe, in das viele psychisch fallen?

»Leider weiß ich, dass es vielen meiner Kameraden, die sich zu sehr mit ihrem Beruf als Soldat identifizieren, so geht. Ich bin aber zuallererst Ärztin, und ich liebe meinen Beruf.« Im nächsten Jahr wird sie zusammen mit ihrem Freund, der dann auch frei von Verpflichtungen sein wird, zunächst zwei Monate lang tauchärztlichen Bereitschaftsdienst auf einer kleinen, luxuriösen Insel der Malediven leisten, dann geht es gemeinsam rund um die Welt. »Ein paar Monate reisen, dann etwas Sinnvolles tun, vielleicht in Südamerika ein medizinisches Hilfsprojekt auf die Beine stellen. Und später einen schönen Posten in der Schweiz finden.« Der energischen Frau ist anzumerken, wie sehr sie sich auf das Leben »danach« freut, denn viel von der Welt hat sie bis heute nicht sehen können. »Ich weiß gar nicht mal, wie Afghanistan so richtig aussieht«, beschreibt sie ihren Einsatz im Winter 2007 dort. »Ich saß immer nur in einer gepanzerten, rumpelnden Blechbüchse und hoffte, dass nichts passieren möge.« Sie war stets mit den Patrouillen im Land unterwegs, als vorsorglich mitreisende Ärztin. »Ich habe die psychische Belastung im Vorfeld des Einsatzes gar nicht so gemerkt, erst als ich da war, war ich ständig nervös und konnte nicht gut schlafen.« Auf Patrouille habe sie zwar keinen frisch verletzten Kameraden helfen müssen, was von den Ärzten meist als das Schlimmste beschrieben wird, sie habe aber »allerlei Verletzungen« behandelt, bei denen sie sich nicht sicher war, wann und ob diese wieder so verheilen würden, »dass dem Opfer ein lebenswürdiges Dasein gestaltet werden kann«. Als ganz schlimm empfindet sie das Problem der Posttraumatischen Belastungsstörung (PTBS) – die Veteranenkrankheit, die 2008 bei insgesamt 245 Soldaten diagnostiziert wurde. Im Jahr 2009 erkrankten 418 Soldaten meist durch den ISAF-Einsatz an PTBS. Frauen werden von der Statistik nicht gesondert erfasst. Unbekannt ist dabei die Dunkelziffer, denn viele Soldaten bekennen sich trotz eindeutiger Symptome, auf welche die Bundeswehr in großen Kampagnen aufmerksam macht, nicht zu PTBS.

Auch als Medizinerin sei man vor psychischen Schäden nicht gefeit, selbst wenn man denkt, »auf der Sezierbank und im Klinikalltag schon alles an brutalen Verletzungen gesehen zu haben«. Ihr Freund habe sie erst nach dem Einsatz darauf hingewiesen, dass sie bereits zwei Monate vor Abmarsch ein einziges Nervenbündel gewesen sei. Der Befehl kam schon acht Monate zuvor. Ihr Freund habe sie vorher durch den Hinweis auf die Veränderung ihrer Psyche nicht noch verrückter machen wollen. Denn beide wissen: »Wenn es endlich losgeht, dann ist es auch irgendwann vorbei.« Als sie wieder an ihrem Dienstposten in der Heimat war, musste sie auch die psychologische »Rückkehrerbegutachtung« durchführen und kennt daher einige Formen der Auswirkungen von PTBS. Sie ärgert sich darüber, dass viele junge Männer die PTBS-Fragebogen mit Absicht so beantworten, dass sie negativ diagnostiziert werden, aber alle Verhaltensweisen aufweisen, die sie vorgeben, nicht zu haben. »Ängste, Schlafstörungen, Unkonzentriertheit, Aggressionsausbrüche, Appetitmangel oder das Gegenteil davon sind keine Dinge, welche die mutigen harten Minensucher zum Beispiel gern zugeben.« Daher setzt die Bundeswehr in der Ansprache von versteckt Betroffenen jetzt auch eher auf diverse Online-Angebote und das »Peer-to-Peer«-System der Kameradenhilfe anstatt auf den klassischen klinischen Weg.

Wie Nina es denn geschafft habe, sich nach dem Einsatz wieder zu Hause einzuleben? »Ach«, sagt sie, »mein Freund hat mir da zum Glück ganz, ganz viel geholfen. Das Schöne, wenn beide den gleichen Beruf haben, ist, dass man manchmal gar nicht sprechen muss. Ich kam zurück, und wir haben uns ein paar Tage ganz viel menschliche Nähe gegönnt, Haut an Haut, und ganz viel Liebe. Dann ging alles schon wieder ganz gut ...«

»Ich bin gerade auf Abstand zu meinem Freund gegangen«, schaltet sich die 27-jährige Sanitäterin Melanie* ein, die dem Gespräch bis jetzt nur zugehört hat. »Er hat einfach kein Verständnis für den Soldatenberuf, und ich muss mir darüber klar werden, ob ich mit jemandem weiterleben will, der einen wichtigen Teil meines Lebens ablehnt.« Die Physiotherapeutin ist seit vier Jahren bei der Bundeswehr und freut sich, zumindest noch acht Jahre lang einen sicheren Arbeitsplatz zu haben. Nach ihrer Ausbildung in einer privaten Praxis hat sie sich für die Bundeswehr entschieden. Der Kosovo ist ihr erster Einsatz, in Afghanistan wird sie aller Voraussicht auch noch dienen müssen. »Jetzt noch nicht dran denken, ich muss erst mal das mit meinem Freund klarkriegen«, beschreibt sie das sie aktuell am stärksten belastende Problem.

In Deutschland fährt sie Rettungswagen, geht auf Lehrgänge und arbeitet in Krankenhäusern. Die Abwechslung gefällt ihr, obwohl sie sich auch vorstellen könnte, sich später im zivilen Leben durch die Einrichtung einer eigenen Physiotherapie-Praxis auf eine Sache festzulegen. Sparen könne man durch das Extra-Geld, das man im Einsatz verdient, ja ganz gut. Und das fänden natürlich auch ihre Eltern super, obwohl die Mutter die Idee ihrer Tochter, an der Waffe zu dienen, nie ganz nachvollziehen konnte und »fast hysterisch« wurde, als es hieß, die Tochter müsse »in den Einsatz auf den Balkan«. Melanie habe ihre Mutter nie überzeugen können, dass der Einsatz hier fast gefahrlos verlaufen werde. Das Familienbetreuungszentrum habe »ganze Arbeit« geleistet und die Mutter durch Erklärungen über die Natur des KFOR-Einsatzes beruhigen können.

Frau Hauptfeldwebel holt mich ab. Eine kurze Frage noch: Was nehmen die Ärztin und die Sanitäterin aus diesem Einsatz mit nach Hause? »Man kann hier sehr viel für sich mitnehmen, nicht nur an Menschenkenntnis, wenn man einigermaßen mit allen klarkommt. Ich habe auf jeden Fall schon 2007 gelernt, wie verdammt gut es uns in Deutschland geht. Ich habe eine Wohnung, ein warmes Bett, lebe zusammen mit einem Mann, den ich mir selbst ausgesucht habe, und wann immer ich will, kann ich in 300 Litern heißen Trinkwassers baden. Allein das zu erkennen …«, erklärt Nina sinnierend. Auch Melanie geht es ähnlich: »Wir wissen, was wir an Deutschland haben, aber leider geht es den meisten noch viel zu gut, sodass sie ihre Zeit damit verschwenden, über Kleinigkeiten zu jammern. Und die Jungen wollen noch mehr Vorzüge unseres Systems in Anspruch nehmen, sind aber nicht bereit, auch mal Verantwortung zu übernehmen, sei es nun der Wehrpflicht nachzukommen oder Zivildienst zu leisten. Peinlich ist das für unser Land«, empört sich die Frau, die seit Jahren Rettungswagen fährt, Schichtdienste schiebt, um die Leben anderer, die sich meist nicht einmal bei ihr bedanken, zu retten.

Wir fahren nach Prizren zurück, und ich spaziere mit meinem Kameramann durch das Städtchen, dessen jugendliche Einwohner sich für den Samstagabend zurechtgemacht haben. Der Kameramann, Deutsch-Araber und Muslim, hatte sich den Tag über ein wenig nach »islamistischen Kräften« umgeschaut, vor denen wir in der eingängigen Präsentation gewarnt worden sind. Er wollte den Imam einer Moschee aufsuchen, in der die Bundeswehr »islamistische Umtriebe« vermutet. Die Moschee, berichtet er mir, sei aber schon seit zwei Jahren wegen Restaurierung geschlossen, sie habe derzeit auch gar keinen eigenen Imam.

Wir kommen ein wenig mit Soldaten der »City Patrol« ins Gespräch und überlegen, was wir mit dem Rest des Samstagabends anfangen könnten. »Na, wenn du so willst, können wir uns jetzt schön 'ne Runde Koks holen und die bei mir auf Stube ziehen.« Als der Hauptgefreite meinen erstaunten Blick sieht, meint er nur: »Hey, du kommst doch aus Berlin, tu nicht so, als ob du nicht weißt, wovon ich rede!« »Ich weiß, was du meinst, aber tut die Bundeswehr hier nicht auch etwas gegen Drogen- und Menschenschmuggel?« »Nein«, antwortet er, dafür seien die EU und das neue Programm EULEX (European Union Rule of Law Mission in Kosovo) zuständig. »Wir beobachten doch nur, deshalb weiß ich, was es hier alles gibt«, scherzt er ein wenig unlocker, um das vorher Gesagte zu revidieren.

Nachts mache ich mich mit meinem Kameramann auf den Weg in die Rotlichtgegend Prizrens. Bereits im ersten Bordell treffen wir auf nicht einmal 18 Jahre alte, gelangweilte rumänische und ukrainische Prostituierte und böse dreinschauende »Manager«, die auch gut und gern Drogendealer sein könnten. Ich denke kurz an den »ARD-Weltspiegel«-Bericht aus dem Jahr 2000, in dem ein deutscher KFOR-Soldat über regelmäßige Besuche der Soldaten in Kinderbordellen berichtete. Das Verteidigungsministerium erklärte dazu, das Problem der Prostitution auf dem Balkan sei der Bundeswehr durchaus bewusst. Zu den »vorsorglichen Maßnahmen« gehöre die Vorschrift, dass deutsche Soldaten nur in Gruppen zu drei Personen, darunter mindestens ein Unteroffizier, und nicht länger als 18 Uhr ausgehen dürfen. Die KFOR habe jedoch »keinerlei Befugnisse, gegen mögliche illegale Aktivitäten im zivilen Bereich vorzugehen oder dort Ermittlungen anzustellen«, so das Ministerium. Dies sei ausschließlich den örtlichen Behörden vorbehalten.

In der zweiten Milieu-Bar, die wir besuchen, bedeutet uns ein »Manager«, mit in seine Privatwohnung im ersten Stock zu kommen. Alles ist voller hochhackiger Schuhe, Schminkutensilien und schmutziger Bettstätten. Er ist Kroate und erzählt, dass natürlich auch Soldaten in sein Etablissement kämen, er sich aber nicht erinnern könne, dass einer in letzter Zeit mal »nach etwas unter 18« gefragt habe. Er legt sich eine große Linie Kokain, das er auch uns anbietet, was wir dankend ablehnen. »Aber andersrum fragt auch kein Soldat nach, ob die Mädels schon 18 sind«, erklärt er vielsagend. Dann zeigt der Kroate meinem Deutsch-Araber noch ein paar schöne Kampfmesser und einige automatische Waffen im Nebenzimmer, und ich bin froh, als wir die Kaschemme wieder verlassen. Und dass es morgen nach Hause geht.

Gehen soll, denn kaum hat die 42 Jahre alte Transall abgehoben, schlägt der Blitz ins Cockpit ein. 58 Soldaten, deren Familien seit vier Monaten – oder noch viel länger – auf die Rückkehr ihrer Lieben warten müssen, haben sich jetzt noch weiter zu gedulden: bis wir sicher wieder in Pristina gelandet sind und in Deutschland ein Transportflugzeug für sie gefunden wurde. 28 Stunden später geht es nach Hause, leider nicht nach Penzing, wo unser Auto steht, sondern nach Hannover auf den Militärflugplatz Wunstorf. Der Presseoffizier Sodenkamp hat netterweise den Weitertransport nach Berlin organisiert. Zwei Soldaten holen mich mit einer

Dienstlimousine ab, geben meine Adresse in ihr Navigationssystem ein und fahren mich auf freundliche Einladung des Steuerzahlers die drei Stunden nach Hause.

»Je weniger man hier zu tun hat, desto schlimmer kann das Heimweh werden, das nervt!«

Operation Althea – der multinationale Einsatz der European Union Force (EUFOR) in Bosnien und Herzegowina, Sarajevo, August 2009

Das Land ist 51 129 Quadratkilometer groß, rund 4,5 Millionen Menschen leben auf dieser Fläche, die allerdings dadurch reduziert wird, dass Bosnien das am stärksten verminte Gebiet Europas ist. Die Bundeswehr geht von rund 2300 Quadratkilometern »zweifelhaften Gebietes« aus, in dem sie die Verhältnisse kaum kennt; es gibt rund 1366 »bedrohte Kommunen«, in denen insgesamt 1,38 Millionen Menschen, ein Viertel der Gesamtbevölkerung, mehr oder minder riskant leben. Fast 5000 Minenvorfälle mit insgesamt 1608 Opfern hat es seit Ende der Kriegshandlungen 1996 gegeben, 68 »Deminer«, Minensucher, starben bisher bei der Ausübung ihres anspruchsvollen Auftrags, der im Sommer unter rund 40 Kilogramm schwerer Schutzkleidung zum Knochenjob wird.

Nach dem Krieg, der von 1992 bis 1995 dauerte, rund 250 000 Todesopfer forderte und circa 2,2 Millionen Menschen in die Flucht trieb, leitete zunächst die NATO die Stabilization Force (SFOR) mit einer Gesamtstärke von rund 30 000 Soldaten. Die SFOR, zu der auch circa 1800 deutsche Soldaten (davon 51 Frauen) gehörten, zeigte durch Checkpoints sowie Waffensammel- und Waffensuchoperationen Präsenz und arbeitete eng mit diversen UN-Organisationen (CIMIC) zum Wiederaufbau des Landes zusammen.

Am 2. Dezember 2004 übernahm die Europäische Union in Bosnien und Herzegowina das Kommando über die dort stationierte Friedenstruppe. Die Operation Althea der European Union Force (EUFOR) ist die bislang größte militärische Mission der Union. Grundlage sind die am 12. Dezember 1996 vom Sicherheitsrat der Vereinten Nationen verabschiedete Resolution 1088 über den internationalen Einsatz in Bosnien und Herzegowina sowie der Friedensvertrag von Dayton vom 14. Dezember 1995. Der Deutsche Bundestag stimmte der Entsendung von bis zu 3000 deutschen Soldaten am 13. Dezember 1996 zu. Am 17. November 2004 machte das Parlament den Weg frei für eine Beteiligung der Bundeswehr an Althea (Quelle: www.bundeswehr.de).

Der Auftrag des deutschen Kontingents von derzeit nur noch 130 Soldaten, unter ihnen fünf weibliche, lautet, in seinem Verantwortungsbereich rings um die Hauptstadt Sarajevo die militärische Absicherung des Friedensvertrags von Dayton sicherzustellen. In ihm sind folgende wichtige Punkte geregelt: Bosnien und Herzegowina, das sich 1992 für unabhängig von Jugoslawien erklärt hatte, bleibt als souveräner und ungeteilter Staat in den international anerkannten Grenzen bestehen. Sarajevo bleibt Hauptstadt von Bosnien und Herzegowina, Bosnien und Herzegowina wird von Kroatien und von der Bundesrepublik Jugoslawien als eigenständiger Staat anerkannt. Bosnien und Herzegowina, so der neue Name, setzt sich aus zwei Teilrepubliken (Entitäten) zusammen: der Republika Srpska (Serbische Republik) mit 49 Prozent und der (bosniakisch-kroatischen) Föderation Bosnien und Herzegowina mit 51 Prozent des Territoriums.

Aufgabe der Mission ist nun, die bisweilen noch stark verfeindeten Volksgruppen (besonders die serbische Staatsmacht gegen die Bosnier) von Feindseligkeiten untereinander abzuhalten und die Bewegungsfreiheit eigener Kräfte, internationaler Organisationen und Nichtregierungsorganisationen zu gewährleisten. Darüber hinaus überwacht die EUFOR die Einhaltung der Rüstungskontrollabkommen für Bosnien und Herzegowina und soll die Suche nach Kriegsverbrechern unterstützen.

Das EUFOR-Hauptquartier befindet sich im Camp Butmir, Sarajevo. Hier dienen rund 2000 Soldaten aus 26 nicht nur europäischen Ländern, wobei Luxemburg und Litauen mit jeweils einem Soldaten das kleinste, Italien und Spanien mit rund 300 Soldaten das größte Kontingent stellen. Doch ob diese wenigen Soldaten es tatsächlich schaffen werden, den Kampf gegen die lokale und international vernetzte Mafia zu gewinnen? Bosnien ist Umschlagplatz für den internationalen Handel mit Waffen, Menschen und Drogen. Organisierte Banden verbringen junge Frauen aus dem Ostblock, besonders der Ukraine, zur Prostitution nach Westeuropa, dazu natürlich auch Drogen aus dem Mittleren Osten und sämtliche Arten von militärischem Gerät. Aufgrund der unter anderem von Saudi-Arabien und Dubai forcierten Renaissance des Islam, auch des militarisierten, vermuten Experten, dass das junge Land Drehscheibe und Operationsbasis für islamistische Terroristen sein könnte. Zudem sind die Mafia-Netzwerke eng mit bosnischen Politikern verbandelt und schützen angeblich auch die immer noch flüchtigen Kriegsverbrecher.

Sarajevo, August 2009

Am Militärflughafen Penzing stehen wir zwar wieder nicht auf der Flugliste der mitreisenden Zivilisten, doch diesmal ist Zeit genug, durch einen Anruf beim Einsatzführungskommando die fernmündliche Bestätigung unseres Mitflugs zu erhalten. Vor dem Start um neun Uhr morgens plaudere ich kurz mit einem jungen Soldaten, der das ISAF-Abzeichen für seine Teilnahme am Afghanistan-Einsatz am Ärmel trägt. Auf Deutsch, das ihm nur mühsam und mit schwerem russischem Akzent über die Lippen kommt, erklärt er mir, dass er insgesamt bereits 450 Tage am Hindukusch verbracht hat. Er scheint mir aber trotzdem kein psychisches Wrack zu sein. Mit seiner Aufgabe »Luftumschlag«, also dem Annehmen, Registrieren und Zuordnen von Gütern aus Deutschland, hat er kein Problem und sieht sich im Einsatzland auch keinen besonderen Gefahren ausgesetzt. »Weißt du, erst habe ich Auto gekauft, jetzt baue ich Haus. Fast 50 000 Euro schon extra auf Gehalt, nur für Einsatz, ist doch gut für 24 Jahre, oder?«, fragt er mich stolz. Ich denke kurz daran, wie mir ein Oberstleutnant in Berlin einmal sagte, dass besonders in den kämpfenden Einheiten so viele Deutsche russischen Ursprungs als SaZ (Soldaten auf Zeit) dienen würden, dass schon offizielle Kommandos wie »der deutsche Soldat spricht deutsch« gegeben werden müssten. Kurz frage ich mich, ob das Leben in Russland wohl härtere Männer gebiert als in Deutschland. Und wer weiß, was deren Väter, die vielleicht auch in Afghanistan waren, ihnen über das Land vermittelt haben? Späte Rache zu nehmen etwa? Oder ist es einfach nur eine schöne Chance, ohne Ausbildung, aber mit etwas Risiko, geregelten Dienstzeiten und gutem, reichhaltigem Essen verhältnismäßig viel Geld zu verdienen? Ich muss an meinen aserbaidschanischen Kameraden aus der Marineschule denken, der mir erklärte, dass er mit 21 schon fünf Jahre Armee hinter sich hatte und dort, bevor er Austausch-Offizieranwärter in Mürwik wurde, bis zu 2000 Liegestütze am Tag machen musste, während in meinem Zug die meisten jungen deutschen Männer nicht einmal 20 hinbekommen haben. Das Essen in Aserbaidschan sei auch für Offizieranwärter schlecht (»aber nicht so schlecht wie beim russischen Militär«), und sein Gehalt betrug 200 Euro monatlich, gerade genug, um seinen Zigarettenkonsum in Deutschland und mal ein Bier im Mannschaftsheim zu zahlen.

Die Transall mit ihren 60 Plätzen ist fast komplett leer, es fliegen gerade mal sieben Soldaten und einige übereinandergestapelte Paletten »Wick Zitrone«-Halsbonbons für den Verkauf beim deutschen Marketender in Sarajevo mit. Der Flug dauert drei Stunden, wir fliegen rund 500 Kilometer pro Stunde. Pro Flugstunde verbraucht die Maschine durchschnittlich 1488 Liter Flugzeugbenzin, was einen CO_2-Ausstoß von rund 13 000 Kilogramm bewirkt. Mein ökologisches Gewissen meldet sich: Wäre es nicht günstiger und umweltschonender, die sieben Soldaten zivil fliegen zu lassen und die Halsbonbons auf dem Landweg zu transportieren? Sicherlich, aber nun gut, hier geht es um den Schutz der bosnischen Bevölkerung vor den serbischen Aggressoren, den Aufbau einer Demokratie.

Landung, Spaziergang übers Rollfeld. Die Hitze schlägt meinem Kameramann und mir ins Gesicht, wir werden am zivilen Flughafen Sarajevo, der auch militärisch genutzt wird, von Hauptmann Brinkmann empfangen und steigen in einen zivilen VW Golf Kombi. Brinkmann wird seiner Verwendungsreihe nach »S2« genannt, was er mit »fernmeldlicher Verwendung« erklärt, an seinem Barett prangt ein Blitz, das Zeichen der Fernmeldetruppe. Offiziell heißt es: »Die Sachgebiet 2 (S2)-Abteilung ist in Verbänden, Kommandobehörden und Dienststellen verantwortlich für alle Fragen der militärischen Sicherheit. Hier werden zum Beispiel die Absicherungsunterlagen oder Angelegenheiten der Absicherung für Personal und Material des nachgeordneten

Bereichs bearbeitet.« Und was genau bedeutet das, möchte ich wissen, wofür ist unser »S-Zwo« zuständig, wenn er nicht gerade Journalisten betreut? Wie sieht sein normaler Tagesablauf dann aus? »Mit den Kameraden Frühsport machen, frühstücken, Zeitung und Internet beobachten, dann lasse ich von lokalen Mitarbeitern aktuelle Meldungen hier übersetzen, gebe die dann weiter. Dann ist meist schon Mittagspause, danach haben wir Meetings zur Lage, die zum Glück schon länger sehr ruhig und stabil ist. Wenn wir pünktlich Dienstausscheiden haben, was meist der Fall ist, dann mache ich noch Abendsport, spiele Fußball, gehe laufen, schwimmen oder auch mal auf ein Bier oder zwei in die Betreuungseinrichtungen, oder auch mit Kameraden in zivil in unsere Lieblingsbar in Sarajevo.« Der Einsatz ist relativ ungefährlich, weshalb er auch nur mit einem steuerfreien Auslandsverwendungszuschlag in Höhe von 46 Euro, im Gegensatz zu Afghanistan, wo der Zuschlag bei 110 Euro liegt, vergütet wird. Aber ums Geld geht es dem jungen Offizier und studierten Pädagogen nicht, er will hier bei seinem ersten Einsatz »Erfahrungen im Zusammenspiel eines multinationalen Kontingents« sammeln und strebt eine Laufbahn als Berufssoldat an. Wobei ihn jetzt schon, mit 30, erste Zweifel überkommen. Denn noch verspürt er den Wunsch nach Familiengründung nicht, rechnet aber früher oder später damit. Und dann? »Als Soldat, der Karriere machen will, kann man nur ein beschissener Vater sein. Egal, wie sehr man seine Familie liebt, man ist einfach nie da und verpasst alles«, erklärt er etwas resigniert. Eine Soldatin zur Frau zu haben könne er sich einerseits – die gleichen Sorgen und Probleme, ähnliche Anforderungen – gut vorstellen, andererseits fragt er sich schon jetzt, »was denn dann mit den Kindern wäre«. »Von Familienfreundlichkeit sind wir noch lange entfernt, es gibt ja gerade mal zwei Bundeswehrkindergärten, aber weil immer mehr Soldaten meckern, müssen die da oben was tun, da warte ich noch ein bisschen.« Außerdem wisse er ja noch gar nicht, ob aus seiner Laufbahn, für die er sich 13 Jahre lang verpflichtet hat, tatsächlich auch eine Karriere als Berufssoldat wird, denn das zu entscheiden obliegt seinen Vorgesetzten.

Hauptmann Brinkmann fährt uns in die Altstadt von Sarajevo, die verwinkelt und voller kleiner Moscheen ist. Der Islam ist in Bosnien und Herzegowina stark im Aufwind: Seit Kriegsende engagieren sich nicht nur die Türken stark in der Operation Althea, auch wurden insgesamt bereits 158 neue Moscheen mit Geld aus den Golfstaaten und Saudi-Arabien gebaut. In der Altstadt herrscht eindeutig orientalisch-modernes Flair, einige Frauen tragen Kopftuch, einige sind westeuropäisch-modern, mit Shorts und engen Tops bekleidet. Da gerade das Sarajevo-Filmfestival stattfindet, vor 15 Jahren von mutigen lokalen Cineasten während der serbischen Belagerung gegründet, ist die Stadt voller internationaler Gäste, und auch einige Rucksackreisende aus den USA und Japan haben ihren Weg hierher gefunden. Der Bezirk rings um das Premierenkino ist architektonisch europäisch geprägt, die Baudenkmäler aus der Kaiserzeit kann man so – allerdings ohne Einschusslöcher – auch in Zagreb, Budapest oder Wien finden. Die Shops führen moderne und freche, sexy Bekleidung – auch von westlichen Designern.

In einer anderen Fußgängerzone, die eher einem Bazar als einer deutschen Einkaufsmeile gleicht, duftet es nach frischen Balkan-Spezialitäten vom Grill, als multiethnischen Kompromiss bieten die meisten Restaurants die fleischlastigen Gerichte, die in den nichtmuslimischen Landstrichen des ehemaligen Jugoslawiens mit Schweinehack zubereitet werden, mit Lamm- und Kalbshack an.

Ein Idyll, das eher an die Damaszener Altstadt mit einem Schuss Istanbul erinnert. Das »Jerusalem des Balkan«. Nach einem schnellen Check-in in eines der wenigen noch freien Gästezimmer spazieren wir ohne den Soldaten durch die Stadt, sprechen mit vielen Einheimischen und hören von allen das Gleiche: Sie sind sehr froh, dass die EUFOR-Truppen sie schützen, hoffentlich noch so lange, bis das Land reif für die EU und den damit verbundenen Schutz vor erneuter serbischer Invasion sei. Die Deutschen seien sogar besonders beliebt: Man könne mit seinen Problemen zu ihnen kommen, sie hätten immer ein offenes Ohr und würden sich alles gewissenhaft notieren, sich dann sogar zurückmelden, wenn sie nicht helfen könnten, und sich dafür entschuldigen.

Am nächsten Morgen fahren wir mit dem Hauptmann über die berüchtigte »Sniper Alley«, die Magistrale des modernen Sarajevos, ins Camp. An jedem der zahlreichen Hochhäuser, welche die kilometerlange Straße säumen, sind noch deutlich Einschusslöcher von Scharfschützen und Granaten zu erkennen. Während der Belagerung schlugen in der 500 000-Einwohner-Stadt täglich durchschnittlich 329 Granaten ein, am 22. Juli 1993 wurde der Höchstwert mit 3777 Granateneinschlägen registriert. Rund 10 000 Einwohner fanden in dieser Zeit den Tod. Es grenzt dennoch an ein Wunder, dass die Einschläge nicht mehr Opfer forderten. Aufgrund der geografischen Lage in einem Talkessel kann man sich auch heute noch gut vorstellen, wie sich die ständige Bedrohung durch gut gedeckte Scharfschützen anfühlen musste.

Wir bekommen eine Führung durch das Camp Butmir. Natürlich erst, nachdem die streng dreinschauende bulgarische Soldatin unsere Besucherausweise mit einem modernen Scanner kontrolliert und Hauptmann Brinkmann seiner außerhalb des Camps teilgeladenen Waffe die Patronen entnommen hat.

Es ist nicht so neu und modern wie das deutsche Camp in Prizren (Kosovo), dafür deutlich größer und internationaler. Viele der 26 an der Operation beteiligten Nationen haben eigene Marketender, sodass die Soldaten sich je nachdem, wo sie shoppen gehen, mit deutscher Schokolade, skandinavischen Spirituosen und französischen Zigaretten versorgen können. Es gibt Friseurbetriebe und Kosmetikstudios, »Betreuungseinrichtungen« genannte Bars, die von den verschiedenen Nationen mit einheimischem Personal betrieben werden, Pizza, Burger, spanische Spezialitäten, moderne Wohn- und Verwaltungskomplexe, eine schöne neue Sporthalle, aber ebenso leicht verfallen und schmuddelig wirkende Container, in denen auch deutsche Verwaltungsbüros untergebracht sind. Da jedes am Einsatz teilnehmende Länderkontingent seine Bereiche mit Ortsschildern und natürlich auch Landesflaggen dekoriert hat, wirken selbst die hässlichen Container mit den herunterhängenden Kabeln und der abblätternden Farbe ein wenig pittoresk.

Ich will zwei Sanitäterinnen, die mit mir sprechen möchten, treffen. Wir fahren zum Bereich der deutschen Sanitäter, bestehend aus zwei übereinander gebauten Containern und einer Terrasse mit einem Tisch, Plastikstühlen, Holzbänken und einem immerzu dudelnden Radio, in dem der Sender der Bundeswehr, Radio Andernach, eingestellt ist. Die Themen sind soldatisch, aber aufmunternd und positiv, und die gespielte Musik ist die eines normalen deutschen Jugendradios, aktuelle Charthits. Nur die sanfte Stimme der Wetterfee, die allstündlich die Temperaturen aus den deutschen Einsatzgebieten, auch aus Afghanistan, säuselt, erinnert daran, dass nicht jeder Einsatz unter so friedlichen und klimatisch noch relativ freundlichen Bedingungen wie hier verläuft.

Mehr als »Hallo« kann ich den beiden Sanitäterinnen kaum sagen, aber wir stellen uns einander vor und finden uns auf Anhieb sympathisch. Ich würde gern mit Bianca*, 28, schlank, langer Pferdeschwanz, sprechen oder einfach ein Bier trinken gehen. Doch zunächst erwartet uns der EUFOR-Stabschef, der deutsche Brigadegeneral Robert Löwenstein, zum Gespräch im internationalen Stabsgebäude, vor dessen Betreten wir aus Sicherheitsgründen alle Taschen und Kameras abgeben müssen.

Im Balkan, so General Löwenstein, gehe es nun darum, den jungen Leuten in der Bevölkerung eine Perspektive zu geben. »Diese jungen Menschen schauen Richtung Europa.« Das Besondere an der Mission sei, dass es die erste von Europa geführte sei, dass »das Land nur dank Europa jetzt da steht, wo es ist«. Drittstaaten wie Chile, die Schweiz und die Türkei, aber auch Kanada beteiligten sich »noch aus dem Dayton-Abkommen heraus« an der Operation, wobei er der Türkei eine Sonderrolle beimisst. Türkische Unternehmer würden viel Geld in das Land investieren und Millionenbeträge in den Wiederaufbau kultureller Denkmäler stecken. »Natürlich will die Türkei ihren alten historischen Einflussraum wieder geltend machen, und natürlich setzt Österreich, diesmal aber ohne Ungarn, dagegen.« Die am weitesten verbreitete Bank sei die österreichische Raiffeisenbank, und auch VW habe kräftig investiert. Der Golf 2 wurde hier lange Zeit gebaut, so schuf VW zeitweilig bis zu 4000 Arbeitsplätze, mit Monatslöhnen zwischen 300 und 500 Euro natürlich deutlich günstiger als in der EU. Dann kommt der Brigadegeneral, der bereits seinen zweiten Einsatz hier leistet, direkt auf das Thema Frauen zu sprechen.

»Wir haben nur qualifizierte Mitarbeiter, und natürlich

sind Frauen darunter, hier im Camp maximal 100 militärische, aus allen Nationen außer der Türkei, sowie viele zivile Mitarbeiterinnen.« Derzeit seien »Damen«, wie sich der Brigadegeneral ausdrückt, als Sanitäter, aber auch operativ tätig: »In Unterstützungsoperationen, zum Beispiel auf der Suche nach dem Verantwortlichen für das Massaker von Srebrenica 1995, bei dem rund 8000 bosnische Männer ermordet wurden.« Also keine Probleme mit Frauen an der Waffe, keine Unterschiede in Leistung oder Ansprüchen.

Beim Mittagessen in der großen Feldküche, in die uns Hauptmann Brinkmann mitnimmt, setzt sich Bianca in ziviler Kleidung an unseren Tisch. Natürlich will ich wissen, wie sie zur Bundeswehr gekommen ist. »Ach, weißt du«, antwortet sie, »ich hab Friseurin gelernt, und das war einfach nichts für mich, immer nur an Haaren rummachen!« Sie lacht. »Ich wollte was mit Action, damals, 2005, da hab ich mich einfach bei der Armee beworben, für was ich eingesetzt werden sollte, war mir erst einmal egal, da hab ich halt Sanitäterin gemacht, die haben sie gebraucht. Und Kraftfahrerin bin ich geworden, da hätte ich auch nicht mit gerechnet, dass ich einmal Transportpanzer und LKWs fahren würde. Eigentlich wollte ich ja Gebirgsjägerin werden, Fallschirmjägerin hätte mir auch noch gefallen, na, im Nachhinein ist man immer schlauer, aber komm doch mit, wir trinken einen Kaffee bei uns, o.k.?« »Bei uns« ist im deutschen Sanitätsbereich, der von den deutschen und auch den österreichischen Soldaten gern als Anlaufstelle genommen wird, und sei es auch nur im Fall eines kurzzeitigen Notstands in Bezug auf freundliche zwischenmenschliche Kontakte. Bianca flitzt zu ihrem Frauenwohnblock, zieht schnell ihre Flecktarnuniform an, die sie nun offiziell als Stabsgefreite ausweist, und ich lerne ihre Kollegin Hauptfeldwebel Sabine Schmidt* kennen. Sie ist kräftiger als Bianca, trägt wie so viele weibliche Bundeswehrangehörige eine praktische Kurzhaarfrisur und ist Berufssoldatin. Bianca knüpft gleich an: »Na, Berufssoldat, das wär als Sani nichts für mich«, meint sie, »ich bin nämlich nicht zum Rumhocken geboren!« Wenn es mal Training gebe, wenn es in der Heimat mal wieder »in den Wald, hoch in die Berge und auf den Truppenübungsplatz« gehe, dann blühe sie auf, körperliche Anstrengungen und Herausforderungen im Team überwinden, das gefalle ihr. »Aber wie gesagt, hier bei uns passiert einfach gar nichts. Na, wenigstens hat man Zeit zum Frühsport, kann mal schwimmen gehen und abends auch mal raus, auf 'nen Drink in die Stadt, das ist schon o.k. Also, die Bedingungen sind in Ordnung, und dass ich nichts zu tun habe, das muss ich auch als o.k. sehen, denn ich hab ja nur zu tun, wenn irgendwer sich verletzt hat. Aber irgendwie ist es für mich nichts, so wenig zu tun zu haben. Vielleicht bin ich schon richtig in der Bundeswehr, nur halt nicht als Sani …«, seufzt sie ein wenig nachdenklich. Dabei war sie anfangs der Stolz der Familie: Der Bruder wurde ausgemustert, und die Schwester schaffte es auf Anhieb in die Armee, und das noch mit abgeschlossener Berufsausbildung! Dass sie arbeiten und vor allem selbstständig sein wollte, stand schon ganz früh auf ihrem Lebensplan. Die Mutter hatte die Kinder früh bekommen, sie allein großziehen müssen, sodass für Bianca – obwohl sie betont, dass ihre Mutter keine unglückliche Frau war – klar war: auf eigenen Füßen stehen, Geld verdienen, dann erst sehen, was mit Mann und Kindern wird. Jetzt hat sie einen Freund daheim, der brav auf sie wartet. »Wehe, wenn nicht!«, wirft sie mit einem schelmischen Grinsen ein. »Je weniger man hier zu tun hat, desto schlimmer kann das Heimweh werden, das nervt!«, stellt sie abschließend fest.

Die Kameradin und Sanitätskollegin Martina*, die mit

ihren 32 Jahren deutlich reifer als die nur vier Jahre jüngere Bianca wirkt, wirft ein, dass jetzt »ja nun endlich ein guter Zeitpunkt gekommen« sei, damit Bianca endlich mal anfange, ihr Englisch auf Vordermann zu bringen. »Spätestens in Afghanistan wirst du es brauchen, und dann ärgerst du dich, dass du hier nur in der Hitze gehockt, aber nichts Vernünftiges mit deiner Zeit angefangen hast!« Bianca fühlt sich ein wenig ertappt, gibt der Kameradin recht, zieht aber trotzdem eine Schnute. In ihrem Gesicht kann man wie in einem offenen Buch lesen: Dass sich hinsetzen und Englischvokabeln pauken sie nicht gerade mit Begeisterung erfüllt – genauso wenig wie der Gedanke an das Einsatzgebiet, in das Bianca bald, wohl im Frühjahr 2010, ziehen muss. »Aber was soll's, da sind schon andere durch, und da werde ich dann wohl auch durchmüssen«, versucht sie sich selbst zu motivieren. »Andererseits – ich hab mich hier ja für EUFOR beworben, weil alle daheim gesagt haben, das ist ein guter erster Einsatz. Aber die Einsatzvorbereitung, die hatte ich für KFOR, sodass ich jetzt alles über den Kosovo, aber nichts über den Konflikt hier weiß. Und wie soll das werden, wenn ich für Afghanistan vorbereitet werden soll? Alle sagen, darauf kann man sich nicht vorbereiten und auch nicht vorbereitet werden, obwohl wir als Sanis ja schon ein bisschen mehr gesehen haben als andere.« Ihre Kameradin wirft ein, dass sie ja selbst das Camp nicht verlassen müsse, die Gefahr für ihr Leben so zumindest geringer als bei den Patrouillenfahrern sei. »Aber wenn du einen Kameraden dann da liegen siehst … da musst du dann einfach schlucken, nicht nachdenken, weitermachen wie gelernt. Und dafür wiederholen wir zum Glück ja auch so viel – damit es sitzt, wenn wir unser Wissen für das Leben der Kameraden brauchen.«

Die eher mütterlich wirkende Martina, Hauptfeldwebel, ist seit neun Jahren beim Heer und hat in dieser Zeit schon viele Verletzungen, die schlimmsten davon Verkehrsunfälle, gesehen. Sie wirkt ruhig, aber trotzdem voller Lebensfreude. Bevor sie zur Bundeswehr ging, lernte sie den Beruf der Erzieherin an einer Privatschule, weshalb ihre Eltern, die die Ausbildung finanzierten, ihr Interesse für die Armee kritisch sahen. Aber Martina setzte sich mit ihrem Wunsch nach einem etwas abwechslungsreicheren Job durch. Sie durchlief einige Lehrgänge, wurde Truppensanitäterin, nach acht Jahren Soldat auf Zeit dann endlich Berufssoldat. Sie sieht ihre Arbeit langfristiger angelegt als Bianca, die noch, wie sie selbst sagt, »Hummeln im Hintern hat« und »noch viel mehr Action« braucht, um glücklich zu sein. Martina ist damit zufrieden, sich um – zum Glück meist nur – Bagatellverletzungen zu kümmern, die Materialbeschaffung zu organisieren, die Gerätschaften im Sanitätsbereich zu überprüfen und immer mal wieder Gelerntes aufzufrischen. Probleme zwischen den Geschlechtern gebe es keine, »eher innerhalb unserer Frauenkaserne, stell dir vor, da haben irgendwelche Damen tatsächlich den großen Spiegel, der für alle da war, abmontiert und auf ihre Stube geschleppt, und wir anderen hundert Frauen haben jetzt keinen mehr!«, berichtet sie belustigt. Spiegel spielen für sie, besonders im Einsatz, eine ziemlich unwichtige Rolle. Spontan regen Bianca und sie sich auf, »was es manchmal für Tussis« auch bei der Bundeswehr und auch im Einsatz gebe. Gejammer, weil Nägel abbrechen, weil man sich nicht schminken darf, weil man seinen eigenen Rucksack mit seinem eigenen Zeug schleppen muss, und »all so ein alberner Weiberkram« sei ihnen schon begegnet. Ich frage, ob es ein paar Dinge gibt, die eine Frau ihrer Meinung nach in die Bundeswehr mitbringen muss, damit sie den Job nicht nur durchhalten, sondern auch mit Freude verrichten kann. Die beiden Frauen stellen mit mir folgende Liste auf:

1. Verbal schlagfertig sein
2. Es mögen, körperlich gefordert zu werden
3. Offen, vorurteilsfrei und teamfähig sein
4. Veränderungen mögen, sich nicht an einem Ort oder einer Position festhalten wollen
5. Auf Privatsphäre größtenteils verzichten können
6. Damit klarkommen, dass auch Jüngere Kommandos geben
7. Frauen, die nur hübsch aussehen und einen guten Ehemann finden wollen, sind falsch in der Bundeswehr
8. Es sollte ihnen klar sein, dass sie in der Bundeswehr richtig arbeiten müssen

»Und für die Männer ist es gut, dass wir hier sind, schließlich fragt der eine oder andere auch schon mal, ob man ihn nicht einfach mal in den Arm nehmen und fest drücken könne, wenn die Sehnsucht nach daheim wieder zu groß geworden ist. Und besonders beliebt, bei Problemen in der Beziehung, ist auch diese Frage der Soldaten: ›Erklär mir mal bitte meine Frau‹‹, berichtet Martina voller Mitgefühl. Ihre Befriedigung zieht sie »aus kleinen Dingen«, zum Beispiel dem UNICEF-Kinderfest, das zu Beginn des Sommers stattfand, bei dem »so viele strahlende Kinderaugen« und auch Gespräche mit den Eltern und ehemaligen Soldaten der einst verfeindeten Bevölkerungsgruppen ihr »eine ganz große Bestätigung gaben. Die Leute hier freuen sich, dass wir hier sind, die begegnen uns ganz offen, sagen uns auch mal ihre Nöte, und wenn wir auch nicht immer helfen können, so sagen wir ihnen doch zumindest, an wen sie sich mit ihren Sorgen wenden können.«

Ähnliches werde ich auch später auf den Straßen Sarajevos, in den zahlreichen Cafés und Bars in Erfahrung bringen: Der EUFOR-Einsatz wird von Muslimen und Nichtmuslimen, von den hier ansässigen Bosniern, aber auch den Kroaten als durchweg positiv und wünschenswert bewertet. Nicht nur, weil ein paar Tausend Arbeitsplätze als Übersetzer, als Bedienungen in den zahlreichen Betreuungseinrichtungen, in den Wäschereien und im weiteren militärischen Umfeld anfallen, sondern auch, weil die Angst vor einer erneuten serbischen Invasion in der Bevölkerung, die langfristig nach Unabhängigkeit in einem vereinten Europa strebt, noch nicht erloschen ist. Im Winter 2009 hat Serbien einen Antrag auf EU-Mitgliedschaft gestellt, vielleicht wird sich so die Situation entschärfen.

»Solange hier solche Zustände herrschen, ist das doch ein Extragrund, tätig zu werden«

UNMIS, Khartum, Sudan, Dezember 2009

Bei meiner Recherche über die Einsatzorte der Bundeswehr und auf meiner Suche nach weiteren Soldatinnen stoße ich auf die Mission UNMIS im Sudan, bei der auch eine deutsche Frau Hauptmann im Offiziersrang für sechs Monate im Herzen Afrikas stationiert ist. Nach über 20 Jahren des Bürgerkriegs im größten Land Afrikas beschloss der Sicherheitsrat der Vereinten Nationen im März 2005, eine UN-Mission zur Friedenssicherung in das zwischen Stämmen, Fraktionen und Milizen zerrissene Land zu entsenden. Die United Nations Mission in Sudan (UNMIS) hat, unter Beteiligung von bis zu 75 Bundeswehrsoldaten, die Einhaltung des Friedensvertrags im Südsudan zu sichern. Darfur, der westliche Bundesstaat, ist so groß wie Frankreich, die Befriedung dort ist aber nicht Aufgabe der Bundeswehr. UNMIS besteht, wie alle UN-Missionen, aus einer militärischen und einer zivilen Komponente, die Bundeswehrangehörigen, die dorthin entsandt werden, sind hauptsächlich als unbewaffnete Militärbeobachter (Military Observers, MILOBs) eingesetzt. Die Soldaten, die ab Offiziersrang an diesem multinationalen Einsatz teilnehmen dürfen, sind hauptsächlich verantwortlich für die Überwachung der Einhaltung der durch beide Konfliktparteien zugesagten Rückführungen ihrer militärischen Kräfte beiderseits der festgelegten Waffenstillstandslinie. Diese Grenze, die sogenannte Currrent Border Line, wurde im Jahr 1956 durch die damalige britisch-ägyptische Administration als Trennlinie zwischen dem islamischen Norden und dem christlich-animistischen Süden festgelegt.

Auch fünf deutsche Polizisten sind vor Ort. Des Weiteren beinhaltet die Mission die Unterstützung bei der freiwilligen Entwaffnung der Rebellen und ihre Integration in die reguläre Armee, beides gehört aber nicht zu den Aufgaben der Deutschen. Neben UNMIS greift in der heutzutage noch unruhigen und gefährlichen Grenzregion zum Tschad im Westen des Sudans eine andere Mission, UNAMID. Sie wird von der Afrikanischen Union geleitet und besteht hauptsächlich aus Soldaten aus dem Senegal, der Demokratischen Republik Kongo, Ruanda und Nigeria. Das deutsche Engagement für UNAMID beschränkte sich bei Initiierung dieses Einsatzes im Jahr 2004 auf Transportleistungen, vornehmlich der Luftwaffe, vor ungefähr einem Jahr wurde das deutsche Engagement um die Unterstützung mit Offizieren im Stab in El Fasher erweitert.

2011 soll ein Referendum durchgeführt werden, das über den Verbleib des nichtislamischen Südsudan im Staatsverbund mit dem nördlichen, islamischen Teil des Landes entscheidet.

Eine Einheit herzustellen wird sich bei der Diversität der Ethnien in dem Land, das in der Literatur als »ganz Afrika in einem Staat« beschrieben wird, nicht leicht gestalten. Es gibt 19 ethnische Hauptgruppen wie Araber, Beja, Nuba, Azande, Dinka und ihre traditionellen Rivalen, die Nuer. Diese teils semi-, teils nomadischen Gruppen sind in über 500 Untergruppierungen einzuteilen und sprechen über 100 Sprachen. Allein im Jahr 2009 sind über 2000 Menschen bei Stammeskämpfen umgekommen, geschätzte 250 000

sind, meist hungernd und medizinisch unterversorgt, auf

der Flucht vor ständiger Gewalt. Die Organisation »Ärzte ohne Grenzen« gibt an, dass rund drei Viertel der südsudanesischen Bevölkerung keinen Zugang zu ausreichendem Trinkwasser haben, ebenso wenig zu ausreichender Nahrung und Medizin. Tuberkulose, Malaria, Meningitis, Cholera, Masern und zumeist tödlich verlaufende Tropenkrankheiten breiten sich aus. »Ärzte ohne Grenzen« beschreibt zudem eine neue Qualität der Gewalt: Gab es bis vor einigen Jahren noch wochenlange Kämpfe zwischen Stämmen um ein paar Stück Vieh, so seien nun »Massaker« zur Regelmäßigkeit geworden. Viele der Opfer seien Frauen und Kinder. Schusswunden wiesen 87 Prozent der von »Ärzte ohne Grenzen« behandelten Patienten auf, es gebe Kinder, deren Beine durch Patronen zerstört wurden, Frauen, die ihre ganze Familie verloren haben. In der Zeit, in der ich den Sudan besuchte, kamen zwei entführte NGO-Mitarbeiter frei, während auf Demonstrationen gegen den Präsidenten Omar al-Baschir Dutzende Regierungskritiker festgenommen wurden. Die Nachrichtenagentur AFP meldete, Augenzeugenberichten zufolge seien mehr als 70 Demonstranten, darunter führende Vertreter der Ex-Rebellenorganisation SPLM, von der Polizei in Gewahrsam genommen worden.

Mein Plan, mit der Frau Hauptmann ein Interview vor Ort zu führen, steht. Ich habe mich in der »Deutschenliste« der deutschen Botschaft registriert, sodass mir nachgespürt wird, wenn ich mich nicht zu einem von mir gesetzten Zeitpunkt wieder melde. Mein Backoffice in Berlin und der Verlag wissen, wo ich bin, auch bei meinem technischen Berater in Beirut muss ich abends Meldung machen, das Satellitentelefon täglich überprüfen.

Mir kommt zugute, dass die Amtssprache Arabisch ist und ich mich dort genauso gut wie in Marokko oder Syrien verständigen kann. Die arabisch-islamische Prägung ist, trotz vieler anderer Glaubensrichtungen, vorherrschend. 70 Prozent der Gesamtbevölkerung sind sunnitische Muslime, rund fünf Prozent Christen, 25 Prozent sind Anhänger afrikanischer, animistischer Religionen. Es gilt das islamische Gesetzbuch der Scharia, das zum Beispiel für Alkoholkonsum 40 Stockschläge oder drei Jahre Haft vorsieht, aber im südlichen Sudan nicht akzeptiert wird. Der Versuch ihrer Einführung im Gesamtsudan sorgte 1983 für einen Aufstand. Auf Unzucht und Drogenbesitz steht die Todesstrafe. Über dem Sudan liegt seit 1997 ein US-amerikanisches Handelsembargo, unter anderem wegen Unterstützung des islamistischen Terrors – schließlich hatte kein Geringerer als Osama bin Laden zwischen 1992 und 1996 Zuflucht beim islamistisch orientierten Regime in Khartum gefunden.

Er unterhielt in der Region um die sudanesische Hauptstadt mehrere Häuser und Gästehäuser, eine Moschee, viele landwirtschaftliche Betriebe und Ausbildungslager der al-Qaida. Die ellenlangen Reisewarnungen des Auswärtigen Amtes vor bewaffneten Konflikten, Terrorismus, Malaria und allerlei anderen gefährlichen Tropenkrankheiten lesen sich wie ein Reiseverbot. Da ich plane, nach dem Sudan gen Dschibuti und Afghanistan zu reisen, hinterlasse ich Organspenderausweis, Patientenverfügung, Konto- und Passwörterdetails bei vertrauenswürdigen Menschen in Berlin und beginne die Reise wie alle anderen zuvor mit der fatalistischen Einstellung: »Wird schon.«

»Sagen Sie, Herr Käpt'n, gibt's da nicht noch 'ne spannende UN-Mission mit Bundeswehrbeteiligung in Afrika?«, frage ich den für die Mission Atalanta zuständigen Pressesprecher im Einsatzführungskommando nach einem Blick auf die Website »Bundeswehr im Einsatz«. Der Kapitän ist neu auf seinem Posten. Als ich ihn an die UN-Mission im Sudan erinnere und er meine Anfrage zum Truppenbesuch in Afrika prüft, fällt ihm ein, dass derzeit 34 Deutsche, darunter eine Frau, im Sudan stationiert sind. »Super« sagte ich, »wie kann ich mich denn offiziell anmelden, um die Frau Hauptmann in Afrika zu besuchen? Meinen Sie, die Dame ist bereit, mit der Presse zu sprechen?« »Ach klar, ich kenn die, die macht das sicher gern. Aber für einen UN-Besuch müssen Sie sich bei der UN vor Ort in Sudan anmelden!« »Jawohl«, entgegne ich und schickte eine E-Mail an die zuständige Pressesprecherin der Mission, Ismini Palla, eine Griechin. Sie antwortet sofort. Sie schreibt, dass ich herzlich willkommen sei, Interviews und Fotos kein Problem darstellen würden und sie sich freue, dass sich eine europäische Journalistin für die UNMIS in diesem durch internationale Embargos gestraften Land interessiere.

Ich stelle sofort den Visaantrag bei der sudanesischen Botschaft in Berlin. Der Konsul will mich vor Erteilung des Visums persönlich beim Tee kennenlernen und mir einige Worte zum Sudan sagen, also kaufe ich am kommenden Morgen Gebäck und trete bei ihm an. Wir plaudern auf Arabisch und Englisch, und ich lerne wichtige Dinge über sein Land und das Verhältnis zwischen dem Sudan und den Vereinten Nationen. »Die UN ist nur in unserem Land, weil wir so reich sind an Bodenschätzen, Mineralien, Gold, Öl, wir haben alles!« Die Vereinten Nationen, so erklärt mir der Konsul, den ich Mohammed nennen darf, wollen alles stehlen. »Denn die UN, das weiß ja jeder, sind nur ein Instrument der Amerikaner, um alles auszubeuten und zu überwachen.« Die Frage nach dem offiziellen staatlichen Kommentar zum Verhältnis zu Osama bin Laden, der mit seinen vier Frauen und 14 Kindern in den Neunzigerjahren in Khartum residierte, wage ich jetzt nicht zu stellen. »Geh nach Darfur, geh in den Süden, geh in die Grenzgebiete, du wirst sehen, dass der Sudan ein wunderbar reiches und friedliches Land ist, dem es an nichts fehlt.« »Darfur ist friedlich?«, frage ich ungläubig nach, kennt doch jeder die Bilder der bewaffneten arabischen Reitermilizen Dschand-Schawid, welche die Flüchtlingslager im Westsudan an der Grenze zum Tschad verwüsten, Flüchtlinge töten, Frauen vergewaltigen.

»Ach, Quatsch«, winkt der Konsul ab, »du bist doch selbst von den Medien, diese Geschichten machen nur die Medien selbst, besuche einfach mein wunderschönes Land, und du wirst selbst sehen. Wenn du einmal dort warst, willst du immer wiederkommen!«, erklärt er mir. Derzeit habe ich fast ein wenig Angst vor der Reise, nach vielen Jahren im vergleichsweise zivilisierten Nahen Osten steht nun meine erste ins Herz von Afrika bevor.

Als ich in Khartum ankomme – mein Kameramann und »Bodyguard« Frank Künster ist bereits vorgeflogen, um die Lage zu prüfen und ein Hotel zu finden –, bin ich freudig überrascht. Keine übellaunigen Menschen wie in anderen mir bekannten Scharia-Ländern, keine tief verschleierten Frauen unter der brennenden afrikanischen Wintersonne. Im Gegenteil: Afrika scheint selbst die strengste Auslegung des Islam, wie alles andere auch, locker zu nehmen. Menschen auf der Straße begrüßen mich mit »Hello, Sister«, der 1,85 Meter große, kräftige Frank wird von den allesamt schmalen Sudanesen ungläubig bestaunt und bewundert. Wir hören Sätze wie »Du musst ein sehr bedeutendes Mitglied deiner Familie sein, sonst hätte deine Mutter dich nicht so gut gefüttert« und ähnliche Komplimente zu seiner Leibesfülle.

Denn Frank liebt Schweinefleisch, welches aber im Sudan unter Androhung von Stockschlägen verboten ist. Trotzdem schaffte er es, wie so manch ein russischer UN-Soldat, Produkte des verbotenen Tiers in den Sudan zu schmuggeln.

Während des ersten Spaziergangs durch Khartum, der uns zunächst zu einem Amt führt, bei dem wir uns registrieren lassen müssen, um auf den Straßen überhaupt fotografieren zu dürfen, genießen wir die entspannte Atmosphäre, die Sorgen und Druck von uns abfallen lässt. Auf den Straßen ertönt afrikanische und Reggae-Musik, der Verkehr ist im Vergleich zu Beirut oder Kairo zivilisiert, und jeder ist neugierig auf uns. Wir fühlen uns extrem willkommen, eine Stadt, deren Name übersetzt »Elefantenrüssel« heißt, kann doch nicht feindlich sein! Die Laune steigt. Wenn da nicht die für Außenstehende nahezu unverständlichen E-Mails des Einsatzführungskommandos, die ich zwei Tage vor Abflug erhielt, gewesen wären …

Der für den Sudan zuständige Herr Kapitän in Potsdam hatte mich darauf hingewiesen, dass ich mich schriftlich im Sudan anmelden müsse, was ich bereits getan hatte. Nun erreichte mich auf dem Zwischenstopp in Beirut die Nachricht von ranghohen, mir unbekannten Soldaten, dass ich mich bei der Bundeswehrvertretung der UN in New York hätte anmelden sollen. Leider ohne Kontaktdaten in New York. Und dass der Dienstälteste Deutsche Offizier (DDO) im Einsatzgebiet, der, falls kein Presseoffizier vor Ort sei, dessen Aufgaben zu übernehmen habe, ebenso wenig wie Frau Hauptmann Josefine Stremmer* über meinen Besuch informiert worden sei. Der DDO, Oberstleutnant Franz Meinecke*, stellte nach Rücksprache mit Hauptmann Stremmer fest, dass man weder an ihn noch an sie mit einer Terminanfrage herangetreten sei, und machte dies in einer eindeutigen Mail auch dem Einsatzführungskommando klar.

Obwohl DDO Meinecke mir – nach Rücksprache mit Frau Stremmer – »ein klares Nein« zum Termin mit ihr geschrieben hatte, will ich trotzdem auf eigene Faust versuchen, einen Termin vor Ort zu arrangieren. Nach dem unproblematischen Erhalt der Fotogenehmigung machen wir uns also mit dem Taxi auf zum UN Headquarters Khartum.

Ismini, die Pressesprecherin von UNMIS, begrüßt uns fröhlich. Sie freut sich über den Journalistenbesuch aus einer fernen Welt. Wir gehen in die Open-Air-Cafeteria, in der Offiziere und Ranghöhere aus 20 Nationen gemeinsam Mittag essen und äthiopischen Kaffee trinken. Ismini erklärt uns die Mission, dann kommen wir mit deutschen Polizisten ins Gespräch, die allesamt fröhlich wirken, da sie im Dezember die Sonne Afrikas genießen dürfen. Über ihre Aufgabe wollen sie aber nicht sprechen. Einige deutsche Soldaten kommen zu uns, berichten von ihrem Leben im Einsatz und davon, dass sie eigentlich noch nicht so recht nach Hause wollten, würden nicht Frau und Kinder auf sie warten. Richtig abenteuerlich sei das Leben zum Beispiel im südlichen Juba gewesen, Selbstverpflegung, Speedboot-Patrouillen fahren, und immer habe es mit der lokalen Bevölkerung viel zu lachen und zu scherzen gegeben, abgesehen von den vielen Leichen und der permanenten Gefahr, die sie während des gesamten Einsatzes begleitet habe.

Abends werden wir zu einer Party auf dem Dach des ruandischen Wohnblocks im HQ eingeladen, die von Kolumbianern veranstaltet wird, die dafür an die 40 Literflaschen Spirituosen organisiert haben. Als die Party beginnt, hat sich schon herumgesprochen, wer ich bin und was ich will. Amandeep, ein indischer Oberstleutnant, der auch in der Presseabteilung arbeitet und über meinen »Fall« informiert ist, kommt kichernd auf mich zu. Bestimmt 20 UN-Mitarbeiter haben den »German Case« mitbekommen und scheinen es lustig zu finden, dass ich den ganzen Weg auf mich genommen haben, die Deutschen mir nun aber das Interview nicht genehmigen wollen, da irgendein Dienstweg in Deutschland wohl nicht korrekt beschritten worden sei. Sie wären, so beteuern die Argentinier, Kroaten, Serben, Chilenen, Libanesen, Bengalen, Bolivier und Honduraner, froh, wenn sich ihre Presse für die Mission interessieren würde, und verstehen das offizielle Verhalten der zuständigen Menschen bei der Bundeswehr nicht.

Wenigstens tue ich allen auch ein bisschen leid, die Internationalen, die ich im Minutentakt kennenlerne, wünschen mir das Beste. Lieutenant Colonel Meinecke, bei dem ich übermorgen vorsprechen muss, bevor ich hoffentlich zu Captain Stremmer gelassen werde, soll laut Aussage meiner neuen indischen Bekannten »ein ganz Lustiger« sein, wie all die anderen Offiziere auch, und so warte ich gern noch einen Tag, bis er von seiner »Teamsite« im Süden zurück nach Khartum kommt.

Am kommenden Tag gehe ich ins »Griechische Haus«, dessen Pool ein beliebter Wochenend-Hangout für die hier stationierten Expats, die Internationalen, ist. Als wäre ich persönlich dafür verantwortlich zu machen, schimpfen mich die kroatischen und norwegischen Offiziere, die ich hier treffe, fast dafür aus, dass die »Happy Hour« der Deutschen Botschaft, ein Bier- und Cocktailempfang, der alle zwei Wochen dienstags ausgerichtet wurde, nicht mehr stattfindet. »Die Partys in eurem Feldlager in Masar-i-Sharif waren da schon besser!«, scherzen die Afghanistan-erfahrenen Kroaten. »Moment«, wende ich ein, »welche Partys? Wir haben doch die ›Zwei-Dosen-Regelung‹, die besagt, dass jeder Soldat pro Tag nur zwei Dosen Bier konsumieren darf!« »Ja, klar«, entgegnet der mit 45 Jahren älteste kroatische Offizier, »bei den billigen Bierpreisen gilt die Regelung, dass du mindestens zwei Dosen gleichzeitig in der Hand haben solltest, und so haben es viele auch gehalten, als wir da waren!« Ob ich das auch so erleben werde kommende Woche in Afghanistan, jetzt, wo gerade die Kunduz-Affäre so heiß diskutiert wird? Ich bin gespannt.

Später gehen Frank und ich in den lokalen Vergnügungspark. Wir amüsieren uns mit den Einheimischen über Kletterkamele für die Kinder, fahren mit den Kleinen in ausgemusterten deutschen Geisterbahnen aus den Fünfzigerjahren und trinken frisch gestampften Kaffee mit Ingwer und Kardamom beim Picknick mit einer nubischen Großfamilie. Für den Abend haben uns zivile Mitarbeiter der UN aus Sibirien und der Ukraine zum streng verbotenen Wodka eingeladen, den sie in Wasserflaschen aus dem liberalen Süden geschmuggelt haben. Wir beenden den schönen Urlaubstag in Khartum mit kühlen Drinks, Borschtsch und nach russischem Rezept geschmorter Leber.

Am nächsten Tag ist es endlich so weit, DDO Meinecke ist zurück aus dem Einsatzgebiet. Vorher müssen Frank und ich uns aber noch beim »Aliens Department«, der hiesigen Ausländermeldestelle, registrieren lassen. 30 Euro und einen halben Tag kostet uns der Besuch auf dem Hof des undurchschaubar organisierten Open-Air-Büros, dann dürfen wir offiziell einen Monat in der Region Khartum bleiben. Wie wir bei der Ausreise später feststellen werden, hätten wir uns den halben Tag auch sparen können. Denn wer die Marke des Aliens Departments nicht im Pass kleben hat, der zahlt die 30 Euro einfach bei der Ausreise.

Nachmittags treffen wir DDO Meinecke dann endlich in der Cafeteria des UN-Hauptquartiers. Zunächst sprechen wir über die nicht eingehaltenen Dienstwege. New York hätte sechs Wochen vorher informiert werden sollen, und ebenso frühzeitig hätte ich die offizielle Anfrage nach einem Interview an das Einsatzführungskommando stellen und weiterleiten müssen. Doch in der Cafeteria, in der Offiziere aller Nationalitäten, Religionen und Hautfarben ihre Mittagspause unter dem Schatten spendenden Bambusdach genießen, ist der Ärger darüber zum Glück schnell verflogen. »Schön, dass sich die Presse überhaupt für diesen fast vergessenen Einsatz interessiert, in den sechs Monaten, die ich hier bin, hat sich niemand Ihrer Branche aus Deutschland hier blicken lassen!« Die UN-Missionen im Sudan seien die teuersten Einsätze, berichtet Meinecke, da die Soldaten und sämtliches benötigtes Equipment aufgrund der fehlenden Infrastruktur per Flugzeug angeliefert und weitertransportiert werden müssten. Soldaten bekämen den UN-Auslandsverwendungszuschlag von 120 Dollar. Im Einsatzgebiet müssten sie sich von der UN Container als Unterkunft anmieten, 21 Dollar pro Tag koste der Schlafplatz bei Selbstverpflegung. »Mensch, da müssten Sie eigentlich mitfliegen, um richtig zu begreifen, was wir da machen!«, erklärt Meinecke, jetzt ganz begeisterter Sprecher für die Sache. Um sich für Mitflüge auf die Teamsites anzumelden, ist aber ein sehr kompliziertes offizielles Procedere zu beschreiten, da ich vor allem auch noch eine Reise- und Fotografiergenehmigung bei diversen sudanesischen Ämtern einzuholen hätte. Und Ismini berichtete mir bereits, dass vor einem Monat Kollegen von der *New York Times* abgelehnt worden seien, und so beschließe ich, zu den Wahlen im April 2010 mit allem erforderlichen Zettelkram und genügend Zeit zurückzukommen.

»Man glaubt es kaum, aber Anmeldungen bei der UN sind noch komplizierter als bei der Bundeswehr!«, scherzt der abenteuerlustige Soldat, der so gern mit dem Campingmobil in sein Einsatzland gefahren wäre, was aber leider nicht ging, da es unmöglich war, eine Durchfahrtgenehmigung für Libyen zu erhalten. Nun freut er sich auf den Weihnachtsurlaub, den er mit seiner Frau in Kenia verbringen wird.

Dann erläutert Meinecke den Umgang der Bundeswehr mit der UNMIS. Die hier eingesetzten Soldaten leisten sechs Monate Dienst im Sudan, da es bedeutend länger als bei anderen Missionen dauere, sich »hier einzufinden«. Der Mittvierziger wirkt entspannt, trägt einen lässigen Bart und wirkt rundum zufrieden mit der anspruchsvollen Aufgabe. »Wir sind hier kein Kindergarten. Es werden nur Offiziere ab Hauptmann eingesetzt, denn die Aufgabe erfordert neben Reife und Sprachkenntnissen auch die Fähigkeit, ein multinationales Team zu führen.«

Hauptmann Stremmer kommt kurz vorbei, wir sind uns nicht unsympathisch. Ich hoffe, sie wird dem Interview doch noch zustimmen. Als ich am Abend auf der Terrasse des »International Youth Hostels«, in dem ich wohne, sitze, erhalte ich den erleichternden Anruf von Frau Stremmer: Sie ist zu einem Gespräch bereit!

Ich treffe Hauptmann Josefine Stremmer am nächsten Tag in der Cafeteria des UN Headquarters in Khartum. Es ist der 7. Dezember, ihr 20. Tag im Sudan. Die Sonne scheint ihr ins Gesicht, es sind 35 Grad im Schatten, angenehm kühl für Khartum. Frau Hauptmann trägt ihr rotbraunes Haar im praktischen Kurzhaarschnitt, wirkt kräftig-muskulös und will mir sofort beim Tragen meines Gepäcks helfen, das ich dabeihabe, da es für mich am Abend nach Dschibuti weitergeht.

1992, im Alter von 27 Jahren, kam sie mit einem Hauptschulabschluss und nach zwölf Jahren in der Altenpflege zum Heer. Sie durchlebt seitdem eine Karriere, wie sie in einem Bilderbuch der Wehrdienstberater stehen könnte. Da sie alles, was sie tut, »mit dem Herzen« macht, war sie aufgrund des Mangels an Freizeit im Herbst Ende 1991 ausgebrannt. Obwohl sie ihre anspruchsvolle Aufgabe mit den alten Menschen mochte, suchte sie nach einem neuen Betätigungsfeld. Da sie ehrenamtlich als Jugendgruppenleiterin beim Roten Kreuz tätig war, bewarb sie sich zunächst dort, wollte Rettungssanitäterin werden, spazierte danach aber noch beim Wehrdienstberater im Gebäude nebenan vorbei – um sich von ihm zunächst unverbindlich beraten zu lassen. Ihre Unterlagen behielt er gleich da, und kurze Zeit später, »deutlich schneller als vom Roten Kreuz, das war dann auch mein entscheidungsprägendes Moment«, bekam sie von der Bundeswehr auch schon die Einladung zu einer dreitägigen Prüfung, die sie gut absolvierte, und anschließend sofort ihre erste Einplanung. Zunächst unterschrieb sie für den Zeitraum von zwei Jahren – »und da es mir gefiel, verlängerte ich auf vier« – und bewarb sich dann später als Berufssoldat. Der militärische Drill machte ihr keine Probleme: »Das gehört einfach dazu, und wenn man das Ganze sportlich sieht, ist es auch überhaupt nicht schlimm. Dir werden halt körperliche Aufgaben gestellt, und auch wenn es anstrengend werden kann, sind doch alle zu schaffen. Und danach ist man einfach richtig stolz auf sich und weiß, dass man noch zu viel mehr in der Lage ist, als man denkt.«

Ihre Ausbildungen und Lehrgänge führten sie für zwei Jahre nach Kanada, wo die Bundeswehr von 1974 bis 2000 Übungen durchführte. Dort lernte sie 1994 ihren heutigen Ehemann kennen, damals Soldat auf Zeit. An diese Zeit erinnert sie sich gern zurück. Die Bundeswehr hatte dort ein kleines Kontingent das ganze Jahr hindurch stationiert, und man trainierte gemeinsam mit den Kanadiern auf einem Übungsplatz mit dem klangvollen Namen Shilo Manitoba.

Nicht nur die Übungen in Übersee machten ihr Spaß, auch privat genoss sie ihre Aufenthalte dort sehr. Da ihr Steckenpferd seit jeher die Ureinwohner Nordamerikas waren, konnte sie zusammen mit ihrer frischen Liebe die Reservate der Native Americans besuchen und deren Kulturen studieren. Was das Highlight damals war? Ausnahmsweise braucht die fixe, jünger als 44 wirkende Frau einen Moment länger, um zu überlegen. Ich sehe ihr an, wie sie ihre Erinnerungen durchforstet. Sie lächelt und schüttelt den Kopf. »Also das kann ich jetzt beim besten Willen nicht sagen – ich durfte einfach schon zu viele dieser tollen Momente erleben. Aber gut, etwas ganz Besonderes war schon der Mitflug als Co-Pilot im Helikopter.« Sie liebt diese adrenalinintensiven Momente, die ihr nur das Leben als Soldat ermöglichen könne. Materielle Werte bedeuten ihr nicht viel, natürlich habe sie »ein schönes Häuschen«, aber sonst sei ihr Luxus oder »sonst so 'n Schnickschnack, den man nicht zum Leben braucht«, überhaupt nicht wichtig.

Privat sei sie in ihrem ersten Leben als Altenpflegerin nur »mal im Urlaub in Bulgarien und Österreich gewesen«, da sie daheim in Baden-Württemberg eine große Familie habe, habe sie sich in ihren Urlauben fast immer ihr gewidmet. Das Flair der internationalen Militärarbeit in Kanada genoss Frau Hauptmann so sehr, dass für sie die Bewerbung für weitere Einsätze selbstverständlich wurde. »Ich melde mich dann immer gleich für ein halbes Jahr, denn ich finde das für mich effektiver. Man braucht ja immer seine Zeit, bis man eingearbeitet ist, bis man die landestypischen Dinge verstanden hat, und dann nach nur drei, vier Monaten schon wieder in die Heimat, das ist nicht mein Ding.« Von November 2005 bis Mai 2006 diente sie beim KFOR-Einsatz im Kosovo, von Juli 2008 bis September 2008 war sie als Personalplanerin beim ISAF-Mandat in Afghanistan, in Masar-i-Sharif. Auch die Arbeit dort hat ihr Spaß gemacht, da sie »den Sinn und die Erfolge« sofort sehen konnte. Wer schwer behandlungsbedürftig krank oder verletzt war, für den organisierte sie umgehend den Heimatflug und »organisierte Nachschub«. »Das ist doch das Wichtigste, sich um die Menschen zu kümmern!«

Schon 1998 hatte sie sich entschlossen, über den Besuch der Bundeswehrfachschule in Mainz den erweiterten Fachschulabschluss Wirtschaft zu erlangen, der sie für die Offizierslaufbahn qualifizieren sollte. Ohne Studium wurde sie so zum Fachdienstoffizier, und während ihrer Ausbildung zum Personaloffizier durchlief sie auch die Lehrgänge zum nebenamtlichen Presseoffizier. Allerdings ist Frau Hauptmann lange genug bei der Bundeswehr, um nicht mehr lehrbuchhaft, wie so mancher junger Presseoffizier, über das theoretische Soll-Leben beim Bund zu berichten, sondern so fröhlich und lebhaft über den Ist-Zustand, wie es ihrem Naturell entspricht. Ich frage sie, ob sie mir erklären kann, warum manche jungen Bundeswehrangehörigen kaum Interesse für die Kulturen und politischen Situationen ihrer Einsatzländer zeigen. Doch auch sie weiß darauf keine Antwort. »Also ich versuche immer, so viel wie möglich mitzunehmen!«, sagt sie. Die Neugier auf ihre Teamsite in Wau ist ihr förmlich anzumerken. Schon morgen geht es los, zum ersten Mal, »so richtig in den Busch, toll«. Würde ich PR für die Bundeswehr machen, so würde ich versuchen, das Funkeln in ihren Augen auf Zelluloid zu bannen.

Warum sich manch einer der jungen Kameraden, die sie wie andere Offiziere väterlich beziehungsweise mütterlich liebevoll, aber auch mit einem Augenzwinkern »Kinder« nennt, nicht ausführlich über sein Einsatzland informiert, ist ihr »unverständlich und ein Rätsel. Wenn ich nach Bulgarien, selbst auch nur in eine neue deutsche Stadt fahre, dann mache ich mich doch schlau, wo ich da hinkomme, was mich erwartet und wie ich da klarkomme!« Bei der Marine könne es aber vorkommen, dass die Besatzung einer seegehenden Einheit sich nicht über die kulturellen Besonderheiten der Länder entlang der Reiseroute informiert. »Auf den Booten haben die ihren Dienstalltag, machen ihre tägliche Routine, und wenn sie nach einem Monat auf See mal im Hafen sind, dann haben sie wahrscheinlich etwas anderes im Sinn, als das Nationale Ethnologische Museum zu besuchen«, lacht sie.

Natürlich stimmt das mit meinen Beobachtungen vollkommen überein – und, Hand aufs Herz, wer will junge Männer und Frauen bei ihrem dreitägigen Landgang nach Wochen oder Monaten auf See mit verordneten Schulungen zur Landeskunde nerven? Liegt das Schiff oder Boot länger vor Anker, werden natürlich »Betreuungsfahrten« angeboten, aber wer sich ein Hotelzimmer nehmen und den freien Tag schon mit Cuba Libre beginnen möchte, dem steht natürlich auch das frei. Erwachsene Menschen, die in ihrer Freizeit frei sind zu tun, was sie möchten, auch, sich einfach zu betrinken, tanzen zu gehen, zu versuchen, ein Mädchen für die Nacht zu finden – die wenige Freizeit auszukosten. »Trotzdem«, erklärt Hauptmann Stremmer ihren Standpunkt, »also was heißt trotzdem, nein, also so zu leben und in den Einsatz zu gehen ist für mich nichts. Es ist doch viel zu spannend, sich auf neue Länder und Aufgaben vorzubereiten, ich habe zum Beispiel nicht nur Fachliteratur, sondern auch den Roman *Sklavin* von Mende Nazer gelesen, um mich, so gut es im Vorfeld ging, auf den Sudan einzustimmen.« In ihrer Autobiografie beschreibt die Angehörige des Nuba-Stammes, wie sie 1992, im Alter von rund zwölf Jahren, von bewaffneten Milizen verschleppt und bis zu ihrer Flucht im Jahr 2000 in Khartum und in London als Sklavin gehalten wurde. Ihre Beschreibungen decken sich mit denen anderer Südsudanesen und Nuba, die ebenfalls aus der Sklaverei freikamen. »Solange hier solche Zustände herrschen, ist das doch ein Extragrund, tätig zu werden. Nun haben wir unsere Schulungen bekommen, und morgen geht's auch schon los!« Sie freut sich, dass sie endlich ihre vielschichtigen Aufgaben wahrnehmen und dieses leidgeplagte Land ein wenig mit aufbauen helfen kann.

»Hey, Josefine, how are you?«, ruft plötzlich eine tiefe Männerstimme vom Nachbartisch herüber. Sie dreht sich um, entschuldigt sich bei mir und geht zu ihren internationalen Kollegen, deren Hautfarben ebenso unterschiedlich wie die Uniformen und die auf ihnen aufgenähten bunten Flaggen sind. Ein UN-Kamerad aus Zimbabwe sitzt mit einigen Kameradinnen aus dem Kongo und Indien am Nachbartisch. Schulterklopfen, ein paar Sätze werden ausgetauscht, und schallendes Gelächter macht die Runde. Edgar hat in Leipzig studiert und seit Ewigkeiten kein Deutsch mehr gesprochen. Nun plaudert er langsam und mit Bedacht, aber fast fehlerfrei in der hier exotischen Fremdsprache mit Hauptmann Stremmer.

»Da hat Teambuilding ja sehr gut funktioniert«, denke ich beeindruckt, schließlich hatte jeder in dieser Runde drei Wochen zuvor nur eine vage Vorstellung davon, was und wer ihn oder sie hier im UN-Hauptquartier erwarten würde. Gemeinsam mit den Afrikanern und Afrikanerinnen hat Frau Stremmer gerade einige Einweisungen, die sie auf ihre Aufgaben in den Teamsites vorbereiten, absolviert. Ob sich auch echte Freundschaften aus der für Soldaten allgemeingültigen »Pflicht zur Kameradschaft« ergeben werden, weiß sie jetzt noch nicht. »Aber ›when you're in my country, please visit me‹ ist hier so etwas wie ein Standardsatz. Wie weit das dann ernst zu nehmen ist, weiß ich noch nicht, aber interessant ist es allemal, mit so vielen Nationen klarkommen zu müssen.«

Ob denn die soldatische, aber auch sehr deutsche Tugend der Pünktlichkeit hier bei der UN militärisch oder afrikanisch gehalten wird, will ich wissen. Denn aus der lokalen Aufforderung, doch ein wenig zu warten, aus dem afrikanischen »one Minute«, kann sich, so viel habe ich im Umgang mit unserem Hotelier, mit Taxifahrern und auf der Fotografiererlaubnisbehörde schon gelernt, gern auch mal ein halber Tag des Wartens ergeben. Josefine Stremmer guckt mich mit leicht schräg gelegtem Kopf ungläubig an. »Also, neben seinem Fachwissen und dem Abstraktionsvermögen, Englisch in allen möglichen Aussprachen zu verstehen, braucht man hier auf jeden Fall eine ganze Menge Gelassenheit und Humor. Hier geht nichts von jetzt auf gleich!«, sagt sie und lacht.

Frau Hauptmann wird entsprechend den UNMIS-»Rules of Engagement«, den UN-Rahmenbedingungen für diesen Einsatz, unbewaffnet in den Südsudan, nach Juba, vielleicht aber auch nach Westen, nach Wau, gehen, um dort Konflikte zwischen den verschiedenen Stämmen zu lösen. »Meist kommt es zu bewaffneten Auseinandersetzungen um Vieh«, erklärt sie, »Rinder sind ein Symbol des Wohlstands bei den Nuba, sie werden nicht gegessen, man nutzt nur ihre Milch. Und öfter kommt es schon mal vor, dass der eine Stamm die Rinder eines anderen klaut.«

Im Nordsudan herrscht – wie schon erwähnt – das islamische Strafgesetzbuch der Scharia. Die UN-Mitarbeiter genießen zwar de facto Immunität, was aber nicht bedeutet, dass sie sich beim täglichen Organisieren von Whiskey und Wodka erwischen lassen sollten. Im nichtmuslimischen Südsudan ist

Alkohol jedoch legal, und besonders unter seinem Einfluss kommt es zu Schießereien. Ähnlich wie in allen Ländern, in denen über Jahrzehnte hinweg Bürgerkrieg herrschte, hat jedes Familienoberhaupt Waffen in seinem Besitz und nur eine niedrige Hemmschwelle, diese auch zu nutzen.

Ob Hauptmann Stremmer denn gar keine Angst vor schießwütigen, betrunkenen Stammesoberhäuptern auf der Suche nach ihrem gestohlenen Besitz habe? »Ach, ich kenne keine Kultur, in der es Ruhm und Ehre gebracht hätte, einen unbewaffneten Menschen, der grinst und winkt, zu erschießen. Da mache ich mir nun wirklich keine Sorgen!« Ihr Leben wird sich unter dem weiten afrikanischen Himmel und in einem Wohncontainer abspielen, den sie sich für 21 Dollar pro Tag mit anderen UN-Soldaten teilen muss. Tagsüber wird sie auf Patrouille gehen, zu Fuß oder in UN-Geländewagen, und auch zusammen mit den bengalischen Kameraden Speedboot auf dem Nil und in den Sumpfgebieten fahren, Stimmungen in der Bevölkerung aufspüren, versuchen zu helfen und zu vermitteln, wo zu helfen und zu vermitteln ist, und vor allem zur Stabilisierung der Lage beitragen. Im April 2010 stehen Wahlen an, 2011 wird in einem Referendum entschieden, ob Süd- und Nordsudan fortan voneinander unabhängige Staaten werden wollen. Ob sie sich wegen der Größe des Landes, das siebenmal so groß wie Deutschland ist, ohnmächtig fühle? Wie fühlt es sich an, in einem zerrissenen Land mit zig Konfliktherden zu dienen? Sieht sie eine Chance auf Besserung der Lage?

»Was hier seit Beendigung des Bürgerkriegs geschaffen wurde, ist doch toll, auch wenn die Infrastruktur, die Sozialfürsorge und all das, was aus europäischer Sicht einen Staat ausmacht, noch längst nicht bewerkstelligt werden konnten. Aber ich sehe meine Arbeit so: Was ich nicht ändern kann, das nehme ich hin, aber was ich ändern kann, das pack ich an!« Ich glaube ihr jedes Wort. Ich kann mir vorstellen, wie sie später engagiert in einem Lager der Konfliktparteien nicht nur als strenger Wächter der internationalen Gemeinschaft Waffen und Personal überprüft, sondern auch mit angemessenem Ernst, aber ebenso mit Witz die Ausführung des Mandats und die Zukunft beschreibt. Und von den kleinen Erfolgen, die hoffentlich zum Gelingen der Befriedung des ganzen Landes beitragen werden, berichtet.

Die Stromversorgung in ihren neuen, entlegenen Einsatzgebieten ist unzureichend, sodass die Bevölkerung nach Sonnenuntergang im Dunkeln beziehungsweise im Schein der Feuer lebt. Die UN-Soldaten haben zwar eigene Generatoren an ihren Containern, müssen sich aber fernab jeglicher exklusiven Feldküche eigenständig verpflegen. Für den Beginn hat Frau Hauptmann sich erst einmal »30 Tütensuppen, natürlich ohne Schwein!« eingepackt. Danach müsse die Ernährung »landestypisch« vonstatten gehen, was Josefine Stremmer aber überhaupt nicht stört. »Ich will mir auch nichts aus Deutschland schicken lassen, das ist doch albern, die Leute hier kommen ja auch durch, haben ihre leckeren Spezialitäten, also ich freu mich schon, mit den ganzen tollen Gewürzen hier zu kochen!«

Doch trotz all ihrer Neugier auf die neue Aufgabe und ihrer Vorfreude, in exotischer Umgebung friedensstabilisierend zu wirken, wird sie ihre Heimat, ihren Mann doch ein wenig vermissen, oder? Und bei diesem UN-Einsatz ist es aufgrund der Sicherheitslage sowohl in Khartum als auch in den anderen Sektoren im Gegensatz zu einigen anderen Missionen nicht »erwünscht«, dass der Partner oder gar die ganze Familie nachkommt. Wie kommt sie mit der Sehnsucht klar? »Also zum einen war mein Mann ja selbst Soldat auf Zeit, er kennt also meinem Beruf genau und unterstützt mich, wo er kann. Zum anderen hat er ja auch seinen Beruf als Heizungsinstallateur und sitzt nicht allein zu Hause rum«, erklärt sie ein wenig ironisch. Sie findet es gut, dass sie hier allein ihre Frau stehen muss und aufgrund der Distanz sich nicht durch Kurzbesuche in der Heimat von ihrer Aufgabe ablenken lassen kann. »Wir haben uns auf ein halbes Jahr Trennung eingestellt, und so ein Besuch zwischendrin, nein, das wäre nichts, das würde mich eher durcheinanderbringen. Es ist schon gut so, wie es ist, und außerdem halten Trennungen ja auch die Liebe frisch!«, sagt sie. Das Paar hatte sich irgendwann gegen Kinder entschieden, und bislang vermisst sie es auch überhaupt nicht, keinen eigenen Nachwuchs in die Welt gesetzt zu haben. »Allerdings«, erklärt sie plötzlich ernst, »Kinder bekommen, das können ja nur wir. Und wer als Frau zur Bundeswehr geht, der sollte auf jeden Fall eine abgeschlossene Berufsausbildung mitbringen, das ist mein Tipp für Frauen, die sich für eine Karriere bei uns interessieren. Denn sonst sind die vier oder acht Jahre als Soldat auf Zeit ganz schnell rum, man bekommt ein Baby und sitzt dann da. Nur ›Soldat‹ als Berufserfahrung in den Lebenslauf zu schreiben, wenn man in der freien Wirtschaft Fuß fassen will, damit kommt man heutzutage nicht weit.« Und nicht jeder ihr bekannte Kamerad, der die Armee verlassen hat, hat die »Berufsfördernden Maßnahmen«, also Umschulungen und Weiterbildungen, welche die Bundeswehr den ausscheidenden Soldaten vor Dienstende anbietet, in Anspruch genommen. »Die nehmen dann das Geld anstelle der Weiterbildungen, kaufen sich was Schönes und fallen dann in das berühmte Loch, das sich nach der Bundeswehr für so viele auftut.« Ob ihr das auch passieren könnte, wenn sie 2021, mit 56 Jahren, »den Verein« verlassen wird? »Gott bewahre, ich suche mir dann doch gleich wieder eine neue Aufgabe, anders könnte ich doch gar nicht ich sein!« Wieder in die Altenpflege wäre eine Option, »weil da so viel rüberkommt«, oder etwas ganz anderes, alles noch nicht spruchreif, weil in ferner Zukunft. Die nahe Zukunft beginnt für Hauptmann Stremmer morgen, wenn sie für die Dauer von fünf Monaten in ihr Einsatzgebiet fliegen wird.

Ihr Telefon klingelt, ihr Gepäck ist von der Flughafenkontrolle endlich freigegeben worden, und da sie weder Alkohol noch Schweinefleisch im Rucksack hatte, darf sie es nun abholen. Wir verabschieden uns herzlich. Sie wünscht mir viel Erfolg für die weitere Reise nach Dschibuti und Afghanistan und klopft mir für Letzteres, vor dem ich ein wenig Angst habe, beruhigend auf die Schulter: »Mach dir keine Sorgen, du bist da ja mit uns, das wird schon.«

Ich freue mich, dass ich in Hauptmann Stremmer in letzter Minute doch noch eine so aufgeschlossene Gesprächspartnerin gefunden habe und dass nun, vor dem Stopp beim deutschen Heer im winterlichen Afghanistan, zunächst noch der Besuch »meiner« Teilstreitkraft am Indischen Ozean ansteht. Und dass die einzige deutsche derzeit dauerhaft in Dschibuti stationierte Soldatin, Sanitätsmeister Franziska Zille*, durch den vor Ort zuständigen MPIO, den Military Press Information Officer, Oberleutnant zu See Stephen Wernecke, schon vor Wochen ihre Zustimmung zum Gespräch mit mir gegeben hat. Heute Abend fliege ich los, über Addis Abeba nach Dschibuti, wo morgen das Einlaufen der Fregatte »Augsburg«, die für die NATO-Mission »Enduring Freedom« den Indischen Ozean patrouilliert, ansteht.

»So Tussi-Mädchen können wir hier nicht gebrauchen«

»Enduring Freedom«, Dschibuti, Ostafrika,
am Indischen Ozean, Dezember 2009

Der Deutsche Bundestag beschloss am 19. Dezember 2008, dass sich Deutschland an der Anti-Piraterie-Mission der Europäischen Union beteiligen wird. Die Mandatsobergrenze der Deutschen wurde auf 1400 Soldaten festgelegt. Diese erste maritime Mission der Europäischen Union führt den vollständigen Namen EU NAVFOR/Operation Atalanta.

Mitte November 2009 beschlossen die EU-Außen- und Verteidigungsminister die Verlängerung des Marineeinsatzes gegen Piraten vor der Küste Somalias um ein weiteres Jahr. Entsprechend verlängerte der Deutsche Bundestag am 17. Dezember 2009 das Mandat für die Marine. Das Einsatzgebiet umfasst ein Areal von fünf Millionen Quadratkilometern und reicht bis zu den Seychellen. Dies entspricht etwa der Größe der Europäischen Union. Hinzu kommt der Luftraum über diesen Seegebieten.

Somalia gehört zu den größten Krisengebieten weltweit. Die humanitäre Hilfe durch Lieferungen des Welternährungsprogramms erfolgt zu 90 Prozent auf dem Seeweg. Der Schutz durch die Operation Atalanta ist daher für die Versorgung der somalischen Bevölkerung mit Lebensmitteln von zentraler Bedeutung.

Durch das Seegebiet von Somalia und vor allem durch den Golf von Aden führt außerdem die wichtigste Handelsroute zwischen Europa, der Arabischen Halbinsel und Asien. Deutschland hat als Exportnation an sicheren Handelswegen ein besonders großes Interesse. Es ist gleichzeitig auf den Import von Rohstoffen angewiesen, die zu einem großen Teil auf dem Seeweg ins Land gelangen (www.bundeswehr.de).

Nachmittags komme ich in Dschibuti an. Einem Land, gerade mal so groß wie Hessen, dem der Ruf vorauseilt, eine schreckliche tropische, heißfeuchte Malariamückenhölle zu sein. Gleich am Flugfeld begrüßen mich zwei gut gelaunte Feldjäger, die mir vorausschauend eine Einreisekarte mitgebracht und sogar teilweise bereits ausgefüllt haben. Trotzdem dauert der Erwerb eines Visums eine gute Stunde. Glücklicherweise habe ich meine Kleidung bereits gegen Mücken imprägniert, die Biester versuchen trotzdem, jedes kleine Fleckchen freie Haut zu attackieren. Als ich endlich mit dem Prozedere durch bin, stehen der scheidende und der kommende MPIO, Stephen Wernecke und Christopher Jacobs, immer noch wartend bereit.

Der für die Missionen »Enduring Freedom« und »Atalanta« zuständige Herr Kapitän im Einsatzführungskommando in Deutschland hatte ordnungsgemäß per E-Mail bei seinem Kollegen im Einsatz angefragt, ob ich die dort stationierte Frau Hauptbootsmann, die Sanitätsmeisterin Franziska Zille, 32, interviewen könne. Oberleutnant zur See Wernecke hatte die Zustimmung der Sanitätsmeisterin eingeholt, und nun freue ich mich auf das Gespräch mit unserer einzigen Frau in Dschibuti, für das ich bis ans östliche Ende Afrikas gereist bin.

Nach einem schnellen Check-in im besten Hotel des Landes, dem »Kempinski Palace Djibouti«, in dem Oberleutnant Wernecke sechs Monate lang bei Vollpension in einer Suite residieren durfte – aus »Sicherheitsgründen« –, führen die beiden Herren mich landestypisch aus.

Wernecke hat eine in den Landesfarben knallig grün und türkis gestrichene Fischhütte ausgesucht, in der wir die Köstlichkeiten des Indischen Ozeans fangfrisch gegrillt auf den Tisch bekommen. Beilage: Bananenbrei, Besteck: keines. Oberleutnant zur See Christopher Jacobs, ein hochgewachsener Hamburger, lernt schnell, Fisch mit den Händen zu essen. Wernecke gibt seinem jüngeren Kollegen Ratschläge zum Umgang mit der Presse. »Solche, die selbst anreisen, meist freie Journalisten, sind die Abenteuertypen, die landestypisch essen und meist auch wohnen wollen. Es gibt andere, die hier teuer per Linie mit Air France reinfliegen und ein dickes Spesenkonto haben, das sind meist die Festangestellten der großen Publikationen, die wollen nichts Authentisches, die wollen einfach ihren Job machen, in Fünf-Sterne-Hotels wohnen und wieder nach Hause.«

Wir sprechen über den Einsatz »Enduring Freedom«, in dessen Auftrag die Fregatte »Augsburg« den Indischen Ozean patrouilliert, und ich wundere mich immer noch, dass mir Wernecke einfach so am Telefon sagte, ich solle am 9. Dezember kommen, da dann die »Augsburg« einlaufen werde, auch mit 16 Frauen an Bord. Mehrfach hatte ich beim Presseoffizier in Deutschland nachgefragt, ob ich denn eine seegehende Einheit in einem Hafen entlang des Indischen Ozeans besuchen dürfe, aber er durfte mir aus Sicherheitsgründen telefonisch keine Auskunft dazu geben.

Am 12. September 2001, einen Tag nach den Terroranschlägen von New York und Washington, verurteilte der Sicherheitsrat der Vereinten Nationen mit der Resolution 1368 diese Anschläge als bewaffneten Angriff auf die Vereinigten Staaten sowie als Bedrohung für den internationalen Frieden und die internationale Sicherheit. Die Resolution bekräftigte das Recht zur individuellen und kollektiven Selbstverteidigung und bestätigte die Notwendigkeit, alle erforderlichen Schritte gegen zukünftige Bedrohungen zu unternehmen, da ein bewaffneter Angriff gegen einen oder mehrere der Bündnispartner in Europa oder Nordamerika als ein Angriff gegen alle angesehen werde. Der Deutsche Bundestag beschloss am 16. November 2001, dass deutsche Streitkräfte mit den USA und den anderen Staaten der Anti-Terror-Koalition bei der militärischen Bekämpfung des internationalen Terrorismus zusammenarbeiten sollten. Der Beteiligung der Bundeswehr an der Operation »Enduring Freedom« wurde somit zugestimmt. Die Bundeswehr selbst sieht den Einsatz so:

Bei der Bekämpfung des internationalen Terrorismus kommt Seewegen eine besondere Bedeutung zu. Im Vordergrund stehen dabei die Überwachung des Schiffsverkehrs und die Unterbrechung von Versorgungslinien terroristischer Organisationen. Der Auftrag des deutschen Einsatzverbandes besteht in der Seeraumüberwachung und dem Schutz der Seeverbindungslinien in den Gebieten um das Horn von Afrika. Darüber hinaus sollen Handel und Transport von Gütern unterbunden werden, die der Unterstützung des internationalen Terrorismus dienen können. Gemeint sind damit sowohl Drogen als auch Waffen und Munition. Dies geschieht unter anderem durch intensive Beobachtung und Dokumentation des Schiffsverkehrs, die sogenannte Rasterfahndung auf See. Möglich ist auch die Kontrolle von Handelsschiffen bei begründetem Verdacht auf Unterstützung des Terrorismus durch das sogenannte Boarding, also die Kontrolle von Ladung und Ladungspapieren. Bei eindeutigen Beweisen für die Unterstützung terroristischer Organisationen oder Aktionen sind auch Zwangsmaßnahmen wie etwa die Umleitung in Häfen zur weiteren Untersuchung von Schiff und Besatzung möglich. Die deutsche Marine ist seit Februar 2002 im Einsatz am Horn von Afrika. Als Stützpunkt dient der

deutschen Marine bzw. der hier ansässigen Deutschen Verbin-
dungs- und Unterstützungsgruppe die Hafenstadt Dschibuti.
Der Verantwortungsbereich des deutschen Einsatzkontingents
Marine reicht bei der Operation »Enduring Freedom« vom Ro-
ten Meer bis vor die Küste Kenias sowie bis zur Straße von Hor-
muz und umfasst ein Seegebiet von etwa der achtfachen Größe
Deutschlands.

Um 9 Uhr 30 läuft am nächsten Morgen die »Augsburg« ein, direkt vor meinem Hotelfenster. Wernecke, Jacobs und ich fahren zum Hafen, ein riesiges, unübersichtliches Areal. An einem von Marineschutzkräften abgesicherten Pier ist die Fregatte gerade am Festmachen, jeder auf Deck hat seinen Job. Viele sind mit dem Anlegemanöver beschäftigt, andere putzen die Waffen an Deck. Ich kann mich in die Besatzung einfühlen, wie schön es sein muss, vier Tage Landgang ge-nießen zu dürfen! Wie habe ich mich nach meinen vier Ta-gen auf dem »Dachs« gefühlt, endlich wieder an Land – die Jungs und Mädels der »Augsburg« hatten im Auftrag von Enduring Freedom über einen Monat lang keinen festen Bo-den unter den Füßen. Und Wilhelmshaven haben sie bereits am 22. September, also vor über zwei Monaten verlassen, die Rückkehr ist für Ende März 2010 geplant. Die Besatzung macht einen kräftigen und zupackenden Eindruck, die meisten Männer und Frauen wirken wohlgenährt – oder auch schon etwas zu wohlgenährt. Bewegungsmangel auf dem Schiff, klar, doch manche Männer schaffen es trotz-dem, gut durchtrainiert zu sein und das auch auf See zu hal-ten. Die khakifarbenen T-Shirts kleben manchem schon im winterlichen Dschibuti, bei 35 Grad, am Körper, im Sommer werden es oft auch 45 Grad und mehr.

Der Kommandant, Fregattenkapitän Christoph Mecke, begrüßt mich in seiner Kammer, in der er vergleichsweise geräumig auf der 130 Meter langen und knapp 15 Meter breiten »Augsburg« lebt. Er ruft Oberbootsmann Juliane Gilbert* herein, die gern mit mir sprechen möchte. Sie ist 24, liebt ihren Tätigkeitsbereich – die Arbeit mit Helikoptern – und das Leben auf See. Wir trinken Kaffee, lernen uns ein wenig kennen und verabreden uns für später, da nun erst mal ein »Alle-Manns-Manöver« ansteht. Sprich: Nach einem Monat auf See zur Überwachung des Seeraums Golf von Aden muss neuer Proviant an Bord. Und weil die zig Zentner schnell an Bord gewuchtet werden müssen, bildet die gesamte rund 200 Mann starke Besatzung eine Kette durch die ganze Fregatte. Erst dann wird an Land gegangen, das Einlaufbier gibt es aber schon vorher.

Selbst Kapitän Mecke packt mit an, bei ihm fließt der Schweiß wie bei allen anderen Männern und Frauen. Wasserpaletten, Weihnachtsdekoration, Grundnahrungsmittel, aus Deutschland eingeflogen, kommen an Bord, Milchprodukte, Toilettenpapier – alles, einfach alles, was man sich an Erste-Welt-Produkten hier in diesem kleinen Dritte-Welt-Land nur vorstellen kann. Leckeres Essen hält nun mal die Mannschaft bei Laune. Schon so oft hörte ich, dass der Smut der wichtigste Mann an Bord sei.

Franziska Zille, die Sanitätsmeisterin, die in der Deutschen Versorgungs- und Unterstützungsgruppe (DVUG) arbeitet, ist auch an Bord der »Augsburg« gekommen, und zusammen bringen wir einen Patienten von Bord, der einen Unfall erlitten hat und nun einen dick eingegipsten Unterschenkel hat. Franziska fährt ihn zum Röntgen in das Krankenhaus vor Ort, übersetzt und vermittelt zwischen Patient, Schwester und Arzt. »Dabei kann ich gar kein Französisch!«, scherzt sie, »das heißt: konnte ich gar keins. Ich hab es hier gelernt, durch zuhören und probieren. Und irgendwie klappt's, die meisten verstehen mich, und ich komme zum

Ziel. Außerdem können doch 'ne Menge Englisch.« Sie hat im Hospital zu tun, wir verabreden uns für den kommenden Tag zu einem Gespräch.

Zurück im Hotel erfahre ich vom Einsatzführungskommando, dass auf zwei der amerikanischen ISAF-Flugzeuge am 15. Dezember von Kabul nach Masar-i-Sharif Plätze für mich frei seien. Es ist nun der sechste Anlauf für einen Truppenbesuch in Afghanistan, aber für den Mitflug bei den Amerikanern bräuchte ich eine Splitterschutzweste (Bristol) und eine harte Kopfbedeckung (Helm). Wie soll ich das beschaffen? Die Bundeswehr könnte mir das Material zwar in Masar-i-Sharif, nicht aber in Kabul stellen. Die Amerikaner schickten mir eine Liste mit Geschäften in Kabul, welche die Waren vorrätig haben, zum Kaufen oder Mieten. Der Gedanke daran, in Kabul allein mit dem Taxi zu diesen Shops fahren zu müssen, macht mich nicht froh.

Ob ich das Equipment in einer Shopping Mall auf dem Transfer-Stopp in Dubai beschaffen kann? Die Weste: Stufe vier, die dickste, 17 Kilo schwer. Sie soll »Schutz vor Langwaffenmunition mit Vollmantel und Hartkern« bieten. Ich frage Wernecke, ob er mir nicht eine dieser Westen für eine Woche besorgen könne. Wir rufen gemeinsam die Feldjäger vor Ort an, ja, höre ich freundlich, es sei »nicht unmöglich«, mir eine Bristol auszuleihen, da »könne man bestimmt was machen«. Super. Fehlt nur noch der Helm.

Ich genieße die kurze freie Zeit und treffe am Pool sechs Mann Besatzung der Fregatte »Augsburg«. Nachdem das Alle-Manns-Manöver vorbei war, haben sie sich sofort ins Taxi gesetzt und sind an den Hotelstrand gefahren. Die jungen Männer sitzen beim Bier zusammen, sie sind ganz offensichtlich erfreut, eine deutsche Frau ohne Uniform zu treffen. Wir plaudern und scherzen ein wenig, wobei die jungen Männer mir immer wieder zu verstehen geben, dass die

weiblichen Kameraden zumeist nicht ihrem Schönheitsideal entsprechen und sie diese daher eher als »Kumpels,
Kameraden halt« sehen würden. Als ich frage, ob irgend-
einer der Anwesenden eine Idee habe, wo ich einen Helm
herbekommen könnte, zeigen alle auf einen sportlichen
Unteroffizier, der zwei besitzt. »Was muss ich machen, um
den zu bekommen?«, frage ich begeistert, und er antwortet
nonchalant: »Ach, ich nehm immer gern 'ne Kiste Bier.« Statt
der Kiste Bier lasse ich ihn und seine Kameraden in meinem
geräumigen Zimmer kostenlos ins Internet gehen, fernsehen,
baden und sich Bier vom Room Service bestellen. Die Jungs
leben so beengt, da lade ich einen, der mir seinen Helm
schenkt, gern zu einer Party in meinen Räumlichkeiten ein.

Später treffe ich Juliane, die als Helikopter-Controllerin
auf der »Augsburg« arbeitet, auf der Brücke der Fregatte.
Die Delmenhorsterin, vielleicht 1,75 groß und stämmig, hat
bereits als Kind das Segeln lieben gelernt. Mit 15 informierte
sie sich über eine Karriere bei der Marine, mit 16 machte sie
ihr erstes Praktikum, einschließlich ein paar Tagen Mitfahrt
auf dem Schnellboot »Dachs«. Es gefiel ihr so gut, dass klar
war: Nach der Höheren Handelsschule würde sie alles auf
eine Karriere bei der Marine setzen. Mit 17 absolvierte sie
dann die Allgemeine Grundausbildung, Unteroffizierslehr-
gänge, infanteristische Basisausbildung, alles machte ihr »relativ viel Spaß – bis auf ein paar Ausnahmen«, aber Zweifel
an ihrer Berufswahl sind ihr selbst bei den härtesten Märschen nicht gekommen. »Ich bin schon mit 14 allein verreist
und hatte und habe mehr männliche Freunde«, berichtet die
junge Frau, die ihr halblanges Haar im tiefen Dutt trägt. »Ist
auch besser so, glaub ich«, sagt sie mit einem Lächeln, »so
Tussi-Mädchen können wir hier nicht gebrauchen.« Für
ihren täglichen Job ist nicht nur »Nicht-Tussi-Sein« gefragt,
vielmehr muss sie extrem konzentriert, Multi-Task-fähig

und aufmerksam sein, wenn sie die Hubschrauber von der Fregatte aus kontrolliert und lenkt. Mit ihren 24 Jahren hat sie schon viel erreicht: Juliane hat Tests bestanden, die eine Durchfallquote von 80 Prozent hatten, besuchte Sprachlehrgänge und Helikopterkontrolllehrgänge. Sie muss Winde und Kräfte berechnen können, ständig zig Parameter berücksichtigen, die Radarkontakte abgleichen. Besonders beim Boarding sind ihre Fähigkeiten voll gefragt, wenn der Bordhubschrauber Sea Lynx, den ich bei UNIFIL fliegen durfte, vermeintliche Schmuggelboote überprüft. »Aber da ist der »Atalanta«-Einsatz der mit der größeren Action«, erklärt sie mir, »wir sind eher zur Aufklärung da, das heißt, dass die Hubschrauber eher spähen statt boarden.« Ich erinnere mich an meinen Zugführer aus der Marineschule, er ist mit seinem Fliegergeschwader seit 2002 jährlich für vier Monate als Aufklärer eingesetzt. Er hatte mir einmal erklärt, wie die Piraten zu erkennen sind. Sie hätten auf den Mutterschiffen, aber auch auf den Dhows oder den kleinen Skiffs, meist viele alte Benzinfässer, dazu dicke Planen, die Teile des Schiffs, wo die Waffen gelagert werden, bedecken würden. Im Mandat »Enduring Freedom« dürften die Piraten aber nicht verfolgt und gestellt werden, sondern nur ihre Koordinaten an andere Einheiten weitergemeldet, zum Beispiel an die Fregatte »Bremen«, die für »Atalanta« hier im Einsatz ist. Dabei sind ihre Aufgaben, kurz gesagt, Abschreckung, Verhütung und Beendigung von Akten der Piraterie.

Juliane liebt ihren Job, hat sie doch dank der Marine und ihren fünf Jahren an Bord von Booten und Schiffen verschiedene verantwortungsvolle Verwendungen wie etwa Waffenleitmeisterin bekleidet, die Schüsse aus dem großen Oto-Melara-Artilleriegeschütz berechnet. Sie freut sich über ihre Karriere, die Abwechslung macht ihr Spaß, immer bis ans Maximum gefordert zu werden und ständig viel Neues zu lernen. Dass sie fern der Heimat ist, stört sie nicht. »Das wollte ich doch, die Welt kennenlernen!«, meint sie und zählt mehr als 20 Häfen auf, in denen sie schon war. »Bahrain, Muscat, Mombasa, Edinburgh, Madeira, Danzig, auf den Seychellen … Aber man muss sich auch klarmachen, dass man dazwischen, so wie wir jetzt, manchmal einen Monat kein Land sieht und auch arbeiten muss, wenn wir an Land liegen. Ich hab auch meine Wache, da kann ich hier nicht weg«, erklärt sie. Denn auch wenn das Schiff im Hafen liegt, herrsche oft eine höhere Bereitschaftsstufe, im Hinterkopf sollte man immer »Bedrohung« haben. »Nur damit einem keine Fehler unterlaufen und dann wirklich mal etwas passieren kann. Denn wenn man erst richtig Angst bekommt, ist man hier falsch«, sagt sie ernsthaft.

Wenn sie mal ein paar Tage in Dschibuti liegen, engagiert sich Juliane ehrenamtlich beim Aufbau einer Schule, die auf Initiative eines deutschen Pastors hier entstanden ist. Zusammen mit vielen Kameraden hat sie geholfen, die mit deutschen Spendengeldern gebaute Schule zu renovieren. In ihr sollen »obdachlose«, also traditionell nomadisch lebende Kinder, deren Mütter auch oft HIV-positiv sind, unterrichtet werden.

Juliane hatte bis vor Kurzem einen Freund auf einer anderen Fregatte. Leider ging diese Beziehung durch die Distanz und die ständigen Einsätze kaputt. »In zweieinhalb Jahren Freundschaft haben wir uns mal ein ganzes Jahr nicht gesehen«, seufzt sie ein bisschen wehmütig. Ihre Familie unterstütze sie aber und schicke zum Beispiel jetzt, zur Weihnachtszeit, selbst gebackene Plätzchen per Feldpost nach Dschibuti. Und wenn sie nach Hause komme, nach langen Wochen zur See, freue sie sich, in ihrer eigenen Wohnung in Wilhelmshaven einfach nur die Tür zumachen zu können und allein zu sein. Mit einem vollen Kühlschrank, den die liebe

Mami bestückt hat. Nach gut zwei Stunden muss Juliane wieder an ihre Arbeit, und ich gehe zurück ins Hotel.

Abends führen mich meine beiden Presseoffiziere aus, wir gehen in landestypische Kaschemmen voller blutjunger Prostituierter und Soldaten aus aller Herren Länder, vor allem testosteronschwangere Fremdenlegionäre und Spanier scheinen heute Nacht unterwegs zu sein. Deutschen Soldaten wird vom Besuch vieler einschlägiger Lokalitäten abgeraten, aber in jeder Bar in dieser Stadt gibt es junge hübsche Mädchen, die für ein wenig Geld gern vieles mitmachen. Ihre Väter, Männer, Brüder, Freunde brauchen Geld für Quat, die hier weitverbreitete Droge gegen Hunger und für ein Glücksgefühl.

Sanitätsmeisterin Franziska Zille begleite ich am kommenden Morgen bei ihrer Arbeit. Sie hat den Auftrag, drei bis vier Mal wöchentlich die Mückenfallen zu kontrollieren, die an sechs Orten hängen, an denen die deutschen Soldaten oft verkehren – am Flugfeld, in dem Hotel, in dem die 50 deutschen Soldaten der Verbindungs- und Unterstützungsgruppe wohnen. (Wie übrigens auch der neue Presseoffizier, seit ein Bundeswehr-Inspekteur unlängst festgestellt hat, dass das »Kempinski«-Hotel aus »Sicherheitsgründen« wohl doch nicht sein muss und das Hotel am Flugfeld aus Kostengründen vernünftiger sei.)

Die Sanitätsmeisterin schickt die unter anderem auch hier gefangenen Mücken nach Deutschland, wo sie auf Malaria-Erreger untersucht werden. »Sobald in einer der Virus festgestellt wird, müssen die Soldaten hier wieder Prophylaxemedikamente nehmen. Aber das ist derzeit zum Glück nicht der Fall«, berichtet sie zufrieden. Nach dem Abitur machte die durchtrainierte junge Frau zunächst eine Ausbildung zur Physiotherapeutin. Dem Sport war die Rügenerin stets eng verbunden: Handball, Karate, Leichtathletik. So war für sie die Bundeswehr eine Herausforderung, die sie gern annahm. Vor allem da Frauen ja schon lange im Sanitätsdienst tätig sind. »Bei uns hat man schon immer Frauen genommen, sodass ich am Anfang Angst hatte, der Zickenfaktor würde zu groß werden.« Wurde er aber nicht, und Franziska blieb mit Spaß, Eifer und dem nötigen Ehrgeiz dabei. »Arzt werden wollte ich nie«, meint sie. »Ich weiß, dass ich mit meiner ›Kunst‹ auch schon viel erreichen kann.« In ihrer Laufbahn sei es »manchmal nicht ganz optimal« gelaufen, sodass sie Jobs wie den einer Sprechstundenhilfe ausüben musste, »aber das ist dann halt mal so, das gehört dazu und das muss jeder mal machen«. Dennoch liegt es ihr fern, sich zu beschweren: »Aber trotzdem habe ich die Führerscheine B, C und E, bin Taucharztgehilfe und liebe es, ständig Neues zu lernen.« Sie berichtet stolz und liebevoll von ihrem Freund, einem »76-er«, einem Soldaten der Marineschutzkräfte. Und sie weiß zu schätzen, dass er ihr in der Heimat die Treue hält und auf sie wartet. »Es ist immer schwerer für den, der dableibt, als für den, der weggeht …«, sinniert sie. Aber auch wenn sie ihren Freund liebt, hier ist sie für den Job, und für den hat sie sich verpflichtet. Jetzt freut sie sich, dass sie in Dschibuti gut ausgelastet ist, während des Gesprächs klingelt ständig das Telefon, sie muss bald weg. Eine moderne, emazipierte Frau, die mit den ganz normalen Problemen im Einsatz klarkommen muss, die ihre Arbeit, die damit verbundene Möglichkeit zu helfen und die Abwechslung liebt – ein ganz normaler deutscher und zufälligerweise weiblicher Soldat im Jahr 2009. Wir verabschieden uns herzlich, ich gehe ins Hotel zurück und lese erneut: eine Absage vom Einsatzführungskommando für meinen Afghanistan-Besuch. Die sechste in diesem Jahr. Unbegründet.

»Keine gesprächsbereiten Elemente identifziert«

ISAF, Versuch eines Truppenbesuchs an Deutschlands
wichtigstem Einsatzort Afghanistan

*Nach dem Sturz des Taliban-Regimes einigten sich die größ-
ten ethnischen Gruppen Afghanistans im November und Dezember 2001 anlässlich der Petersberger Konferenz auf eine
»Vereinbarung über provisorische Regelungen in Afghanistan
bis zum Wiederaufbau dauerhafter Regierungsinstitutionen«
(Bonner Vereinbarung). Damit schufen sie die Grundlage für
die internationale Truppe ISAF, deren Aufstellung der Welt-
sicherheitsrat am 20. Dezember 2001 beschloss.*

*Sie soll im Auftrag der Vereinten Nationen die afghanische
Regierung bei der Wahrung der Menschenrechte sowie bei der
Herstellung und Wahrung der inneren Sicherheit unterstützen. Darüber hinaus unterstützt die ISAF die afghanische Regierung durch die Auslieferung humanitärer Hilfsgüter und
bei der geregelten Rückkehr von Flüchtlingen. Der Kampf gegen
das terroristische Netzwerk al-Qaida und gegen die Taliban ist
hingegen Aufgabe der Operation »Enduring Freedom« (OEF)
(www.bundeswehr.de).*

Im Dezember 2009, auf dem Höhepunkt der Kunduz-Affäre,
schien die Bundeswehr jeglisches Interesse an zusätzlichen
Journalisten in Afghanistan, vor allem direkt im Camp in
Masar-i-Sharif, verloren zu haben. Obwohl mir noch kurz zuvor mitgeteilt worden war, dass ich der Wahl der Gleich-
stellungsbeauftragten für die rund 190 deutschen Soldatin-

nen in Afghanistan beiwohnen könne, wurde mir plötzlich erneut abgesagt – ohne Angabe von Gründen. Auf mehrfache Anfragen beim Heer – nach Gesprächen mit weiblichen ISAF-Veteranen – bekam ich stets die Antwort, es könnten »keine gesprächsbereiten Elemente identifiziert« werden und Frauen wollten »keine gesonderte Stellung bekleiden und auch nicht gesondert betrachtet werden«.

Da ich mehrere Berufssoldaten auch privat kenne, beschloss ich, ihre Erfahrungen und Überlegungen zu dem Einsatz in Erfahrung zu bringen, Gedanken von Offizieren zu hören, die in mehreren Einsätzen gewesen sind, die internationale Zusammenarbeit kennen und die Koordinationsarbeit einzuschätzen vermögen. Die die Gefahren des »Rausfahrens« – des Patrouillierens in mehr oder weniger feindlichem Gebiet in mehr oder weniger gepanzerten Fahrzeugen – aus ihrem Arbeitsalltag kennen. Der weit größere Teil der in Masar-i-Sharif stationierten Soldaten verlässt das Camp während der viermonatigen Dienstzeit nie.

Der Arzt Benno Steiner, mit einer ehemaligen Bundeswehr-Krankenschwester verheiratet und Vater von vier Kindern, musste ständig »raus«. Er war bereits 2008 in Afghanistan, kalkuliert die Gefahr abstrakt, aber macht sie so doch für sein Leben greifbar. Immer wieder geht ihm der Gedanke durch den Kopf, seine Kinder eventuell als Beinamputierter mit Prothesen wiederzusehen. Denn »am Ende eines Tages kann man schon zählen, an wie vielen defekten Sprengfallen man vorbeigefahren« ist.

Einen Anschlag im gepanzerten Fahrzeug würden einige vielleicht nur mit abgerissenen Unterschenkeln überleben. Er war oft mit Sanitätstrupps unterwegs, die manchmal selbst ihr Fahrzeug zu sichern hatten. Nur waren viele Sanis ungeübt im Umgang mit der Waffe, sodass sie sich im Zweifelsfall kaum gegen einen Angriff feindlicher Kämpfer hätten verteidigen können. Die Gefahr einer tödlichen Verletzung, so rechnet Steiner sich aus, ist zwar bei ihm deutlich geringer, da er als Arzt oft im Wagen bleiben muss. Welche Strategie aber benötigt man, um diese Fahrten psychisch zu überstehen? Auch wenn Steiner bei »kriegerischen Handlungen« meist im Auto bleiben kann, muss er doch helfen, wenn es hart auf hart kommt. Schließlich – so bestätigt er mir wie viele andere auch – »finden längst nicht alle Gefechte, die wir da kämpfen, auch in der deutschen Presse statt«. Mit dem Gedanken an eine Amputation kann er als Arzt, der Kameraden hat genesen sehen, leben. Das ist sein persönliches »Worst-Case-Szenario«, auf das er sich mit seiner Frau, mit der er über alle Sorgen und Nöte offen spricht, einstellen kann.

Über die Ausstattung im Sanitätsdienst will er nicht klagen, obwohl es »manchmal Situationen gibt, in denen du in Deutschland wüsstest: der kommt durch, hier hingegen …« »Beim Lazarett gibt es auch immer wieder junge Gefreite, die Fotos machen wollen von Verletzten. Aber wenn sie einmal echt was gesehen haben, wünschen sie sich ganz schnell wieder, sie hätten es nicht gesehen.« »Gar nicht« könnten die Kameraden damit umgehen, »aber so ist es halt, da kann man Seminare abhalten, so lange man will, auf den Krieg kann dich keiner vorbereiten«.

Nachdem Steiner als Notfallarzt mit schwerstverletzten Kameraden konfrontiert war, hat er sich geschworen, Sätze wie »alles wird gut« oder »wird schon wieder« nicht mehr zu seinen Patienten und ihren zumeist verstörten Kameraden zu sagen. Er bekennt: »Ich habe nämlich schon zu oft erlebt, dass nichts wieder gut wurde …«

Der Job wird deshalb jedoch nicht infrage gestellt, Steiner liebt seinen Beruf als Arzt und seine Verpflichtung als Soldat, die ihm mit seiner Familie eine gesicherte Existenz ermöglicht. Doch manchmal – so berichtet er – sehe man im Camp »ganz junge Hauptgefreite, die drei Tage hintereinander beschossen worden sind. Die sehen dann mehr tot als lebendig aus. Da erzählt dann keiner mehr von sich, er sei 'ne coole Sau. Die müssen sofort in Betreuung, raus aus dem Ganzen.« Die ständige Sorge um das eigene Leben, dazu die Belastung, vielleicht selbst nicht zu wissen, warum man eigentlich hier ist, und die niemals zu beantwortende Frage »Habe ich einen Menschen getötet?« machen sie, laut Steiner, »einfach fertig«. Im schlimmsten Fall kann das – zusammen mit suboptimalen Umständen in der Heimat – zum Selbstmord führen. 19 Selbsttötungen verzeichnete die Bundeswehr laut www.bundeswehr.de im Jahr 2009 im Einsatz, drei davon in Afghanistan.

418 deutsche Soldaten – Frauen werden in der Statistik nicht extra erfasst – kamen 2009 mit der Diagnose der Posttraumatischen Belastungsstörung (PTBS) aus dem ISAF-Einsatz zurück, der offiziell die afghanische Regierung lediglich »stabilisierend« unterstützen soll, bei dem aber die Kräfte, die stabilisierend und aufbauend wirken, auch mit Waffengewalt geschützt werden müssen. Müssen? Sicher eine Frage, die der Bundestag und die deutschen Wähler entscheiden müssen. Tatsache ist jedoch, dass immer mehr ausgebrannte, seelisch verwundete Soldaten über Schlafstörungen, Albträume, Flashbacks, Depressionen und Aggressionen klagen. Dann müssen sie liebevoll, in einem langwierigen Prozess anhand von Therapien, Gesprächen, Medikamenten und mit Unterstützung ihrer Familie wieder ins Leben zurückgeholt werden. Was passieren kann, wenn dies nicht geschieht, sehen wir am Umgang der US-Regierung mit ihren jungen Veteranen: Abstürze in Drogensucht, Obdachlosigkeit, Kriminalität und Gewalt.

Sind unsere jungen Männer und Frauen, für die deutsche Gesetze auch dort noch gelten, wo asymmetrische Kriegsführung fernab der Genfer Konvention an der Tagesordnung ist, für diesen Krieg gerüstet? Ist es zumindest möglich, sich darauf vorzubereiten? Auf die Erinnerung an stundenlange Feuergefechte oder die – in Deutschland irrationale – Angst vor Kindern oder Fahrradfahrern, die Attentäter sein könnten?

Steffen Mähliß, ein Sprecher des Sanitätsdienstes der Bundeswehr, betont, dass neben individuellen Faktoren sowohl der Gruppenzusammenhalt als auch das Führungsverhalten der Vorgesetzten einen wesentlichen Einfluss auf die Bewältigung psychischer Belastungen im Einsatz haben. Hierbei unterstützen die Psychologen, Psychotherapeuten, Psychiater und Seelsorger vor Ort. Oder wie Steiner es einfacher formuliert: »Jeder muss für sich selbst wissen, warum er da ist, was er da macht. Nur daran zu denken, dass man für Deutschland unterschrieben hat, bringt einen nicht weiter.« Steiner macht es ganz klar für seine Kinder in dem Bewusstsein, dass »die Anschläge von London auch in Berlin« hätten passieren können. Der Gedanke daran, dass »die einfachen Afghanen ein lebenswerteres Leben bekommen und in dem Land auf unserem Nachbarkontinent vielleicht irgendwann kein mittelalterliches Regime« mehr herrscht, ist eine zusätzliche Motivation für ihn, um im kommenden Sommer den Rucksack zu packen und wieder in Afghanistan zu dienen.

Ihn ärgert, genau wie den Offizier und Afghanistan-Veteranen Simon Klarow, dass seiner Empfindung nach »im Camp ein bisschen zu viel gefeiert wird« in einem Einsatz, in dem es zwar »Dienstunterbrechung«, nicht aber »Dienstausscheiden« gibt. Steiner und Klarow gehen »zwar mal ins Fitnesszelt, wenn es die Zeit erlaubt«, und finden es auch grundsätzlich nicht schlecht, dass sich die »Betreuungseinrichtungen« um die Stimmung in der Truppe kümmern. Aber es gebe »ständig Feste, Kompaniefest, Bergfest, selbst wenn es nix zu feiern gibt, wird gefeiert«, was – gerade aus der Sicht des Arztes – »vielleicht ein Zeichen in die falsche Richtung« ist. Innerhalb von drei Stunden soll man wieder einsatzfähig sein – bei 0,0 Promille.

Auch im Jahresbericht 2009 des Wehrbeauftragten wird übermäßiger Alkoholkonsum im Einsatz beklagt, Klarow bestätigt, dass zu seiner Zeit in Masar-i-Sharif Schnapsflaschen gefunden wurden. Dass Alkoholmissbrauch – wie auch andere Süchte – ein Problem innerhalb der Bundeswehr darstellt, ist spätestens seit 2006 bekannt, als sich der Verein »Soldatenselbsthilfe gegen Sucht« gründete. Schlagzeilen machte eine Mitteilung des Bundesministeriums für Verteidigung Ende 2008, als auf Anfrage die Alkohollieferungen nach Afghanistan veröffentlicht wurden. Es waren 990 000 Liter Bier, 69 000   Liter Sekt und Wein, zudem ließen sich, so sagt Klarow, »Einzelne sogar immer wieder was schicken – per Feldpost, von zu Hause«.

Bevor es aber so weit kommt, dass Trinken der einzige Ausweg aus dem Einsatzalltag wird, ist es wichtig, die psychische Gesundheit zu erhalten, nicht immer gleich »bei Dienstunterbrechung mit viel Bier ganz schnell abschalten« zu wollen, wie Steiner sagt. Doch schon in der Allgemeinen Grundausbildung habe ich am eigenen Leib die Bedeutung von Alkohol für einen Soldaten gespürt. Er lässt einen »abschalten, den Kopf auf Durchzug« stellen, etwas, was man nach einem anstrengenden Arbeitstag mit Gerenne, Gefahr und Gebrüll vielleicht zu brauchen meint, was im Einsatz aber der falsche Weg ist – allerdings leider auch der einfachste.

Zur Aufrechterhaltung der psychischen Gesundheit im Einsatz, so erklärt der PTBS-Experte Mähliß, sei es wünschenswert, wenn die Soldaten wüssten, »dass sie sich zwar besonders anstrengen und ihr Leben riskieren, dies aber aus gutem Grunde tun und die Heimat hinter ihnen steht, die Presse und die Politik ihre Risikobereitschaft aktiv unterstützen. Dann fällt es ihnen leichter, Stress auszuhalten, und das Risiko, eine seelische Erkrankung zu bekommen, ist minimiert.«

Kann das in einer brisanten Diskussion wie der um den Afghanistan-Einsatz geleistet werden? Die überwiegende Mehrheit der Deutschen lehnt das Engagement in Afghanistan ab. Der einzelne Soldat, welcher der Freiheit des deutschen Volkes zu dienen versprochen hat, setzt sich aus Treue und Pflichtbewusstsein Gefahren für Leib und Leben aus – und das im Namen des deutschen Volkes, das Mitglied in der NATO ist. Wie weit reicht die Verpflichtung des Volkes den Verpflichteten gegenüber? Was kann die Bevölkerung tun, damit unsere Soldaten – unter ihnen auch Frauen wie Steffi, Nina, Seraphina – unversehrt, mit dem nötigen Stolz und dem Wissen um den Rückhalt in der Bevölkerung unseren Wohlstand und unsere Sicherheit verteidigen können?

Danksagung

Die Realisierung dieses Buches wäre mir ohne die Mithilfe folgender Personen nicht möglich gewesen oder ungleich schwerer gefallen. Daher danke ich herzlich meinem Agenten Thomas Hölzl und meiner Lektorin Kristin Rotter für die generelle Unterstützung und Betreuung sowie das Bestehen im Kampf gegen die Formulare der Bundeswehr, der UN und der ISAF. Wie immer natürlich gehen Shouts an mein Backoffice in Berlin-Charlottenburg und meine Eltern, vor denen ich den Afghanistan-Reiseplan dreimal verheimlichen konnte, zweimal verboten bekam und im Familienrat endlich durchgesetzt hatte (»journalistische Pflicht«), als mich die sechste Absage der Bundeswehr erreichte. Meinem Vater schulde ich besonderen Dank für die Unterstützung als Moneypenny, ihm danke ich ebenso wie Frank Künster für die Reisebegleitung nach Sarajevo und Sudan wie auch Fahd Hariri für die Begleitung auf dem Kosovo-Trip.

Bei der Bundeswehr danke ich Erik für die Idee, Steffi und Seraphina für das Miterlebendürfen ihres Lebens, Hauptbootsmann Ortmann und Oberbootsmann Garner für das coole Training, die faire Behandlung und die Verkörperung meiner Idee von Marinemännern, den Kapitänen Ahlborn und Gabrys für ihre Offenheit und professionelle Spontaneität, Hauptbootsmann Prüß für die Ehrlichkeit, Stephan Herentrey für die Herzlichkeit und allen Gesprächspartnerinnen und -partnern, die in diesem Buch nur unter anderem Namen auftreten konnten. Falls sich jemand auf den Schlips getreten fühlt, tut es mir leid, aber ich habe nur das getan, was jeder Journalist tun sollte: genau hinschauen, aufschreiben und sich von den engagierten Herren Presseoffizieren nicht alles herausstreichen lassen, was die Bundeswehr nicht gern über sich selbst liest.

Bildnachweis

Fahd Hariri: Seiten 160, 188
Frank Künster: Seite 206
Falko Siewert: Seite 18
Jane Stockdale: Seite 98
Jasna Zajček: Seite 84, 230

PIPER

Malalai Joya
Ich erhebe meine Stimme

Eine Frau kämpft gegen den Krieg in Afghanistan.
Aus dem Englischen von Dagmar Mallett. 304 Seiten
mit 13 Abbildungen auf Tafeln und 1 Karte. Gebunden

Was für eine mutige Frau! Malalai Joya ist erst 29 Jahre alt
und doch schon das Vorbild für Millionen von Frauen. Sie
war es, die als Abgeordnete des ersten demokratischen Parla-
ments in Afghanistan den regierenden Kriegsherren dort
persönlich entgegentrat und ihnen ihre Verbrechen vorhielt.
Vier Attentate hat sie seitdem überlebt, aber sie gibt nicht
nach. Natürlich nicht – bei ihrem Lebensweg: Schon ihr Vater,
ein Arzt, kämpfte gegen die sowjetischen Invasoren. Sie
wuchs deshalb auch in Pakistan auf, wo sie schon als junges
Mädchen begann, Frauen in Flüchtlingslagern zu unter-
richten. Nach ihrer Rückkehr ließ sie sich zur Sozialarbeiterin
ausbilden und baute eine Organisation zur Förderung und
Weiterbildung von Frauen mit auf. Sie kämpft weiter gegen
die mörderischen Taliban und lebt deshalb im Untergrund.

01/1866/01/L